世界国防科技年度发展报告（2016）

国防科技发展报告

（综合卷）

GUO FANG KE JI FA ZHAN BAO GAO

中国国防科技信息中心

国防工业出版社

·北京·

图书在版编目（CIP）数据

国防科技发展报告（综合卷）/中国国防科技信息中心编．—北京：国防工业出版社，2017.4

（世界国防科技年度发展报告．2016）

ISBN 978-7-118-11270-2

Ⅰ．①世…　Ⅱ．①中…　Ⅲ．①国防科学技术—科技发展—研究报告—世界—2016　Ⅳ．①E115

中国版本图书馆 CIP 数据核字（2017）第 05524 号

国防科技发展报告（综合卷）

编　　者　中国国防科技信息中心
责任编辑　汪淳　王鑫
出版发行　国防工业出版社
地　　址　北京市海淀区紫竹院南路 23 号　100048
印　　刷　北京龙世杰印刷有限公司
开　　本　710 × 1000　1/16
印　　张　25½
字　　数　300 千字
版 印 次　2017 年 4 月第 1 版第 1 次印刷
定　　价　152.00 元

《世界国防科技年度发展报告》
(2016)
编 委 会

《国防科技发展报告》（综合卷）

编辑部

《国防科技发展报告》(综合卷)

审稿人员（按姓氏笔画排序）

史秉能　朱德成　池建文　李杏军
李德顺　杨中成　郑　斌　赵超阳
耿国桐　智　慧

撰稿人员（按姓氏笔画排序）

刁天喜　马建龙　王　聪　王　磊
王　燕　王　巍　王凤岭　王希珍
王晓东　王雅琳　方　芳　房一丁
尹常琦　邓大松　石海明　申　超
叶　蕾　朱　松　朱爱平　任　玮
向志刚　刘　术　刘　伟　刘　志
刘　渊　刘　博　刘义和　刘宝林
关　桥　孙　磊　孙兴村　孙宇军
杨　阳　杨　柯　杨俊岭　杨爱华
李　云　李　方　李　莉　李　硕
李　鹏　李　璜　李　磊　李长芹
李文良　李业惠　李向阳　李红军

李志强	李育强	李耐和	李艳琴
李铁成	吴　洋	吴　勤	吴　蔚
吴曼青	吴曙霞	何在涛	闵　杰
沈　涛	张　音	张　慧	张　磊
张代平	张亚峰	张春磊	张梦湉
陆建华	陈　萱	陈国社	陈柱文
范笑铮	郑晓娜	赵英海	赵超阳
赵睿涛	荆象新	胡　苏	胡仕友
贺福初	秦志龙	耿义锋	耿国桐
贾珍珍	高　凡	高晓晨	郭子俊
唐万斌	姬寒珊	黄　嘉	黄伯尧
常晋聃	彭玉婷	葛悦涛	锁兴文
谢冰峰	熊新平	薛　慧	戴建军
魏晓青			

编写说明

军事力量的深层次较量是国防科技的博弈，强大的军队必然以强大的科技实力为后盾。纵观当今世界发展态势，新一轮科技革命、产业革命、军事革命加速推进，战略优势地位对技术突破的依赖度明显加深，军事强国着眼争夺未来军事斗争的战略主动权，高度重视推进高投入、高风险、高回报的前沿科技创新。为帮助对国防科技感兴趣的广大读者全面、深入了解世界国防科技发展的最新动向，我们秉承开放、协同、融合、共享的理念，共同编撰了《世界国防科技年度发展报告》(2016)。

《世界国防科技年度发展报告》(2016) 由综合动向分析、重要专题分析和附录三部分构成。旨在通过深入分析国防科技发展重大热点问题，形成一批具有参考使用价值的研究成果，希冀能为促进自身发展、实现创新超越提供借鉴，发挥科技信息工作“服务创新、支撑管理、引领发展”的积极作用。

由于编写时间仓促，且受信息来源、研究经验和编写能力所限，疏漏和不当之处在所难免，敬请广大读者批评指正。

中国国防科技信息中心

2017 年 3 月

目　录

综合动向分析

重要专题分析

附录

ZONG HE

DONG XIANG FEN XI

综合动向分析

2016年世界国防科技发展综述

科学技术是军事发展中最活跃、最具革命性的因素，在信息时代，没有科技上的优势，就难有军事上的胜势。2016年，随着战略优势地位对战略前沿技术突破依赖度日益加深，一些发达国家高度重视推进高投入、高风险、高回报的前沿科技创新，从顶层规划面向未来的科技创新发展战略，以保持战略优势和发展后劲。

一、世界主要国家积极开展国防科技顶层谋划，推动国防科技创新发展

面对全球军事领域深刻广泛的变革，世界主要国家加紧制定多层次、全方位的规划计划，制定国防科技创新战略和规划，推动军队建设迈向新台阶。

（一）出台国防科技创新战略和规划，明确国防科技发展重点和方向

1. 在国家和国防部层面

美军正加紧实施“第三次抵消战略”，力图形成新的压倒性技术优势。2016年1月，为支撑美国国防部“第三次抵消战略”，美国国防高级研究计

划局（DARPA）战略技术办公室发布跨部门公告，寻求电子战，作战管理指控、通信与网络，情报、监视与侦察，定位导航与授时，海上作战系统等领域的新理念和颠覆性技术，以规划 DARPA 的未来技术路线图，寻求一系列突破性技术。4 月，在美国参议院武装力量委员会新兴威胁与能力分委会召开的听证会上，美国国防部负责研究与工程的助理国防部长史蒂芬·威尔比发表题为《第三次“技术抵消战略”》的证词，阐述了为支持“第三次抵消战略”，美军期望具备的 6 种作战能力、重点发展的 5 大技术领域及经费重点投入的 6 个方向。8 月，美国国防部国防科学委员会发布题为《自主性》的报告，提出在人工智能技术的推动下，自主技术已处于将取得重大突破的“临界点”，国防部应加速推动自主技术向作战能力转化，以维持美国的军事优势。

俄罗斯积极推进创新发展战略，落实“国家技术创新”计划，初步提出以创新为导向的“工业 4.0”计划，实现技术飞跃和科技创新。2016 年 12 月，俄罗斯总统普京发表年度国情咨文时称，已批准新版《俄罗斯联邦科技发展战略》。该战略明确将数字化生产技术、研制新材料、发展大数据处理系统、计算机教学和人工智能、向生态清洁和资源保护型能源转变、医学模拟技术列为俄罗斯科技优先发展方向。英国国防部 8 月宣布一项新的国防创新倡议，计划在 10 年内提供 8 亿英镑资金，推动未来国防技术的快速发展。9 月，英国国防部发布《国防创新纲要：通过创新取得优势》文件，从顶层勾画国防创新愿景和战略构想，主要围绕如何“通过创新维持优势”，表明英军正在敏锐探察全球科技走向，谋求未来军事技术优势。日本防卫省 8 月发布了首份《防卫技术战略》，并同期发布《2016 年防卫技术中长期展望》《无人装备研究开发构想》《装备获取战略规划》等文件，规划了日本未来 20 年 18 个领域防卫技术和装备的发展方向和重点，反映了日本谋求防卫技术优势地位、通过技术创新带动防卫能力整体提升的图谋。

2. 在军种层面

2016 年 5 月，美国空军发布《空中优势 2030 飞行规划》，旨在针对 2030 年强对抗作战威胁环境，全面评估和研判美国空军当前及未来作战需求和能力缺口，从多领域一体化角度出发提出装备、技术、后勤、指挥控制等方面的解决方案，确保美国空军 2030 年后能够全面获取和保持空中优势，以更好地支持美军联合作战。在技术领域提出重点发展定向能、高超声速武器、自主技术等一系列能够改变游戏规则的技术。8 月，美国空军航天司令部发布《空军航天司令部长期科技挑战》备忘录，详细提出了未来 10 ~ 35 年美军在空间、网络空间以及空间/网络交叉领域需实现的 11 项关键技术能力，旨在抢占未来新兴领域的战场制胜权。9 月，美国海军水下战首席技术官签署发布了《水下战科学与技术目标》。该文件明确了美国海军水下战科学技术 10 大发展重点和具体目标，为水下作战领域的未来研发提供了依据。

2016 年 9 月 5 日，澳大利亚军方发布《塑造陆战领域国防科学与技术 2016—2036》文件，作为 2015 年《陆军现代化计划》的配套文件，更明确地阐述了实施现代化战略所需要的科学与技术能力，同时还关注维持现有兵力的科学与技术需求。

（二）强化国防科技军民融合，促进国防科技快速创新

1. 借助商业力量推动国防科技创新

2016 年 3 月 2 日，美国国防部长卡特访问硅谷期间，提出进一步加强与硅谷企业合作，并宣布成立国防创新咨询委员会，为国防部提供科技创新方面的咨询建议。为更好地借助商业力量推动国防科技创新，继 2015 年在硅谷成立首个国防创新试验小组（DIUx）后，2016 年 7 月和 10 月，美国国防部又先后在波士顿和得克萨斯州奥斯汀市成立两个创新中心，这些创新中心负责加强美国国防部与硅谷高技术企业的合作，寻求技术创新的突破点和潜在机遇；引入风险投资管理模式，为国防科技创新发展提供金融支持；简化项目申请流程，为中小企业进入国防科技领域提供便利；采取更加灵活的合同管理模式，利用商业领域充分的竞争环境，使中小企业积极参与国防创新。国防部长卡特授权 DIUx 直接向其汇报工作，划拨专项预算，并赋予其合同签订权力。这些创新举措将为美国国防科技发展注入新的强劲动力。

2. 通过挑战赛推动技术创新发展

2016 年 8 月 3 日，DARPA 启动第二届“网络挑战赛”，旨在开发能够探测、评估，并在敌方入侵之前修复软件脆弱性的网络自主防御技术。除“网络挑战赛”外，DARPA 先后举办过“无人车辆”“频谱协同”“反潜持续跟踪无人艇”“机器人”等多种挑战赛。这些挑战赛展示并推动相关领域内前沿技术的创新，并通过后继技术发展和成果转化，维持美国的军事技术优势。

二、事关国防和军队建设的战略前沿技术和基础科技不断取得新进展

（一）无人与人工智能技术

2016 年，国外无人集群技术及人工智能技术发展迅猛，以 AlphaGo 为代表的深度学习典型应用在世界范围内引起了广泛关注，深度学习、自主学习、机器学习等技术发展迅速，不仅带来了新的能力提升，还可能推动智能化战争的发展。

1. 开展无人集群技术研究和演示验证，探索无人蜂群式攻击为代表的新型作战能力

2016 年，美国国防部多个部门启动无人机集群有关研究项目，包括美

国战略能力办公室的“无人机蜂群”项目、海军研究办公室“低成本无人机集群”项目、DARPA 的“小精灵”项目，推进微小型无人机集群技术的研究与验证。6 月，美国空军 31 架无人机在 40 秒内依次发射并编组飞行，进行了利用发射管发射模块化无人机、无人机自主集群飞行以及机间感知和精确编队等技术验证；8 月，完成 50 架“微风”无人机同时自主飞行试验。美国海军也对集群式无人水面舰艇相关技术进行了多次演示验证。美国乔治亚理工学院开发出新算法，可使多个机器人在彼此距离数厘米的范围内移动且不会发生碰撞，以支持类似“蜂群”的无人系统自主协同作战。

2. 加强自主与人工智能技术发展的顶层谋划，持续推进人工智能技术的研究和军事应用

美国从战略层面先后制定、推出了系列自主与人工智能技术发展规划，在国防科技领域，重点培育和扶持自主/人工智能技术攻关的基础性研究工作，并明确提出重点发展“自主学习”“人—机协作”“机器辅助人员作战”“有人—无人编队”“具备较强应对网络和电子战攻击的武器系统及网络化半自主武器系统”5 大技术领域。美国劳伦斯·利弗莫尔国家实验室和 IBM 公司联合公布了以“真北”仿脑处理器芯片为基础的具有认知能力的深度学习超级计算机，标志着人类进入认知计算的新时代，它对于网络安全、核武器模拟等具有重大意义。2016 年 8 月，DARPA 发布了名为“可解释的人工智能”（XAI）项目公告。该项目以机器学习和人机交互为研究重点，寻求发展一套具有可说明模型的机器学习技术，与可解释性技术结合后，可以使最终用户理解、信任并管理新一代的人工智能系统。11 月，DARPA 公布了“灵活编组”项目，旨在发现、演示和预测通用化数学方法，实现高度灵活的人机混合编组的最优化设计，从根本上变革当前人—智能机器系统的设计范式，将其从单纯通过机器实现自动化和人类替代的模式，向高级协作、共同解决问题的集成架构转变，从而利用人工智能技术实现未来人机协同作战。

3. 人工智能技术推动智能化战争加速形成

2016 年 2 月，DARPA 局长表示：DARPA 正利用人工智能方法对抗新出现的、未知的威胁，以电子战为例，DARPA 近年开发了“自适应电子战行为学习”“自适应雷达对抗”“极端射频频谱条件下的通信”等涉及电子支援、电子攻击、电子防护3 大领域的认知电子战项目，同时希望利用深度学习技术研发能连续不断感知、学习和适应敌方雷达，从而有效规避敌方雷达探测的电子战系统。3 月，人工智能系统 AlphaGo 战胜世界围棋冠军，标志着类脑智能技术发展取得新的突破。6 月，美国辛辛那提大学又公布：该校开发的一套人工智能系统“阿尔法”，在空战模拟对抗中，指挥仿真战斗机编队，击败了有预警机支持、有着丰富空战经验的美国空军退役上校。“阿尔法”在空中格斗中调整战术计划的速度是人类的 250 倍，从传感器搜集信息、分析处理到做出正确反应，整个过程不超过 1 毫秒。其核心采用遗传模糊树技术，在与人类飞行员的无数次对抗中学习人类指挥决策经验，逐渐达到并超越人类水平。“阿尔法”系统可同时躲避数十枚导弹并对多目标进行攻击，还能协调队友并观察学习敌方战术，该技术是人工智能在指挥控制领域的重大突破。自主/人工智能技术被视为“改变游戏规则”的颠覆性技术，随着人工智能技术日趋运用到现代战争的方方面面，战争形态将由信息化向智能化加速转变。

（二）网络空间技术

网络空间是现代国家赖以生存和发展的重要基础。随着电子信息技术的广泛深入应用，网络空间已成为与陆、海、空、天并列的第五“作战域”，并渗透到陆、海、空、天各个领域。2016 年，美军在网络攻防作战能力建设上持续发力，取得了较为显著的技术进展。

1. 通过多种途径和手段强化网络态势感知能力

（1）探索大数据技术在增强网络态势感知上的应用。美国国防部多个机构都在探索网络态势感知的大数据技术应用，其中，美国国防信息系统局（DISA）2016 年 5 月 16 日发布“大数据平台和网络分析态势感知能力”文件，介绍了其大数据平台在增强网络态势感知能力上的应用情况。DISA 提供了一整套基于云计算的解决方案，用于收集国防部信息网络（DoDIN）的海量数据，同时提供分析与可视化处理工具以理解这些数据。该方案可使网络分析人员及作战人员以一种全新的综合性视角审视 DoDIN 的活动，有力地保证了决策的制定，同时增强了国防部网络的整体安全水平。

（2）继续推进“X 计划”以创建通用网络作战空间。DARPA 于 2012 年启动的“网络作战基础研究计划”（X 计划），首次交付作战人员，该计划“发展主宰网络战场空间所需的基础性战略与战术，通过可视化、图形化的方式，使作战人员在大规模实时动态网络环境中理解、规划和管理网络作战”，全面提升态势感知和协作能力，使作战人员减少任务规划时间，支持任务扩展，扩大作战优势。

（3）启动“战术网络作战管理”项目，增强网络态势理解能力。美国陆军 2016 年 4 月启动“战术网络作战管理”项目（旨在评估整体战术网络），用于提高国防部信息网络、攻击性网络作战和防御性网络作战的“态势理解”能力，首次将网络“态势感知”提升至网络“态势理解”高度，其内涵不仅包括信息层面，还包括行动层面，如知晓战况、任务和影响以及如何更好做出决策，这比态势感知的要求更高。6 月底，美国陆军网络卓越中心举行“网络探寻 2016”演习，目的就是赋予指挥官对网络电磁活动的“态势理解”能力，加速解决面临的作战挑战。

2. 不断夯实和推进网络防御能力建设

（1）扎实推进“联合信息环境”（JIE）建设。美国国防部“联合信息环境”的核心、基础模块——“联合区域安全堆栈”（JRSS），已于2016年完成第一阶段建设，并于12月进入第二阶段。这一阶段的建设内容，主要是进一步确定JRSS的有效性，并检验其在防御性网络作战中缓解威胁的能力。“联合信息环境”将为美军提供统一、标准化的军用通信网络，具备安全、互操作的云环境，可用于存储所有军种、国防部机构及盟友的涉密和非涉密信息，能够大幅降低安全风险。

（2）美国空军积极开发网络战武器系统，增强了网络防御能力。2016年1月和3月，美国空军接连发布两套网络战武器系统——“空军内联网控制”（AFINC）和“网络空间脆弱性评估/猎杀”（CAV/H）系统。AFINC能够作为空军网络防御第一线，控制所有进入空军信息网的网络流量，将空军100多个分散管理的网络接入点统一到16个接入点集中管理，增强了网络防御能力和安全性。CAV/H系统可执行网络漏洞及脆弱性评估、对敌威胁探测以及鉴定等任务，帮助空军找到、修复、跟踪、定位、评估并解决针对其作战任务的各种威胁，确保空军在空战、空间战和网络空间战中的制胜能力。

（3）持续推进新型网络防御技术的研发。DARPA启动多个研发项目，寻求全新、更有效的网络防御技术。2016年5月，DARPA启动“增强型归因”项目，旨在研发有效描述攻击者的技术方法，分享网络罪犯的作案方法、潜在的受害者等信息，并预测后续黑客行为，同时建立描述攻击者恶意活动的完整历史记录。6月，美国国土安全部启动“预测性恶意软件防御技术”研发工作，该技术基于新型恶意软件来预测网络攻击，使用机器学习和统计模型，提前进行防御。

3. 面向实战广泛探索网络攻击手段

（1）利用人工智能技术发展网络攻防能力。2016 年 7 月，美国 IBM 公司利用其“沃森”技术平台，研制自动化威胁识别和修复系统。“沃森”作为一个人工智能操作辅助平台，可以自动分析登录服务器的日志数据，帮助检查恶意软件、可疑 IP 地址等，其效能非人类可以比拟。8 月，DARPA 开展的“网络大挑战”（CGC）网络攻防对抗竞赛进行了最终的决赛，参与决赛的 7 支队伍使用 DARPA 提供的高性能计算机系统搭载自行设计的人工智能“网络推理”系统，在“实验型网络安全研究评估环境”下，开展漏洞自动发现、确认和修复竞赛。这是世界上首个全部由计算机参与、无人工干预的“网络夺旗”竞赛，开启了网络攻防技术的“自动化革命”。

（2）利用木马技术实施网络攻击。2016 年，美国密歇根大学在不改变芯片电路设计的情况下，在 OR1200 处理器制造阶段，通过改变集成电路版图的方式植入硬件木马，并通过远程控制方式实施网络攻击，验证了这种植入硬件木马技术的有效性。该硬件木马可获取处理器的最高控制权限，进而获取系统最高控制权限。这项技术标志着芯片潜在安全风险来源已从设计阶段延伸至制造阶段，颠覆了既有安全防范措施的有效性。

（3）网络攻击已从战争舞台的幕后走向前台。2016 年 3 月，美国国防部公开宣布对“伊斯兰国”组织发动网络战，旨在破坏其指控系统，使其网络过载，无法运行。美军开展的网络攻击行动，破坏了“伊斯兰国”在网络战场执行任务与通信的能力，迫使其采取其他通信方式。

（三）空间技术

空间是世界大国博弈的战略制高点。当前，空间领域呈现“拥挤、对抗、竞争”的新态势。空间技术的发展，主要集中在进入空间、利用空间和控制空间技术领域。2016 年以来，主要国家加快空间技术创新发展，大力推进航天系统建设步伐，“入天、用天、控天”能力稳步提升。

1. 航天运载器技术多途径并行发展

（1）重型运载火箭技术研发稳步推进。2016 年，美国航空航天局（NASA）大力推进“航天发射系统”（SLS）重型火箭的全面生产、组装、集成以及测试。该火箭最终低轨运载能力约为 143 吨，是目前最大运载能力的 6.5 倍，将用于载人探索火星任务。美国联合发射联盟启动研制新型“火神”大型运载火箭计划，旨在研制可捆绑 4 或 6 个固体助推器的两级液体运载火箭，地球同步轨道运载能力超过 8 吨，计划于 2019 年首飞。2016 年 8 月，俄罗斯国家航天集团公司开始设计最新超重型运载火箭，该火箭以 RD－171 液体燃料发动机为基础，其第一级和第二级将不会使用氢循环。1 月，欧洲航天局新一代“阿里安”－6 运载火箭设计架构定型，为可捆绑 2 或 4 个固体助推器的两级液体运载火箭，计划于 2020 年首飞。

（2）可重复使用空天运载器技术是目前研究和探索的重点。围绕可重复使用空天运载飞行器的发展，DARPA、NASA 和美国空军按照不同技术路线，着眼近期和远期，分别安排了基于火箭动力的部分可重复使用两级入轨飞行器验证项目（XS－1“试验性太空飞机”项目）、基于“涡轮基组合循环发动机”（TBCC）及火箭动力的完全可重复使用两级入轨飞行器技术预研、基于“火箭基组合循环发动机”（RBCC）及火箭动力的完全可重复使用两级入轨飞行器技术预研。2016 年 9 月，美国空军研究实验室发布基于英国“佩刀”组合发动机的两种水平起降两级入轨空天飞行器概念方案，“佩刀”发动机技术不仅会助推可重复使用空天飞行器技术的发展，还会为整个高超声速技术领域带来颠覆性变革。美国 SpaceX 公司“猎鹰”9 火箭继 2015 年首次实现陆上一子级回收后，2016 年多次成功实现海上平台一子级回收，表明有动力垂直返回技术日趋成熟。5 月和 8 月，印度分别进行了

“可重复使用运载器技术验证机”（RLV－TD）首次飞行试验和超燃冲压发动机首次带飞点火试验。试验的成功将为印度未来可重复使用空天运输系统发展奠定重要技术基础。

（3）新概念火箭发动机技术取得新突破。2016 年 8 月，俄罗斯高级研究基金会资助的首型液体燃料连续旋转爆震发动机完成实验室环境下点火测试，试验成功产生了不同能量的爆震波，验证了液体燃料连续旋转爆震发动机的技术可行性，此次试验成功表明连续旋转爆震发动机在燃料喷注过程压力损失控制、燃料与氧化剂掺混、燃烧室耐高温性能、爆震波传播方向控制等方面的关键技术初步得到解决。旋转爆震发动机有望成为运载火箭和导弹新的动力形式，大幅提高运载能力，开辟航空航天动力新途径。

2. 天地一体的实时空间态势感知能力加速形成

（1）地基空间目标监视网进一步完善。2016 年 10 月，DARPA 正式向美国空军交付“空间监视望远镜”，标志着该项目已正式由研发阶段转入作战应用阶段。“空间监视望远镜”具备大视场和快速观测能力，将大幅缩小空间监测漏洞，对微小攻击平台监测能力加强，对中高轨空间事件的监测认知能力和反应速度明显提升。

（2）天基高轨巡视侦察卫星进入组网阶段。2016 年 8 月，美国成功发射第 3、4 颗地球同步轨道空间态势感知计划（GSSAP）卫星，使在轨 GSSAP 卫星数量达到 4 颗。同时，美军还对其中一颗 GSSAP 卫星进行机动变轨，抵近详查美国海军“移动用户目标系统”－5 卫星，开展在轨任务测试。GSSAP 卫星完成组网后，将使美军高轨目标巡视侦察能力再次提升，进一步支持美军态势感知能力向支持空间战目标技术侦察、行动意图判断等功能拓展。

（3）先进光学成像及处理技术提高军事侦察与态势感知能力。2016 年，在 DARPA 和 NASA 联合投资下，洛克希德·马丁公司与加利福尼亚大学联合开展了微缩干涉光学成像系统研究，利用大规模微型干涉仪组成的微缩阵列进行干涉成像，上百倍降低传统光学成像系统的尺寸和质量。美国科学家提出了图像重构技术，该技术可在不改变侦察卫星硬件的前提下，利用单颗或多颗侦察卫星对同一目标的多张侦察图像进行在轨图像后期处理与合成，理论上可将图像分辨率提升5倍，可极大提高军事侦察与态势感知能力。

3. 攻防并重积极布局空间对抗技术

（1）公开发展进攻性空间对抗能力。2016 年 3 月，美国防部长卡特称，2017 财年国防部将拨款 20 亿美元用于发展进攻性空间对抗能力，包括继续研制部署“反卫星通信系统”（CSS）。美国空军 X－37B 轨道试验飞行器继续进行第四次飞行试验，本次飞行试验重点是验证飞行器携带的有效载荷，表明美军已经基本完成了对 X－37B 的核心试验鉴定工作，转向作战及其他功能拓展。

（2）继续发展弹性分散式空间体系结构。为确保空间系统安全，美军将继续推进弹性分散式空间体系结构发展，并于 2016 年 4 月提出了名为 D4P2 的重点投资领域，即通过任务功能分解、系统备份、分布式部署、欺骗、防护和能力备份等方式，提高卫星系统防护能力。

（3）通过空间在轨操作和空间碎片清除项目，以民掩军隐蔽发展空间攻防技术。2016 年 3 月，DARPA 正式公布“地球同步轨道卫星机器人服务”（RSGS）项目，重点验证在地球同步轨道或附近验证“服务卫星”安全、可靠、高效地进行逼近、检测和维修等在轨操作技术，计划 2021 年前进行在轨演示验证，实现对地球同步轨道卫星的“按需服务”。相比于美军此前提出的“凤凰”和“蜻蜓”计划，RSGS 项目涉及卫星太阳能帆板展开、天线故障检修、升级模块安装等多种高轨操作任务，任务的复杂性更高，需要多项在轨操作技术的配合使用，技术应用范围更广，具备更加多样化的全轨道卫星攻防潜力。空间碎片清除技术经过转化后具备潜在的空间对抗能力，近年来多国纷纷开展了碎片清除技术研究，俄罗斯计划2016—2025年设计并建造一款“清理者”航天器，用于清理地球同步轨道上报废的卫星和火箭上面级，一次任务可清理至少10个空间碎片。日本正在开展“电磁网”的研制，用于空间碎片清除。欧洲航天局宣布将于2017年6月从国际空间站释放“碎片清除”卫星，演示验证低地球轨道空间碎片清除技术。

（四）临近空间飞行器技术

21世纪开始，美国相继实施多项高超声速临近空间飞行器研究计划，推动了世界范围的技术研发热潮。

1. 高超声速巡航技术发展进入新阶段

2016年8月，DARPA正式发布了“先进全状态发动机”（AFRE）项目的招标文件，旨在研发和地面验证一种能在马赫数0~5+范围内工作的可重复使用、碳氢燃料、全尺寸涡轮基冲压组合（TBCC）发动机，以支撑高超声速飞机技术的发展。AFRE项目是美国官方首次明确针对高超声速飞机需求而设立的TBCC发动机地面集成验证项目，也是当前美国政府在高超声速飞机领域投资最大的项目，标志着美国高超声速飞机TBCC动力进入了全新的发展阶段。2016年9月至10月，DARPA分别授予洛克希德·马丁公司和雷声公司1.71亿美元和1.75亿美元的“吸气式高超声速武器方案”（HAWC）项目第二阶段合同，研制战术射程的高超声速巡航导弹。HAWC项目为X-51A的后继项目，目标是在前期X-51A超燃冲压发动机关键技术取得突破的基础上，进一步集成导引头、引战等分系统，为发展一型射程925千米、速度为马赫数6的空射吸气式高超声速巡航导弹进行关键技术开发和验证。俄罗斯3月首次完成海军“锆石”新型高超声速巡航导弹的陆基试射。

2. 助推—滑翔高超声速技术研发与试验并进

2016 年 9 月，DARPA 授予洛克希德·马丁公司 1.47 亿美元的战术助推—滑翔（TBG）项目合同，研制战术射程的助推—滑翔导弹。为配合武器系统层面演示验证的进度，美国空军研究实验室（AFRL）正在同步推进超燃冲压发动机、热防护结构与材料、导引头、引战等方面的关键技术攻关，目标是在 HTV-2 的技术成果基础上，发展一型射程 1000～2000 千米、最大马赫数9～10的空射高超声速助推—滑翔武器。俄罗斯分别于 2016 年4 月、6 月和 10 月成功完成了 3 次高超声速助推滑—翔飞行器 YU-71 和 YU-74 试射。按照俄罗斯当前发展的项目来看，已兼顾战略、战术射程，发展了助推滑翔式、吸气式不同技术方案的打击武器，打击武器装备体系趋于完善。

（五）先进防御技术

面对高超声速武器的快速发展，以及动能、定向能武器的实战化应用，2016 年，世界主要国家积极探索和发展先进防御技术，发展制衡手段，加强自身安全的防护。

1. 美国积极发展新型动能和激光拦截器技术

（1）推进“重新设计杀伤器”（RKV）研制。RKV 是一种全新的杀伤器，采用模块化设计，应用大量现有杀伤器部件，具备与“地基中段防御”系统火控系统之间的实时通信能力。

（2）美军研究利用无人机机载激光武器进行助推段反导。2016 年 6 月，美国导弹防御局表示将发展高空长航时无人机载激光器用于弹道导弹助推段拦截，与大型、昂贵飞机搭载化学激光器相比，长航时无人机搭载改进型固体激光器在空气更稀薄的高空大气层运行，将更加容易和稳定。美国导弹防御局希望验证一种数十到数百千瓦级的机载“杀伤激光器”，尽可能多地拦截助推段导弹，达到稀释导弹齐射的目的。

2. 多国开展新型反无人机技术研究和测试

随着无人机技术的不断发展，反无人机技术也受到国外的高度重视。2016 年，国外积极推动反无人机技术发展，除了运用雷达探测、导弹等传统防空武器对抗无人机外，还大力开展电子战、网络战、激光武器、微波武器等各种新型反无人机技术研究。美国已有 5 家公司参与“低功率激光器验证机”项目竞争，其主要方案包括固体激光器、光纤激光器和二极管泵浦碱金属激光器，功率水平达几十千瓦至几百千瓦。美国陆军正在测试一种名为“相位器”（Phaser）的高功率微波武器，在几毫秒内成功摧毁一架“侧卫”无人机和一架“暴风雨”小型无人机，该系统除了用于反无人机外，还可用于应对导弹、无人车辆等目标，且单发成本不足 1 美元。雷声公司表示，该武器系统可在一次脉冲中清除空中约足球场大小区域内的无人机，目前已具备实战部署条件。英国和法国研制反无人机干扰系统，可对来袭无人机威胁进行评估并干扰；澳大利亚研发反无人机电磁枪，通过干扰无人机的通信频段中断无人机与遥控器之间的联系。

（六）新材料和新器件技术

新材料和新器件技术是推动国防科技发展的基础技术和先导技术，每一次重大突破都会引发深刻的变革，因此也是主要国家抢占未来发展战略制高点的重要途径。2016 年，新材料、新器件技术均取得了重要进展或突破。

1. 超材料、智能材料、复合材料等研发取得重大进展

（1）美国科学家研发出可制作“隐身斗篷”的柔性超材料。美国艾奥瓦州立大学研究人员称研发出一种柔性、可伸缩、具有调谐选择性的超材料蒙皮。该超材料由硅胶薄膜以及镶嵌在硅胶薄膜内的开口环形谐振器阵列组成，通过伸展和收缩改变开口环形谐振器的形状，进而改变谐振器的电感参数与电容参数，调整抑制电磁波的频率范围，实现在更宽频段内、全方位抑制电磁波散射。试验显示，这种超材料对频率范围为 8 ~ 10 吉赫的电磁波，吸收率达 75%。这种超材料蒙皮有望作为下一代隐身战机的外表面材料，未来还将实现在可见光或红外光等更高频电磁波下隐身。

（2）华盛顿州立大学开发出多功能“智能”材料。2016 年 7 月，美国华盛顿州立大学研发出一种独特的多功能智能材料，可以在光和热的作用下实现形状改变、自我折叠和展开。这是研究人员首次在一种材料上合成了形状记忆、光激活及自修复等多种能力。这项成果为智能材料的多能化和归一化应用开辟了新的技术途径，未来将在制动器、药物传送系统、自组装设备等多个方面得到广泛应用。

（3）英国科学家在复合材料研发上取得新突破。英国研究人员在一个曲面物体上覆盖了一种纳米复合介质，实现了使其“隐身”的效果。这是一种带有纳米级微粒的复合材料，拥有 7 个不同的层，每一层的电子属性根据其所在位置的不同而各异。这种复合材料有着非常广泛的应用，对纳米天线、航空航天工业等工程设计领域大有助益。

2. 新型元器件取得重大突破

（1）美国研制出世界最小尺寸晶体管。2016 年 10 月，美国能源部劳伦斯·伯克利国家实验室牵头的研发团队宣布，研制出全球首个 1 纳米栅长高性能晶体管。这种晶体管的面世，将为电子元器件的尺寸及性能的改善提供很大的优化空间，同时，也将有助于促进超级计算机发展，进而通过更大规模的建模仿真，研制性能更加优异的武器装备。

（2）NASA 研制抗辐射纳米级航天器芯片。NASA 和韩国科学技术研究所 12 月初公布其研发的自愈型芯片可以在受到辐射损伤之后进行修复，此项技术突破可描述为“一款可用于开发特殊硅芯片的晶体管，使硅芯片在辐射受损后能自行修复”。

（3）新加坡研发微型芯片技术。新加坡南洋理工大学研发出一种微型芯片，可用于制造尺寸仅相当于现有雷达相机1/100的新型雷达相机。该芯片技术可使重达50～200千克、搭载于大型卫星上的雷达相机缩小至掌上尺寸，且所拍摄图像质量不低于大型雷达相机，造价却仅相当于现有大型雷达相机的1/20，能耗降低至少75%，可在所有气象环境下使用。

（七）先进制造技术

先进制造技术是衡量一个国家综合实力和科技发展水平的重要标志，也是在战场对抗和市场竞争中获胜的重要支柱。因此，军事强国高度重视发展国防先进制造技术。2016年，美国、俄罗斯等国在国防先进制造技术方面取得了一系列重要进展。

1. 加强战略规划，指导国防先进制造技术发展

美国发布《先进制造：联邦政府优先技术投资领域速览》报告，提出先进材料制造、推动生物制造发展的工程生物学、再生医学生物制造、先进生物制品制造、药品连续生产5个应重点考虑的新兴制造技术领域，明确了包括国防部在内的美国政府未来制造技术发展重点。2016年1月，美国海军发布2016财年海军制造技术计划，该计划针对海军对平台、系统、装备的生产和维修需求，通过转化海军项目所需的制造技术，降低成本，实现海军各个武器平台经济可承受性目标。12月，美国国防部宣布设立高级再生制造研究所，这是“美国制造业”战略规划的第七个国防制造中心。其使命是组织当前国内分散的生物制造技术能力，提高美国在全球竞争中的地位。

2. 先进制造技术将开辟新的产品设计与制造途径

（1）增材制造技术持续快速发展。美国休斯研究实验室使用3D打印方

法制造出超强陶瓷材料，不仅可拥有复杂的形状，还能耐受超过1700℃的高温；美国哈佛大学研究人员利用3D打印技术制造世界首个全柔性自主机器人；NASA推进3D打印火箭发动机测试工作，除了主燃烧室外，用于测试的燃料涡轮泵、燃料喷射器、阀门及其他主要发动机组件均由3D打印制造，通过测试获得的数据可验证并增强团队的计算机建模与仿真。NASA授予太空制造公司研发“多功能太空机器人精密制造与装配系统”（又名“建筑师”）的合同，该项目拟研发装有多个机械臂的3D打印机，并将其安装在国际空间站外部分离舱，未来利用“建筑师”的机械臂在轨拆卸废弃航天器上的可用零部件或在轨打印零部件，并组装新航天器。美国橡树岭国家实验室在聚焦电子束诱导沉积技术的基础上，将仿真与实验相结合，开发出仿真引导路径工艺，用于3D打印纳米结构的集成设计和构建，显著提高纳米级3D打印精度与可控性。

（2）DARPA发展变革性设计技术。2016年4月，DARPA宣布启动“变革性设计”（TRADES）基础研究项目，旨在解决现有设计技术与先进材料、先进制造工艺间不匹配的问题，以发挥先进材料、先进制造工艺的技术优势。目前，先进材料和尖端制造能力的发展使得产品性能和结构复杂度大幅提升，已经超过传统计算机辅助设计和物理建模可处理的极限。TRADES项目将从材料科学、应用数学、数据分析及人工智能等技术领域，寻求具有创新设计概念的建议，开发一种革命性的新型设计工具，以充分利用先进材料及制造工艺，开拓设计领域的发展空间。

（八）量子信息技术

量子信息技术在确保信息安全、提高运算速度和探测精度等方面具有颠覆性影响，是目前最引人瞩目的前沿技术领域之一。各国在量子信息领域争相投入巨资，期待在相关领域取得突破。

1. 量子通信领域

美国是全球最早将量子通信技术列入国家战略、国防和安全研发计划的国家。2016 年初，NASA 在总部与喷气推进实验室（JPL）之间建立一个直线距离 600 千米、光纤皮长 1000 千米左右的包含 10 个骨干节点的远距离光纤量子通信干线，并计划在 2018 年前后拓展到星地量子通信。7 月，美国国家科学技术委员会发布《先进量子信息科学：国家挑战及机遇》报告，表明美国将在量子信息领域加大国家投入，占领信息的制高点。欧盟委员会 3 月发布《量子宣言（草案）》，计划于 2018 年启动 10 亿欧元的量子技术项目。其中在量子通信方面，规划 5 年内突破量子中继器核心技术，实现点对点安全量子通信，10 年内实现远距离量子网络、量子信用卡应用等，目标是融合量子通信与经典通信，保护欧洲互联网安全。日本政府 2016 年提出了以新一代量子通信技术为对象的长期研究战略，并计划在 2020—2030 年间建成绝对安全保密的高速量子通信网，从而实现通信技术应用上质的飞跃。日本国家信息通信技术研究所计划在 2020 年实现量子中继，到 2040 年建成极限容量、无条件安全的广域光纤与自由空间量子通信网络。量子理论与信息技术交叉产生的量子信息技术，已成为新兴战略前沿技术，一旦成熟，将在高安全保密通信、超强并行计算、高分辨抗干扰探测等领域带来全新的理念，成为推动信息技术发展的革命性力量。

2. 量子计算领域

美国出于国家安全利益的紧迫需求，将高性能计算能力与核能力同时列入重点发展规划，同时将量子计算技术规划为确保核武器安全和可靠性的重要手段。目前，美国已经在量子计算领域完成战略布局，2016 年以来，美国国家科学技术委员会、科学技术政策办公室和国家标准与技术局等机构推出了一系列政策和项目资助计划，支持量子计算技术的发展。谷歌和美国NASA联合研发的D－Wave 2X量子计算机在测试中运行速度达到了传统芯片的1亿倍。美国情报高级研究计划局在2016年初宣布启动量子逻辑芯片项目，这种硬件产品是研制通用型量子计算机的关键，如果这项技术取得突破，理论上可以制造出量子比特可扩展的计算系统。除此之外，美军各军种科研机构也与私营和公共部门伙伴共同投资进行了量子信息研究项目，但未公布经费数量规模。

（九）生物交叉技术

生物技术是当今世界发展最快、最为活跃的技术领域之一。生物技术与信息、纳米、材料等技术交叉融合，已经衍生出了生物计算机、生物材料、生物器件、生物传感器、仿生、认知等多项新兴技术，其研究成果已展示出广阔的军事应用前景。

1. 脑科学研究方兴未艾

美国2013年出台“脑科学研究计划”拉开了全世界进行脑科学研究的序幕，之后，欧盟、日本、英国、俄罗斯等国家和组织先后启动了各自脑计划，并将脑计划上升到国家战略层面，各个国家的军方也迅速投入人员和经费积极参与其中，抢抓战略制高点，探索军事应用。

脑科学的军事应用主要体现在“脑控”“仿脑”和“控脑”3个方面。其中，“仿脑”是基础与关键，即借鉴人脑构造方式和运行机理，开发出全新的信息处理系统和更加复杂、智能化的武器装备，甚至研发出与人类非常接近的智能机器人。而“脑控”和“控脑”的关键是脑机接口技术，脑机接口是指在人或动物的大脑与外部设备间建立直接连接通路，能够不依赖于神经和肌肉，实现大脑与外界联系，它是大脑和外部环境之间的一种直接信息交流和控制通道，通过这个通道，可以将大脑活动的信息直接提取出来，并由此实现对外部设备的控制；也可以让外界信息直接传入大脑或直接刺激大脑的特定部位来调控其行为，即实现脑控和控脑。2016 年 1 月，DARPA 宣布斥资 6200 万美元研究一种可植入人脑的先进设备，通过采集大脑皮层神经系统活动产生的脑电信号，经过放大、滤波等方法，将其转化为可以被计算机识别的信号，从中辨别人的真实意图，使人类大脑直接与计算机对话。该技术具有大量的、潜在的军事应用，如果该项目成功，机械战士或将成为现实。10 月，DARPA 在白宫前沿技术会议上，首次在残疾人员身上演示验证了一项新型脑机接口技术，通过与机械臂连接的脑神经接口系统实现了人脑和机器之间的双向通信能力，即输出信号用于控制运动而输入信号用于获得感觉，使他们能够体验被触摸的感觉。该技术为未来武器装备作战系统智能化奠定基础。

2. 生物材料技术受到重视

通过分子设计、生物工程、合成生物学等技术，可以制备出具有特殊性能的材料，应用前景广阔。2016 年，生物材料研究，在多个领域有突破。一是 DARPA 开展体内纳米平台和工程生命材料等智能材料研究。2 月，DARPA 生物技术办公室发布了《生物控制》报告，通过对生物材料的嵌入式控制，为生物系统控制建立从纳米级到厘米级、几秒到几周的跨尺度能力。体内纳米平台计划是 DARPA 正在开展的生物材料项目，旨在研发全新的具备强适应性的纳米微粒，以期获取分布式的、温和的生理和环境感知，同时形成针对生理异常、疾病和传染病的治疗方案。工程生命材料计划（ELM）是 DARPA 提出的利用生物学“生长”全新材料的理念。该计划旨在以材料科学、工程生物学以及发展生物学为技术支撑，将传统建筑材料的结构特征与生物系统特性结合，最终目的是通过生物系统的基因组直接获得定制的工程结构性能。二是纳米轻质高强材料取得新突破。2 月，美国西北大学在《科学》上发表研究结果，报道了 10 种不同晶体结构，可以任意进行材料设计，这种技术在设计新型光学材料方面非常有价值，可通过严格控制纳米粒子的间距制造出能传输、反射和发射特定波长光的水晶材料。三是生物制造受到高度重视。美国政府将生物制造确定为重点发展的新兴制造技术，国防部组建了“先进组织生物制造”创新机构；美国、欧洲生物制造应用研究取得诸多进展，低成本、无毒超疏水纳米仿生涂层材料，利用带有蜘蛛基因的微生物制造的高强蜘蛛丝，基于土壤细菌基因改造的合成纳米线等技术有望应用于国防领域。

3. 仿生技术发展迅猛，军事应用前景广阔

2016 年，各国积极发展仿生技术，涌现出一批新型仿生机械和仿生材料，有望成为装备新能力形成的有效途径。美军研制出单兵外骨骼装置，可以使士兵负重 90 千克在各种地形行进；哈佛大学研发了类似蜜蜂的“机器峰”和“机器鱼”，将在军事侦察领域发挥重要作用；美国斯坦福大学研究人员首次制备出一种可用于制作晶体管的可自愈弹性聚合物，实现了复杂电子表面模仿人类皮肤，这是仿生学发展的重大突破，将为新一代类皮肤可穿戴装备奠定基础。波兰、意大利和英国合作利用光电机械液晶弹性体单片电路研发出一款长约 15 毫米的软体机器人，可模仿毛虫不同步态、爬坡，推动比自身重 10 倍的物体，具有在挑战性环境中执行任务的能力。英国研究人员设计出一种模仿蝙蝠的新型薄膜可变机翼，利用这种机翼制作出的微型无人机可以飞得更远并节省更多燃料。

（十）先进信息技术

云计算、大数据的快速发展及军事应用，推动了武器装备和战场智能化发展，也使得数据安全攻防成为未来战场新常态。

1. 美国推动云计算和大数据技术的军事应用

2016 年，美国国防部发布了关于云和网络的政策性文件，指导国防机构与商业云服务提供商的合作，加紧云计算在军事上的应用，包括美国海军部署反舰战“战术云”，搭建进攻性反舰网络，可从卫星、飞机、舰船、潜艇以及武器本身获得目标信息，形成致命的“杀伤网”，使己方部队远离敌方远程致命武器。美国大数据研究的目标就是通过大数据创建真正能够自主决策和自主行动的无人系统。美国的 X-47B 侦打一体无人机，已经可以在完全无人干预的情况下，自主在航空母舰上完成起降并执行作战任务。未来国防大数据可以将信息化战争推向智能化战争，实现情报智能化、指挥智能化、武器智能化、感知智能化以及后勤和装备保障智能化。

2. 大数据目标识别将颠覆传统军事伪装与欺骗技术

大数据目标识别是指通过对侦察卫星、预警机、地基雷达和传感网络等多种系统所收集的海量数据进行综合研判和分析，获取战场目标的众多特征，进而对战场态势和真伪目标进行精准研判。据报道，美国已成功攻克大数据目标识别相关理论和关键技术，该技术一旦实用化，或将颠覆现有伪装和诱饵技术的发展。目前，战场伪装和诱饵手段主要通过模拟真实作战单元的外形、温度、电磁特性等个别特征，针对性地应对高分辨率成像侦察、红外侦察以及电磁侦察等手段，欺骗并引诱敌方打击假目标，但还无法完全模拟目标的全部或大量特征。大数据目标识别技术能够利用目标的历史数据结合实时获取的图像、电磁特征等信息综合分析研判，发现目标众多特征的变化，进而判别出疑似军用目标和类型，有效避免假目标的干扰，精准打击真实目标。

三、国防科技发展对国防与军队建设及未来战争的影响

随着科技发展及其在军事领域的广泛应用，现代战争的作战空间正在

向空间、网络空间、深海等“全球公域”拓展，武器装备远程化、精确化、智能化、隐身化、无人化趋势日益明显，战争形态演变不断突破传统认识范畴，科技创新越来越成为赢得现代战争的核心要素。

（一）催生新的作战理论

现代科学技术在催生新型武器装备的同时，也引发作战理论、战争形态、作战样式的深刻变革。因此，当前一些主要军事大国加快军事思想和作战理论创新步伐，相继出台许多新军事学说和新作战概念，使之与战略需求、作战能力、作战手段相适应和匹配。美军在这方面的表现异乎寻常，作战理论、作战概念创新明显加快，创新周期明显缩短，创新人才不断涌现，相继提出了“先发制人”“基于效果作战”“快速决定性作战”“震慑作战”等概念，进入21世纪又提出了“网络中心战”“空海一体战”“联合作战进入”“全球公域介入与机动联合”“作战云”概念。技术不断进步，作战概念不断推陈出新，从而使美国持续形成在军事技术和战略理论方面的威慑能力和超越能力，以达到遏制对手的目的。

（二）大幅提升武器装备作战效能

现代科技的发展和应用，一方面使现有武器装备不断改造升级，武器装备的性能不断提升；另一方面又使新一代武器装备的研制步伐加快，不断突破传统技术的物理极限，使装备的毁伤力、机动力、防护力、信息力和保障力得到整体跃升。例如，美国第五代战斗机F－22和F－35大量采用新技术和新材料，实现了高隐身性、高机动性、超声速巡航和先进的综合航电系统等效能跨越。

（三）显著提高体系作战能力

世界新军事变革的一个重要标志就是体系作战，其作战效能要远远超出平台对抗。体系作战能力主要是通过信息系统来实现的。随着现代信息技术的快速发展，特别是栅格化网络的广泛应用和天地一体化的实现，使各类平台和信息系统无缝联接，互联互通互操作的水平显著提高，体系作战能力将会有一个新的跃升。

（四）促进军队组织结构变革

军队组织结构必须适应国防科技和武器装备的发展，从冷兵器到热兵器、从机械化到信息化，概莫能外。当前，世界主要国家军队正在以信息技术革命为推动，加速推进新一轮军事转型，这必然引起军队组织结构的深刻变革，促使军队组织结构更加综合、精干、高效，具体来说，就是指挥体制更趋扁平化，作战编成更趋一体化，作战单元更趋模块化，新型力量更趋多样化。

军事力量的深层次较量是国防科技的较量，国防科技发展关乎国防和军队建设的未来，是加快转变战斗力生成模式的重要动力和源泉。我们既要有脚踏实地、埋头苦干的耐心和恒心，更要有富于幻想、敢于超越的胆识和勇气，以强烈的忧患意识、危机意识、使命意识、创新意识、超越意识，搏击世界科技潮头，努力攀登科技高峰，抢占军事技术战略制高点。

（中国国防科技信息中心　李向阳）

2016 年国防科技管理领域发展综述

2016 年，新一轮科技革命孕育兴起进入重要阶段，全球科技创新呈现出新的发展态势和特征，新军事变革持续深化，世界主要大国之间军事竞争日趋加剧，国防科技成为国家军事实力较量和未来战争博弈的重要领域。在此背景下，世界主要国家先后出台国家顶层战略规划与国防科技政策文件，调整改革国防科技管理体制，创新国防科技管理策略和方法手段，推动科技成果的快速转化应用，加强国防科技基础设施和人才队伍建设，不断提升国防科技创新能力。

一、出台相关战略规划和政策文件，加强国防科技战略管理与顶层筹划

2016 年，美国、俄罗斯、英国、澳大利亚、日本等国，分别针对国际国内形势任务与挑战，高度重视国防科技战略管理与顶层筹划，分别出台相关战略规划与法规政策，指导和牵引国防科技创新发展。

（一）美国

2016 年，美国继续引领世界科技创新浪潮，深入推进实施“第三次抵

消战略”，积极谋求国防科技发展绝对领先优势，出台多份国防科技法规政策与战略规划文件，谋划国防科技管理改革，明确国防科技工作的方向与重点，指导和推进国防科技工作开展。

一是国会立法强化国防科技创新重要地位，完善国防科技创新管理制度。美国2016年12月底审议通过《2017财年国防授权法》，明确提出提升研究与工程助理国防部长至副国防部长级别，提升国防科技管理部门的层级，并详细规范其职责，新体制将于2018年2月1日起正式运行。此外，该法还对国防科技管理机制进行固化，具体包括：对美国国防高级研究计划局（DARPA）、战略能力办公室和基础研究提供充分资助；授权军内实验室负责人和国防高级研究计划局局长探索建立一套有助于推进创新的管理举措；固化国防高级研究计划局独特的人事系统并扩大其灵活性，使其能够竞聘世界级的技术人才；使国防部快速创新项目永久化，成为常态化机制；进一步完善国防部小企业创新研究计划和小企业技术转移计划，推动国防科技成果的快速转化应用。

二是联邦政府发布相关战略规划，对涉及国家安全的重点领域方向进行布局。2016年5月底，美国总统科技政策办公室发布《21世纪美国国家安全科学、技术与创新战略》，分析了影响美国国家安全科技创新发展的重点领域及发展趋势，并从科技人才激励、基础设施共建共用、跨部门跨学科合作、采用商业模式加速转化应用四个方面提出推动科技创新的政策措施。此外，美国还在网络空间、大数据、量子科技等领域积极谋划，夺取优势，抢占先机。2016年2月9日，美国政府发布网络空间国家行动计划（CNAP），在总结奥巴马任期内7年多的网络空间安全经验做法基础上，从国家层面启动这项长期、宏大的网络空间行动计划，全面维护美国政府、企业和民众的网络空间安全。2016年5月19日，美国国家科学技术委员会发布《联邦大数据研究与发展战略规划》，明确美国联邦政府各部门大数据研发的战略目标、经费安排、保障措施，指导和推动联邦政府包括国防部大数据研究工作开展。2016 年 7 月 22 日，美国国家科学技术委员会发布《先进量子信息科学：国家挑战及机遇》报告，分析了量子信息科学的应用前景，阐述了美国在该领域发展所面临的挑战，明确了量子信息科学的投资重点等。

三是军方发布战略规划文件，指导国防科技创新发展。作为推动国防科技创新的具体实施部门，国防部和军种积极借助国家科技创新的活跃态势，适时谋划发展战略规划。2016 年，美国国防部发布的《在信息环境下的作战战略》《信息技术环境：面向未来战略格局的途径》等报告，为信息环境下面向作战需要的国防科技工作提供了重要指导和牵引。《国防研究与工程战略指南》指导全军国防科技创新工作。2016 年，军种也发布国防科技相关的中长期战略规划或政策文件，提出本部门科技管理政策措施，反映了美军科技发展的重要方向和改革举措，其中，海军最为典型。2016 年 1 月，美国海军作战部长发布《保持海上优势的计划》，在战略环境分析的基础上，规划出美国海军未来建设的重点和方向，要求深化海军研究机构与私立实验室的对话与合作，全面提高海军研究实验室及研究开发中心的核心科技竞争力。9 月，海军发布《水下战科技战略 2016》和配套的《水下战科技目标》，提出了水下战科技发展战略构想，明确提出相关技术目标。10 月，海军制定《未来 30 年长期研究与发展规划》，明确海军长远科技工作的核心原则和方向重点，重点推进自主系统、材料、制造、技术、电磁、海战六个领域技术发展，并提出海军科技创新发展的政策措施。陆军制定了《陆军研究实验室研究管理和领导战略》，构建了陆军科技投资的基本框架，明确了陆军研究实验室的长期科学发展规划和政策措施等。

（二）俄罗斯

2016年，俄罗斯在经济振兴和北约东扩双重压力下高度重视国防科技与工业发展，努力追赶世界科技发展潮流，出台相关发展战略与规划计划，明确了国防科技发展的重点领域与方向，从顶层指导国防科技工作的开展。

一是出台俄罗斯联邦科技发展战略。2016年12月，俄罗斯总统普京向联邦会议发表年度国情咨文时称，已批准俄罗斯新版《俄罗斯联邦科技发展战略》。该战略明确了俄罗斯科技长远发展战略和方向重点，并确定了科技优先发展的方向，包括数字化生产技术、新材料、大数据处理系统、计算机教学和人工智能、新能源、医学模拟技术等。

二是出台航天和国防工业计划。2016年3月17日，俄罗斯政府公告表示，政府批准了《2016—2025年联邦航天计划》，涉及增加俄罗斯通信卫星的数量，为新的空间科学活动提供资金支持；进一步发展通信、电视与无线电广播卫星群，以确保信息独立性；在未来10年开展大量无人与载人航天项目，满足俄罗斯空间探索计划的需求；继续参与国际空间站项目，以在较长时间内使用国际空间站；将于2023年使用在建的东方港航天发射中心执行载人航天飞行任务。5月30日，俄罗斯总理表示，已批准《2016—2020年俄罗斯国防工业综合体发展规划》，该规划谋划了国防工业创新发展与提升竞争力的举措与实施方案。

三是推动部署《国家技术创新计划》。2016年10月27日，俄罗斯联邦召开首届“俄罗斯工业4.0——超前发展”会议，来自俄罗斯国家杜马、工贸部、经济发展部、俄罗斯直升机公司等40多个政府机构和大型集团的200余位代表出席。会议主要议题包括“产业集群和科技园区是国防工业系统企业迈向新工业模式的先进工具”“为实施《国家技术创新计划》建立一体化支持机制”“围绕产业群形成燃料能源综合系统”等。会议指出，俄罗斯工业4.0将围绕《国家技术创新计划》展开，俄罗斯应建立全球价值产业链，实现技术的跨越式发展。俄罗斯将以《国家技术创新计划》的实施为核心，充分利用产业集群和科技园区，在实施科技创新、保证自身技术优势的同时，增加工业企业的国际合作机会，吸收国外先进经验，实现进口替代和全球技术领先，促使俄罗斯在未来国际高科技市场占据主导地位。

（三）英国

2016年，英国在脱欧背景下积极借助全球创新发展趋势，推动经济尽快复兴，谋求国家安全，以重塑世界大国地位。英国国防部在国家战略指导下，于9月16日发布《国防创新纲要：通过创新取得优势》战略文件，明确英国国防创新的基本原则与政策措施，对英国国防科技创新发展具有纲领性指导作用。

国防创新纲要提出了五项创新原则：

一是将创新全面融入英国国防部的机构、人力、程序及文化中。既要创新思考方式和解决问题的方式，也要创新发展能力的方式，加强军事概念、新兴技术和能力发展的紧密结合。

二是营造创新文化。激励并奖励创新行为，让企业愿意为创新承担风险。

三是建立开放式创新生态系统。与来自其他政府部门、工业界、学术界、盟友及合作伙伴的创新机构建立高效、多产的伙伴关系。

四是促进科技成果转化应用。使有应用前景的创新概念尽快以经济可承受的方式转化为解决方案。

五是强化战略指导。为负责实现创新的国防部相关部门提供清晰的战略指导。

国防创新纲要提出了国防科技创新政策措施：

一是掌握全球创新态势。了解当前国防创新的环境以及国防创新面对的一系列挑战，并明确创新发展的重点方向，包括提高兵力投送能力应对复杂敌对环境、发展非传统新手段应对强敌、掌握关键情报做出科学决策、灵活适应未来战略环境的变化并快速应对等。

二是坚持开放合作。广泛征集、吸收创新思想，并确定研发投入的优先级，坚持国防科技创新发展的开放性和国际性，加强与国际盟友尤其是美国的合作。

三是明确创新重点方向。致力于发展“颠覆性能力”，包括降低英国对高成本、复杂弹药依赖度的未来武器系统，发展应对复杂环境的新型自主系统等。

四是确定创新解决方案。设立8亿英镑的“国防创新基金”，支持未来10年对创新解决方案开发、对通过开放竞争程序选出的国防创新概念进行投资；创建“国防与安全加速器”的创新中枢机构，建立管理网络，注重从传统国防供应商之外的环境寻求解决方案，加快创新思想从概念到应用的进程；营造“创新生态系统”，为国防用户及供应商提供一个甄别、培养及验证新想法和解决方案的环境。

（四）澳大利亚

2016年，澳大利亚继续积极维护自身在国际安全局势中的独特地位，国防部发布国防白皮书和陆战领域国防科技规划文件，阐述了国防现代化需要发展的科技能力，要求建立军方与工业部门的伙伴关系，加强与英国、美国的国防科技合作，不断提升国防科技创新能力。

一是发布新版国防白皮书。2016年2月25日，澳大利亚国防部发布《2016年国防白皮书》，评估了2035年前所面临的安全挑战及需要发展的应对能力，提出了发展相关能力所需的政策措施，要求在国际上加强与盟友国家的合作，在国内强化军方与国防工业部门伙伴关系的建立，简化工作程序，在军方需求与工业部门供给之间建立更好的联系。

二是发布陆战领域国防科技规划文件。2016 年 9 月 5 日，澳大利亚国防部发布《塑造陆战领域国防科技 2016—2036》文件，明确地阐述了实施现代化战略所需要的科技能力，并关注当前的科技发展需求。该文件还确定了陆军优先发展的科技领域，例如：适应机动、网络化地面作战需要，发展数字化部队相关技术等；在情报领域进一步加强与技术领先国家的合作，提高关键领域的技术水平。

（五）日本

2016 年，日本在美、印等国拉拢下，积极介入亚太及全球安全局势，同时，不断在军国化道路上采取实质性步伐，作为主管国防事务的防卫省高度重视国防科技发展工作，出台系列规划计划和政策文件，坚持自主发展和同盟合作相结合，大力加强防卫技术创新发展。

一是发布新版防卫白皮书。2016 年 8 月 2 日，日本防卫省发布《日本 2016 防务白皮书》，在形势分析基础上，从项目管理、技术优势、合作等方面提出了日本国防领域的重要任务和政策措施。在国防项目管理方面，采取大宗采购、签订长期合同等政策措施，提高项目管理效率，降低采办成本。在保证技术优势方面，继续重视开展集成军民两用技术的装备研发，促进各类机构更加广泛地参与国防技术研发。在国防装备与技术合作方面，通过多项倡议促进日本工业部门参与国际制造流程，建立通用维护基地。日本通过防务白皮书强化国防技术发展工作，鼓励全社会力量参与国防科技工作，提高国防科技创新能力。

二是发布国防科技战略规划文件。2016 年 3 月 25 日，日本防卫省发布第二份《安全保障技术研发推进制度》文件（2015 年 7 月首次发布此同名文件），资助防卫省外的研究机构和人员开展有较大军事应用潜力、独创性和颠覆性的基础技术研究，重点支持提升现役装备性能的技术、有助于研发新概念武器的创新性技术、热点前沿技术的军事应用。2016 年 8 月 31 日，日本防卫省发布《防卫技术战略》和《2016 年防卫技术中长期展望》，提出日本国防科技发展战略构想，明确了日本未来 20 年的技术发展重点和 4 个具体方向，旨在引导日本防务科研部门发展“改变游戏规则”的前沿技术，确保日本防务领域的技术优势，重点发展储能技术、太赫兹技术等基础前沿技术。此外，提出了国防科技系列政策措施：加强军事技术情报预警，培育和挖掘具有军用前景的先进民用技术，制定关键领域中长期研发目标，强化国内国际合作交流，灵活运用国防知识产权，持续加强核心科技人才培养。

三是发布重点领域发展构想。针对未来战争需求，防卫省发布《无人装备研究开发构想》，该构想聚焦于无人飞行器技术，明确了未来技术发展方向、需要开展的工作、研发成果的应用等，提出要以推动无人机成为未来 15 ~20 年主要防卫装备为目标，围绕机身、动力、自主、人工智能、指挥系统及通信、传感器、电子战等技术开展研究。

二、调整优化国防科技创新管理体制，不断提高管理效能

2016 年，为应对全球高科技快速发展与激烈竞争态势，提高国防科技组织管理效能，世界主要国家和地区国防科技管理部门调整优化内部管理体制，加快建立机制灵活、反应迅速的新型科技创新管理与实施机构，持续推动国防科技创新发展。

（一）美国出台多项体制改革举措，强力推动国防科技创新

2016年，为进一步推动国防科技创新，有效应对来自战略对手的严峻挑战，美国在国防科技管理体制方面进行了一系列改革，不断提升国防科技管理机构的层级，并设立了多个国防科技管理与咨询机构，提高管理的针对性与有效性。

一是立法要求国防部设立研究与工程副部长，提升国防科技管理部门层级。2016年12月23日，美国国会审议通过了《2017财年国防授权法》（以下简称《授权法》），并经总统签署后正式生效，要求国防部拆分负责采办、技术与后勤的副国防部长职能，分设负责研究与工程的副国防部长和负责采办与保障的副国防部长，新体制将于2018年2月1日正式运行。这将是自冷战结束以来，美军在国防科技与装备建设管理领域最为重大的一次改革，体现了美军对国防科技创新的重视上升到了新的高度。

授权法对研究与工程副国防部长及采办与保障副国防部长的职责进行了明确规范。负责研究与工程的副国防部长在国防部长的领导下，主要履行以下职责：①担任国防部首席技术官，负责推动技术的创新发展与进步；②负责制定国防研究与工程、技术开发、技术转移、样机、实验、研制试验鉴定等方面的政策并监督落实，统筹分配国防研究与工程领域的资金，并整合国防部范围的研究与工程资源使其发挥最大效益；③在国防部研究、工程、技术开发等方面的活动与计划方面，担任国防部长的首席参谋助理，向其提供该领域的决策建议。《授权法》规定，负责研究与工程的副国防部长在职级上仅次于国防部长和常务副国防部长，在国防部长办公厅的官员排序中位居第三位。负责采办与保障的副国防部长在国防部长的领导下，主要履行以下职责：①担任国防部首席采办与保障官，负责及时、经济、高效地为美军提供相应的装备与物资；②制定国防采办（包括系统设计、

开发、生产和采购）与保障（包括后勤、维修与装备战备）领域的政策，并监督实施；③制定攸关国家安全的国防工业基础与材料、合同管理方面的政策；④担任国防采办执行官和国防部长在采办与保障方面的首席参谋助理，向其提供该领域的决策建议；⑤监督核力量现代化建设以及应对大规模杀伤性武器的能力建设，担任核武器委员会主席，并兼任国家指挥控制通信系统监督委员会主席；⑥领导和监管各军种与业务局开展国防采办项目的实施；⑦监管国防部长办公厅内与采办和保障相关的军职及文职人员。《授权法》规定，负责采办与保障的副国防部长排在国防部长、常务副国防部长、研究与工程副国防部长之后，在国防部长办公厅的官员排序中位居第四位。

二是国防部成立国防创新咨询委员会和分委会，开展科技创新决策咨询与科技评估。2016 年 3 月 2 日，美国国防部宣布成立国防创新咨询委员会，阿尔法贝特公司（谷歌母公司）执行总裁埃里克·施密特担任委员会主席，成员由具有成功领导大企业或公共组织经验、擅于接纳新技术概念的研发和管理精英组成。其主要任务是为国防部提供关于创新和实现创新方法的独立建议，应对未来组织和文化挑战，具体包括项目管理流程和方法简化、原型机快速制造、迭代产品研发、商业决策中的复杂数据应用、移动设备与云计算的应用，以及组织内的信息共享等。2016 年 8 月 4 日，美国国防部常务副部长要求国防创新咨询委员会成立分委会，聚焦美军的科学技术“生态系统”并为国防科技创新提出建议。分委会的主要任务是：评估国防部承担基础研究、应用研究、技术试验及其他科技研究相关职能，分析创新在其中所起的作用；评估国防部科技生态系统，并评估研发机构的作用，明确国防部科技生态系统、科技研发部门和最终用户的关系；评估美军科技部门与政府其他部门、学术界和私营部门科技人员的合作情况，评估美国国防部战略、政策、体制机制、投资和合作能力等情况；评估美国国防部的科学研究战略，并确定科学研究战略与国防部创新活动的关系；评估国防部如何将科学研究应用于业务流程、国防采办、战场和作战中；确定有关国防部资助研究项目决策的管理模式，并就改进决策过程提出建议。

三是建立国防部深度参与的先进制造业创新中心，提升国防相关领域国家制造水平。2016 年 4 月 1 日，美国国防部长阿什顿·卡特在麻省理工学院宣布成立高科技织物制造业创新研究所，这是美国国家制造创新网络（NNMI）的重要组成部分，旨在研发高科技纤维及纺织品，最终能储存电池电量、先进计算机电路及健康感应器等。该中心由麻省理工学院组织成立的美国先进功能面料联盟（AFFOA）牵头组建，与国防部深度合作，确保美国在革命性纤维与纺织品制造方面处于全球领先地位。该联盟由 89 家大学、制造商及非营利机构组成，包括耐克、新百伦、博士、英特尔、杜邦，以及一系列其他能源与材料技术企业。相关协议由美国陆军合同司令部新泽西新兴技术合同中心管理。2016 年 7 月 27 日，美国副总统拜登宣布成立集成光子学制造创新机构（IPIMI）。作为国家制造创新网络中的一员，该机构由纽约州立大学研究基金会领导，接受美国国防部制造技术办公室监管。集成光子学制造创新机构由 124 家企业、非盈利组织和大学等成员组成，其中 75 家是关键合作伙伴，包括波音、洛克希德·马丁、诺斯罗普·格鲁曼、雷声、英特尔、IBM 公司等。该机构的主要任务是促使美国形成一个端到端的集成光子学生态系统。2016 年 8 月 29 日，美国国防部长阿什顿·卡特宣布与柔性技术联盟在硅谷联合建立一个国家制造业创新研究所，以推进柔性电子制造技术在国防领域的创新应用。柔性技术联盟由 96 家公司、41 所大学、14 个州和地方政府组织、11 家实验室及非营利性机构组成，囊括了美国主要的电子及半导体公司（如应用材料公司、苹果公司、联合技术公司等）、终端用户公司（如波音、通用汽车公司等）以及斯坦福、哈佛、麻省理工等大学的研究机构。联盟的主要任务是，关注柔性混合电子制造领域的前沿研究，确保美国在下一代可弯曲、可穿戴电子器件制造业中居于领先地位。

四是国防部增设国防科技创新试验小组地区办公室，加速民用高科技成果转化应用到国防领域。国防创新试验小组是美国国防部于 2015 年特别设立的主要专注于商业前沿科技成果引入的组织机构，当年在美国高科技集中区硅谷设立首个办公室，2016 年 7 月在波士顿设立第二个办公室。2016 年 9 月 14 日，美国国防部宣布在得克萨斯州奥斯汀建立第三个国防创新试验小组办公室。国防创新试验小组的主要任务是加强国防部与商业界的合作，寻求技术创新的突破点和潜在机遇，并对相关技术与企业进行风险投资。国防部希望通过该小组，进一步积累投资与管理私营高科技公司的经验，推动信息技术背景下国防科技管理制度的创新与完善。

五是各军种设立各类科技创新促进机构，加速国防科技成果转化应用。2016 年 2 月，海军成立加速能力办公室，办公室由快速作战能力需求、科技、采办、舰队及法律等方面人员组成，主要任务是采用快速采办程序，将原型机快速投入作战舰队开展作战试验，促进科技成果快速转化应用。3 月 10 日，美国海军水面作战中心成立颠覆性技术实验室，主要负责提出创意和解决方案，并将其从概念变成现实，加速创新技术研发。4 月，陆军研究实验室发布信息，借鉴国防创新试验小组经验，建立陆军研究实验室西部办公室，加强陆军研究实验室与西部高校、高新技术创业公司在仿真与训练、电子技术、信息科学、智能系统、人—系统交互等方面的科技研发合作，促进西部地区民用高新技术转化应用到陆军科技和国防领域。9 月，陆军组建快速能力办公室，旨在采用快速部署的研发程序，促进陆军科技成果快速转化应用为战斗力。11 月，美国陆军研究实验室与德克萨斯大学和其他相关大学合作，成立陆军研究实验室南部办公室，与区域合作伙伴组建研究团队，推进增材制造、能源和电力、生物科学、人工智能系统和网络科学等领域科技研究，加速技术成熟化进程，为陆军获得关键领域的技术提供支撑。

总之，美国国防部和军种分别组建国防科技创新相关组织机构，更加开放地利用各地区民用高新技术资源和科技力量，推动国防科技创新发展，并加速国防科技成果的转化应用，更好地发挥国防科技对国防和军队建设的技术支撑作用。

（二）我国台湾成立类 DARPA 机构，谋划加快创新性军事技术发展

2016 年 10 月 11 日，台湾“国防部”发布消息，拟效仿美国国防高级研究计划局，于 2017 年 1 月成立台版 DARPA——“国防科技处”。台湾“国防部”指出，建立“国防科技处”是提高“国防自主”能力的重要举措，岛内目前具备技术、设备、人才、资金基础，拥有导弹、战机、舰艇、雷达研制经验，产业和学术实力较强，成立“国防科技处”，有助于充分利用民间科技力量，发展颠覆式创新技术与不对称作战能力，实现“国防科技”产业化。

机构设置方面，“国防科技处”将在“资源规划司”下属的“科技企划处”基础上组建。未来台湾“国防部”将根据“国防科技处”运行情况决定是否在 2018 年将其提升为“国防部”直属的“国防科技室”。人员选聘方面，“国防科技处”处长将从台湾高校或“科技部”人选中选任，副主官为军职，职级为少将，“国防科技处”将大力引进民间人才，从业界寻找项目经理人，3 年一聘。预算方面，“国防科技处”预算初步规划新台币 30

亿元（约合6亿元人民币，2017年台“国防预算”为3004.6亿元新台币），全力推动潜舰科技等自行研发，发展颠覆式创新技术与不对称作战能力，加速“国防科技”产业化。

（三）英国加强国防科技创新机构建设，寻求通过创新获取优势

2016年，英国国防部持续推进国防科技创新，发布《国防创新纲要：通过创新取得优势》政策文件，着力加强国防科技创新机构建设，谋求形成英国未来军事技术优势。

一是组建创新与研究洞察小组，提供国防科技创新决策建议。创新与研究洞察小组是英国国防部一个技术与创新分析部门，主要负责收集其他政府部门、学术界、工业界及关键盟友的科技创新情况，详细了解外部科技创新进程，并将其和英国最紧迫的国防、国家安全挑战相结合，从而甄别出新兴技术及创新带来的威胁与机遇，向高层决策者提出战略与投资优先事项方面的建议。

二是创建国防与安全加速器，汇集融合创新要素加速创新进程。国防与安全加速器是英国国防科技创新的重要中枢机构之一，通过建立管理网络，利用合作研究所及创新中心的知识、设施及技术，加快创新想法从概念构想到应用交付的进程。国防与安全加速器将建立创新生态系统，为国防用户及供应商在物理及虚拟协作空间提供合作机会，成为利益相关者甄别、实验、培养及验证新想法和解决方案的一个安全环境。

三是呼吁组建类似美国国防高级研究计划局的机构。2016年，执政的英国保守党成员还呼吁英国政府借鉴美国国防高技术管理经验，重建国防评估与研究局，组建类似美国国防高级研究计划局的机构，提高国防科技投资效益，将纳税人的钱更多地花在高新技术研发上。这一构想受到英国政府部门关注，相关建议有望被进一步采纳。

三、举办多样化创新活动，激发全社会国防科技创新活力

为适应全球新兴技术快速发展的趋势，塑造和培育军事科技竞争优势，世界主要国家国防部门积极通过扩大参与范围、组织挑战赛、举办主题活动等多种科技创新活动和手段，吸收全社会高新科技研发思想和资源，汇聚先进民用技术成果，为国防科技创新发展提供源泉和支撑。美国作为世界科技强国和军事大国，在这一方面尤为典型。

（一）采用提议日、开放日等活动，广泛吸引各方参与

为促进军地双方信息沟通交流，美国国防部经常采用提议日、工业日、开放日等方式，扩大国防科技活动公开竞争范围，广泛吸引各类创新主体参与国防科技竞争。美国国防高级研究计划局是利用提议日、开放日等活动广纳众智的典型机构，在这些活动中，不仅有该局工作人员发布需求，还有相互之间较为深入的交流讨论。例如，2016 年 6 月 22 日，国防科学办公室举办提议日，并发布广泛机构公告（BAA），向全社会寻求先进数学建模工具、物理系统、尖端实验、人机系统、社会系统等领域的基础研究、应用研究创新概念，以及相关新方法、新工具等。2016 年 9 月 20 日，微系统技术办公室举办提议日，向全社会寻求控制和开发电磁频谱、创建下一代传感器、提供可靠的全球化电子供应链等专业领域的创新思路和解决方案，不仅介绍业务需求，而且让参观者熟悉微系统技术办公室的任务和未来研究方向，增进了解和沟通交流。

（二）组织各类挑战赛，广泛吸收新技术方案

为调动全社会创新资源，激发全社会，特别是年轻人的创新潜力，选拔最优秀的创意和方案，美国国防部相关机构举办了多种多样的挑战赛，

这些创新竞赛活动在推动国防科技创新方面发挥了显著作用。近年来，美国国防高级研究计划局曾先后举办“无人车辆”“频谱协同”“机器人”等多个系列挑战赛，直接推动了其相关领域的创新发展。2016 年，美国国防高级研究计划局举办“网络大挑战”，历史性地验证了自动修补漏洞防御网络攻击的相关技术，使网络防御自动化实现重大突破。各军种也积极效仿美国国防高级研究计划局的成功做法。2016 年 7 月，由海军研究办公室与无人系统国际基金协会联合赞助，在弗吉尼亚举行年度机器人舰艇（RoboBoat）竞赛，检验无人舰艇避开水面障碍、靠泊、声束定位、发射、回收、水下通信等能力。最终，佐治亚理工学院获得第一名，奖金 10000 美元。此次挑战赛在推动海军研究办公室无人作战系统发展的同时，极大激发了年轻学生的创新热情。2016 年 8 月，陆军采办执行办公室、网络司令部、第 2 集团军以及训练与条令司令部联合举办网络创新挑战赛，探索多项先进网络技术的可行性，整合攻击、感知与预警、事件响应、处理、分析、报告等流程，取得很好效果。

（三）加强信息共享交流，汇聚启发创新思想

举办各类研讨交流活动，在信息共享交流中碰撞新思想，是美国促进创新的重要手段。2016 年，从白宫、国防部到各类智库，相关机构围绕与国防应用有关的技术领域，举办了大量交流研讨活动，广泛吸收社会各界的新思想、新见解。2016 年 8 月，美国白宫科技政策办公室与国际无人系统协会（AUVSI）联合主办首届“无人机与未来航空研讨会”，召集 150 位无人系统领域的行业精英，涵盖商业人士、专业学者、业余爱好者和政策制定者等，对无人系统行业的未来走向以及特定领域发展进行了讨论。国防部有关部门也组织多项大型交流讨论活动。2016 年 8 月，陆军训练与条令司令部联合乔治城大学安全研究中心，共同举办了“疯狂科学家”会议，旨在推动陆军各部门、工业部门和学术界能以不同方式思考未来，本次会议主要聚焦于创新成果转化、高度协作、战车先进防护能力等应对未来安全环境所需的能力。此外，与国防相关的协会组织也召开创新会议建言献策。如陆军协会举办了题为“多域作战：确保联合部队在未来的行动自由”的论坛年会，探讨了陆军的“多域作战”概念，让陆军向传统陆地以外的空中、海洋、太空和网络空间等领域拓展能力。海军联盟举办了“海空天博览会”，聚集军内外国防科技研发机构，相互交流最先进的海上信息及技术。

（四）举办主题演示活动，展示科技创新成果

为使全社会深入了解国防领域需求，便利开展科技创新交流合作，国防部等相关机构通过多种形式展示国防科技发展情况和创新成果。2016 年 5 月，美国国防高级研究计划局举办“2016 演示日”活动，展示了航空、生物学、反恐、网络、地面战、海洋、微系统、航天、频谱以及潜在颠覆性技术等领域的 78 个处于不同成熟性阶段的项目，使外界充分了解美军实验室当前的研究重点和技术需求，为美国社会各界参与国防科学研究提供机会。2016 年 6 月，美国航空航天局（NASA）举办了“改变游戏规则技术”行业日活动，旨在明确 NASA 未来重大创新技术与能力的投资方向，向外界公布了 NASA 未来大力投资的下一代生命保障技术、人机系统、机器人卫星服务技术、一体化显示与环境感知系统等 11 项重大创新技术。此外，英国相关科研机构也开展了类似活动，积极寻求社会力量参与国防科研活动。2016 年 4 月，英国国防科技实验室（DSTL）下属机构——国防企业中心（CDE）在伦敦英国皇家学会举办“卖场”活动，目的是向英国社会各界的潜在投资者展示英国国防部资助的部分创新项目，以实现需求对接，为项目进一步开发引入后续资金。

在新兴技术加速发展和科技全球化的大趋势下，2016 年世界各国更加注重国防科技领域的合作交流，开展全球性国防科技创新活动，以更快、更省地获取优势技术，提升本国国防科技创新能力。美国与印度签署合作协议，加强先进国防技术合作，包括深化航空母舰设计、作战以及喷气发动机技术的交流合作，加强信息交流，增强专门用于航空母舰的数据和信息共享。2016 年 3 月，法国和英国签署协议，将投入超过 20 亿欧元用于研制下一代战斗无人机，该试验项目基于多任务无人机平台，将为 2030 年以后的未来作战能力奠定基础。美国与澳大利亚、加拿大、新西兰、英国之间通过既有的“军事研发谅解备忘录”，积极开展网络空间安全领域的国际科技合作。

四、完善技术转移体制机制，促进国防科技成果转化应用

为解决国防科技与国防采办之间脱节的“死亡之谷”问题，最大限度地发挥国防科技成果的应用效益，美国、英国等国家高度重视技术转化应用，设立专门的技术转移办公室，继续实施各类技术转移计划，采用各种技术转移手段，推动国防科技成果快速转化应用。

（一）健全各类技术转移机构，负责科技成果转化应用

美国、英国等国家均设有各类技术转移机构。美国国防部研究与工程助理国防部长下设的新兴能力与样机助理国防部长帮办，下设快速反应技术办公室、比较技术办公室和联合能力技术演示验证办公室，负责全军技术转移工作，特别注重推动一些成熟技术转化为作战应用。陆军和空军设有技术转移办公室，海军设有商业化技术转移办公室，负责本军种的技术转移工作。各军内科研机构设有研究与技术应用办公室，负责本机构研究

成果评价、专利申请与管理、技术应用支持等，促进本单位技术成果的转化应用。英国国防部设有技术转移局，促进科技成果转化应用。

（二）继续实施各类技术转移计划，推动科技成果转化应用

2016 年，美国国防部继续实施联合能力技术演示验证、技术转移倡议、制造技术计划、国防采办挑战计划、新兴能力技术演示计划等多种技术转移计划，对技术成熟的国防科技成果开展技术演示验证，降低其技术风险，重点加速空间弹性能力、自主系统、电磁频谱、非对称兵力应用等领域科技成果向装备采办各阶段转化应用。此外，继续实施国外比较技术计划，从全球范围吸收相对成熟的国防和民用技术，通过技术演示验证，以较低成本促进国外技术快速转化为美军作战能力。

（三）通过网络信息交流平台，加快科技成果双向转化

美国国防部在整合多个信息发布平台的基础上，建立了“国防创新市场”门户网站，汇集“快速创新基金”“工业基础创新基金”“小企业商机”“技术转移项目”“独立研究开发基金”、国防部各部门和军种国防科技信息，向全世界公开发布国防科技信息，并提供了企业“民向军”的自荐渠道。2016 年，“国防创新市场”网站发布了美国特种作战司令部、中央司令部等作战部门对国防科技的需求信息，发布 9472 条陆军科技需求信息、7196 条海军科技需求信息、7628 条空军科技需求信息，并收集了 1 万多条企业独立研究开发项目信息，加强了供需双方科技信息交流，促进军民技术成果双向转化。

五、加强评估监督与过程管控，提高国防科技管理水平

美国等国家建立了多层次的评估监督机制，在国防科技管理方面，不

仅要开展军队内部较为详细的评估工作，而且要接受军队外部的更为专业、独立的评估监督。2016 年，主要国家普遍根据国情军情，对国防科技发展重点领域和重要项目进行了较为有效的评估监督，为国防科技政策制定和决策支持提供了技术支撑。

（一）军队内部组织开展国防科技评估

美国国防部和三军种都设有国防科学委员会等咨询组织，这些组织的一项重要职能是开展评估监督工作。国防部国防科学委员会受负责采办、技术与后勤的副部长委托，围绕自主技术对国防部任务的适用性开展评估研究，形成了一份评估报告，为国防部发展自主技术提供了重要参考。2016 年4 月，空军科学顾问委员会完成定向能武器成熟性研究报告，评估在一种机载平台上部署一部激光主动拒止系统及一部激光武器的方案，评估了激光器当前可用的攻防混合能力、激光器的波长对该混合能力的影响。2016 年7 月，陆军科学委员会着手评审陆军 2016 年五项研究成果，包括对两项机密的研究成果进行评审，其中“未来装甲/反装甲竞争”项目评估对当前和未来对抗装甲车辆的反装甲武器提供独立的建议。2016 年 11 月，美国空军科学顾问委员会独立开展美国空军下一代战斗机研究工作，负责确定和审查下一代战斗机的核心技术，包括传感器、对抗措施、武器和低可探测性能力。

英国国防部针对大型科研项目专门成立了大型项目评估委员会（MPRB），负责对英国国防部管理的 50 个重大项目进行评估检查，委员会有权质询相关项目负责人，并要求说明项目执行效率和相关问题。如果相关项目在检查后执行效率依旧低下，则将在每季度发布的“应关注项目”清单中被通报，如果项目执行效率得到改进，则将从清单中移除。

（二）军队外部机构开展专业化评估监督

美国国会政府问责局、技术评价办公室、国会研究服务中心等机构，从不同角度开展国防科技项目评估监督活动，对项目进度、经费使用、技术创新、知识产权、组织管理等进行专业化评估，发布各类评估报告，提出具有较强可操作性的改进建议，不仅为提高科研机构绩效水平发挥了重要作用，而且为国防科技管理部门的相关决策提供了参考和依据。

开展第三方专家组织和智库独立评估也是外部评估的重要形式。美国国家科学院国家研究理事会、国家科学院空军研究委员会、国防分析研究所、兰德公司等第三方机构或智库经常接受国会和国防部等部门的委托，对国防科技项目开展独立评估。2016 年 8 月，美国国家科学院国家研究理事会发布题为《国家安全空间防御与防护》评估报告，评估当前和未来空间防御与防护计划的架构、作战人员需求、技术发展、人才队伍或其他与解决威胁相关的因素，提出架构、能力和行动方案建议。2016 年 11 月，国家科学院空军研究委员会受空军负责科学、技术与工程的助理部长委托，对高速武器威胁进行评估，发布了《美国全球警戒、全球到达和全球力量面临的威胁：高速机动武器》报告，报告称美国很难应对中、俄未来高超声速导弹攻击，在研发防御性和进攻性高速机动武器（HSMW）的技术竞赛中处于落后地位，建议美国政府着力研发进攻性和防御性措施以应对高速机动武器，建立正式的战略作战概念并加强组织领导和协调。

六、加强科技人力资源建设，提升科技人员创新活力

国防科技人力资源是国防科技创新发展的基石，历来受到各国高度重视。在 2016 年世界国防科技发展版图中，国防科技人力资源为国防科技创

新及改革调整提供了重要保障。考虑到美国国防科技创新的典型性，这一部分主要介绍美国相关情况。美国国防科技创新体系的一个长期优势就是科技人才优势，散布在军内外科研机构、大学、企业的高水平科技人才数十年来创造了无数尖端军事技术，直接推动了国防科技创新发展。2016 年，针对美国国防科技人员面临的尖端人才不足、激励不足、创新乏力等问题和挑战，美国国防部启动了 25 年来最深入的人事制度改革，进一步强化国防科技人员职业化建设，出台了人才招募、人才管理和人才保留等政策措施，促进优秀人才跨部门流动，加大科技人才激励，不断提升国防科技人才创新活力。

（一）采取多种手段广纳优秀科技人才

美军以开阔的视野，积极广纳各领域优秀科技人才，从全社会招募优秀科技人才，超前谋划和储备尖端科技人才，畅通科技人才流动渠道，从源头上保证国防科技人才队伍的创新活力。

1. 从全社会招募优秀人才

在 2016 年美国国防部人事制度改革措施中，人才招募是重要措施之一。针对优秀科技人才的具体措施主要包括：由新增设的首席招募官从私营部门招募优秀的管理人才，协助管理重要项目和相关领域工作；增加大学生到五角大楼的实习机会，简化转为全职雇员的程序；国防部设立人才发展中心，成立文职人力资源创新实验室；各军种设立人才管理卓越中心；试行职业间歇计划，允许军人在服役期间中断服役三年，开展个人求学深造事务等，提高国防科技管理专业和综合能力。此外，通过“直接聘用授权”（DHA）机制聘用关键技术领域人才。美国陆军积极采用“直接聘用授权”机制，吸引、培训和留任最优秀的工程师和科学家，过去两年，“直接聘用授权”使美国陆军研究实验室在神经系统科学、电子学、计算机科学、材料和航空工程等关键领域聘用了256名联邦职员，还聘用了物理学家、生物学家、化学家、数学家和社会科学家。

2. 超前谋划和储备人才

科学、技术、工程和数学（STEM）计划是美国为保持科技优势在各级学校部署实施的一项长期计划，目的是通过科学、技术、工程和数学计划培养新一代科技人员。美国陆军研究实验室通过实施科学、技术、工程和数学计划，开展了从幼儿园到大学的人员培养拓展计划（Outreach Initiatives），开展“小太阳冲刺”“数学和科学教育的收益”“电子网络任务”和“青少年科学与人文科学研讨会”等计划及活动，以最大限度地激励全美青年人从小爱好和投身于国防科技工作。为增加网络作战尖端人才储备，美军自2014年起，通过各军种及国防大学ICOLLEGE项目来培养网络人才，到2017年将培养约4000多名网络专家。

3. 畅通人才流动渠道

美国国防部启动“企业家进驻试验计划”（EIRPP），向包括国防研究管理部门在内的国防部相关机构安排知名企业家，每个机构最多3名，目的是利用其知识经验、社会资源、创造力和风险意识，协助解决国防部大型、复杂、官僚化机构面临的重大难题和挑战，提高美军创新活力。继续实施“国防部管理人员见习计划”，安排美军人员到微软、亚马逊、Space X等知名企业以及地方政府工作，人数为50名，时间2年。美国陆军实施“开放校园计划”，研究实验室科技人员在其设施中与来自学术界、政府和工业部门的科技人员共同开展研发工作，并要求10%～15%实验室科技人员到外面科研单位轮换研究，加强跨单位科技人员的合作与交流。

（二）为科技人员搭建协同创新活动平台

美国陆军研究实验室正在尝试新的运作模式，打造新的生态系统，即开放式实验室（OPEN CAMPUS），具体采取三个措施：一是实施现代化人力管理政策；二是与合作伙伴共享科研设施；三是培养创业和创新文化。所有参与的科学家和工程技术人员相互协作开展研究，以灵活有效的科研合作模式和文化，带动人员不断流动和创新思想不断涌现。2016 年达成开放式实验室合作协议的单位数量由 60 个激增至 180 个，正在谈判中的单位数量超过 170 个。

美国海军为加强科技创新效率，设立了创新办公室，负责提高、促进和开发海军部创新型科学技术程序和政策，设创新总监和副总监各 1 名，主要负责评估科技创新风险，领导建设海军创新网络，提高创新进程。海军还逐步开创“小核心、大外围”科技研发模式，内部设立 6 个部门，包含多个下属机构和协作机构，在亚洲、欧洲、非洲、美洲等地区设有地区总监，与各地区实验室、大学和国际研究者达成紧密合作关系，为科技人员营造协同创新环境，最大程度提高了科研人才的创新能力。

（三）为科技人才创新活动提供充分经费保障

1. 合理安排国防科技总预算，为科技队伍提供充分保障

美国空军在 2017 财年申请的科学技术方面的预算为 25 亿美元，比 2016 财年高出 4.5 个百分点，为空军在科技创新方面实现“第三次抵消战略”提供了基础和支撑。海军近年来科研领域预算基本保持稳定状态，各类科技项目投资均衡化，2016 财年基础研究为 7 亿美元，应用研究为 10 亿美元，先进技术开发为 7 亿美元，确保有较为充足的经费支持科技人员的创新活动。

2. 通过各类基金和资助项目经费，为优秀青年科技人员提供研究保障

2015 年 6 月，美国国防部宣布将在今后 5 年的多学科高校研究倡议计划中加大投入力度，授予大学和科研院所 22 项资助，共资助金额达 1.49 亿美元，将由55个大学和科研院所共同参与，同时注重研究生的培养和教育，鼓励尖端研究。海军设立青年研究者项目（YIP），吸引高校机构研究者开展海军相关研究，选中的选题将获得3年以上研究经费，每年最高可申请17万美元。此外，美军还设立有国防科学与工程研究生奖学金、大学研究基础设施支援计划、科学与工程研究训练提高奖励（AASERT）计划等，为年轻的优秀科技人才提供经费保障。

（中国国防科技信息中心　张代平　赵超阳　魏俊峰　谢冰峰
王磊　李宇华　齐卓砾　蔡文君　王阳　万礼赞）

2016 年战略威慑与打击领域科技发展综述

2016 年，国际安全形势更加复杂多变，核武器作为国家安全基石的地位更加凸显。所有的核武器国家都在斥巨资对其核力量进行现代化改造，都决心继续保留并持续建设和增强其核武库。

世界主要核武器国家——美、俄、英、法在大力推进核武器及运载工具现代化的同时，还投入大量经费进行更新换代计划，核武器装备和力量建设获得重要进展。印度、巴基斯坦、朝鲜则不断试验和部署新的核武器及运载系统，持续扩大核武库并提升武器化和实战能力。

一、美国：强调“先发制人”核战略，启动大规模核武器现代化计划

2016 年，基于威胁判断和国家战略需求，美国继续采用各种措施强化核力量建设，并计划在未来 30 年内耗资 1 万亿美元实施核武器现代化；9 月 27 日，美国国防部部长卡特表示，“先发制人”的核打击仍是美国的基本政策。在此政策下，通过不断的技术升级与开发，美国核武器继续保持

高质量、前沿化的发展势头。

（一）“3+2”战略下的核（弹头）武库现代化持续推进，延寿工作取得重要进展

目前，B61－12的延寿工作已完成研制工程阶段，正式进入生产工程阶段。2016财年之初，美国在托诺帕试验场进行了B61－12第三次开发飞行试验。本试验为该系列试验的最后一次，是“（通过尾翼）制导的飞行试验”，验证了典型投掷条件下有效地点对点系统性能，全部预定行为均成功发生，在武器进入生产工程阶段前为武器系统和检测仪器的设计提供了信心。3月，B61－12进行轨道撬试验，使核武器模型在1000英尺的火箭撬轨道上鼻部向前高速撞击钢筋混凝土墙，模拟高速事故，验证了武器内部防止意外核爆的安全性特征。6月，美国宣布B61－12进入生产工程阶段，标志着B61－12进入生产前的最终开发阶段，延寿工作取得重要进展。

W88 ALT370（W88弹头编号为370的武器部件更换）项目完成重要的功能和物理相容性试验，开始进入生产工程阶段。2016财年初，美国进行了W88 ALT370项目第四次、名为26号演示和试飞行动（DASO－26）的飞行试验。作为质量鉴定的一部分，试验验证了W88再入体重要的飞行动力学并鉴定了与“三叉戟”－2/D5导弹系统的相容性，表明改动后武器系统能够发挥正常功能并符合开发日程。

W80－4加快设计方案鉴定和开发工作。2016年2月，美国发布2017财年预算，要求2016年W80－4项目继续界面控制文件开发，改进军事特征（MC）和库存到靶序列（STS）文件；加快设计方案鉴别和开发工作，进行设计和可制造性之间的权衡；同时重点开发与MC草案一致的设计方案的技术和部件，以加速模式进行技术熟化和部件开发工作。

核弹头生产能力持续现代化。2016财年初，美国批准Y－12建造一个

“电解精炼”的铀提纯设施。8 月，用于安置铀处理设施（UPF）操作和支持人员的施工支持大楼奠基，铀设施现代化建设迈出重要一步。10 月，弹芯生产设施 PF－4 在 2013 年 6 月暂停所有裂变材料业务后完全重启，消除了临界安全和操作行为标准执行存在的重大缺陷，为最终在 2030 年实现年产 50～80 枚弹芯提供了设施基础。

建立战略材料项目，进一步强调战略材料能力建设和储备。2016 年 2 月，美国提出建立战略材料维持计划，除历来重视的铀、钚、氚材料准备外，还特别强调高能炸药、锂、充气系统/电源/中子发生器/抗核加固微电子系统等非核部件的能力建设与储备。

W76－1 延寿弹头生产进入末段，2016 年底完成 70% 的生产任务。

2016 年 9 月至 10 月，美国国家核安全管理局（NNSA）先后实施“国家点火装置”（NIF）的 2016 财年第 400 次实验、第 6 次“震源物理实验”（SPE）、Z 装置的第 3000 次点火，分别通过激光、常规炸药、高功率 X 射线等介质，进行核武器爆炸模拟试验，所获取的相关数据用于确保美国库存核武器的安全、可靠、有效。10 月上旬，NNSA 与美国空军联合成功进行 B61－7 和 B61－11 核航弹“联合测试组件”（JTA）的飞行测试。JTA 是含有传感器和仪表的仿制核武器，不含核材料，但可储存飞行测试中的核航弹性能数据。通过这些数据，NNSA 的计算机模拟程序将评估核航弹的功能和可靠性。

（二）大力实施陆基核力量的更新换代工程，聚焦安全可靠性和跨域作战能力

“民兵”－3 洲际弹道导弹和“陆军战术导弹系统”（ATACMS）分别是美国现役唯一的战略核弹道导弹和战术核弹道导弹。2016 年，除了寻求改进升级外，美军还积极推进下一代陆基核武器的开发工作。

对于“民兵” -3 导弹，美国空军计划于2020年开始重点升级其飞行控制、指挥控制以及网络安全系统，并于2016年3月授出相关合同，开发“民兵” -3 导弹的后继型“陆基战略威慑”（GBSD）导弹的后助推段推进技术，目的是增强该弹的助推段后推进能力。2016年7月29日，美国空军发布GBSD导弹项目合同招标书，计划在未来20年内以GBSD替换“民兵” -3。GBSD不考虑机动选项，更倾向于制造一种目标定位更精确的新型井基洲际弹道导弹，预计采购642枚，费用为850亿美元。

对于ATACMS导弹，美国洛克希德·马丁公司于3月重新启动其生产线（曾于2014年暂停生产），用于在下一代战术弹道导弹“远程精确火力”（LRPF）导弹服役之前，满足美国陆军的作战需求。ATACMS导弹最大射程300千米，可携载核常战斗部。2016年8月和9月，美国陆军先后授予雷声公司、洛克希德·马丁公司LRPF导弹项目的风险降低合同；10月，美国陆军提出将拓展LRPF导弹的反舰功能。LRPF导弹项目于2013年启动，预计于2021年开始服役。

（三）实施海基核武器的延寿改进和新型平台开发，提升综合作战效能

“三叉戟” -2/D5潜射弹道导弹是美国唯一的海基战略弹道导弹型号。2016年，美国海军继续实施该弹的延寿计划，并启动了该弹的载艇“俄亥俄”级弹道导弹核潜艇的替代艇采办计划。

在“三叉戟” -2/D5导弹武器系统方面，2016年3月14日和8月31日，美国海军先后两次成功进行“三叉戟” -2/D5导弹高保真飞行试验，再入体瞄准并成功在夸贾林环礁里根试验场爆炸，证明武器中所有非核材料部件与发射系统均能按设计预想工作。随后，美国海军又成功进行两次“三叉戟” -2/D5导弹飞行试验，鉴定了新的飞行控制和联动电子装置，该现代化航空电子设备将使导弹寿命延长到2042年。7月下旬，美国海军宣布将于2017财年生产新一批“三叉戟” -2/D5导弹。9月，美国海军宣布将更换“俄亥俄”级核潜艇“大功率固定潜艇通信系统”的电子元器件，预计2019年8月完成。该系统是美国海军主要的对潜通信系统，具备良好的大气噪声、海水穿透性以及全球覆盖能力等。

在“俄亥俄”级替代艇方面，2016年1月和6月，美国海军先后启动该艇的通用导弹舱材料和核反应堆研制计划。2月下旬，美国海军提出该艇的5年（2017—2021财年）采办计划，将在2021财年采购首艇。7月中旬，美国海军发布30年造舰计划，明确指出该艇是未来美国海基核威慑的核心。

（四）推动空基核武器系统的升级换代，提升生存空防和核常一体的精确打击能力

美国现役空基核力量的主力是B-52战略轰炸机及其携载的AGM-86战略核巡航导弹。2016年，美国空军不仅加强其改进工作，也实质性开展了下一代空基核力量的开发工作。

从AGM-86战略核巡航导弹武器系统来看，2016年6月上旬，美国空军表示，正在升级所有76架B-52轰炸机。升级内容包括安装新型数字数据链、移动地图显示器、下一代航电系统、新型无线电设备等。完成升级后，B-52轰炸机将在机舱内携载更多的AGM-86空射核巡航导弹和其他武器，具有开放式的未来武器集成能力，因此其核常远程精确打击和饱和攻击能力更强，其服役期将延长至2040年以后。

从下一代空基核力量来看，2016年2月26日，美国空军正式公布“远程打击轰炸机”（LRS-B）（下一代战略轰炸机）的代号“B-21”和构想图，并表示B-21已进入工程与制造开发阶段。B-21将采用B-2隐身战略轰炸机的成熟技术，具备灵活打击全球任何地点的能力，预计在21世纪20年代中期形成初始作战能力。7月29日，美国空军发布“远程防区外”

（LRSO）导弹项目招标书，计划采购1000~1100枚该弹，花费200亿~300亿美元，用于替代将于2030年退役的AGM－86空射核巡航导弹（ALCM）。与ALCM导弹只能从B－52发射相比，LRSO导弹主要配备于B－52战略轰炸机，但也能从B－2和B－21战略轰炸机发射。LRSO能携载核弹头或常规弹头，采用先进的隐身技术，突防能力较强；由于采用成熟的现代化组件，维护方便、成本较低。

（五）瞄准“第三次抵消战略”需求，发展新型核武器开发、制造和库存管理技术

“第三次抵消战略”是目前指导美军装备建设的重要方略，它着重强调技术创新，获取对于潜在对手的技术和军事优势。2016年，美军发力高超声速技术、增材制造技术、激光技术等“第三次抵消战略”所关注的、“改变未来战局”的关键性颠覆性技术，有力推动了核武器开发、制造和管理能力的提升。

一是开发高超声速运载和打击技术。目前，可用于核武器的高超声速技术包括两种，即战略助推滑翔导弹技术和高超声速巡航导弹技术。2016年4月中旬，美国国防部表示，计划2020年前试射携载常规弹头的高超声速导弹。不过，美国国家安全政策和技术中心指出，如果俄罗斯和中国将高超声速导弹用于投射核武器，那么美国将被迫效仿。4月5日，美国空军启动“经济可承受的常规高超声速试验”（HyRAX）项目，旨在研制可重复使用、经济可承受性高、航时较长的高超声速试飞平台，计划在2020年前首飞。5月26日，美国国会批准“常规快速全球打击”（CPGS）项目的2017财年预算，继续推进三个高超声速导弹技术项目，即“高速声速技术”－2（HTV－2）（战略助推滑翔导弹）、“高超声速吸气式武器概念”（HAWC）和“战术助推滑翔”（TBG）项目。

二是采用增材制造技术推动高超声速武器和核武器的开发与维护。在2016年3月14日试射的“三叉戟”-2/D5导弹上，美国海军首次使用增材制造（即3D打印）部件（一种用于保护导弹电缆连接器的装置）。由于采用全数字化工艺流程设计、制造该部件，所需时间仅为使用传统方法的一半。3月30日，美国雷声公司表示，增材制造技术是实现高超声速武器的关键，它能以经济可承受的方式建造其他方法无法建造的武器系统，如高超声速系统所需的特殊材料和特异造型。9月，NNSA完成第25000个核武器的非核测试部件的数字化3D打印。与传统制造流程相比，基于数字化制造的新工艺显著降低了成本、提高了设计和制造水平。

二、俄罗斯：加快研制和部署新型核武器，进一步加强核武器系统的突防、威慑和打击能力

2016年，针对美国导弹防御系统发展和核力量现代化计划，俄罗斯继续强化陆基核力量的生存突防和打击威力，加速更新海基核威慑与打击能力，改进和发展空基战略精确打击能力。

（一）对核弹头进行全面现代化，在保持数量优势的同时提高其质量

2016年，根据美国非政府组织FAS估计，俄罗斯共有7300枚弹头（而俄罗斯官方媒体塔斯社则称俄罗斯大约有1.5万枚弹头），其中现役武库中有4500枚弹头，退役但保持完好的弹头约2800枚。并且，俄罗斯仍然维持着一个庞大且功能齐全的核武器综合体，每年可生产至少1000枚核弹头，紧急情况下甚至可以达到2000枚的年产量。俄罗斯在保持一个庞大核武库的同时，也在不遗余力地进行核武库现代化，大力发展分导式多弹头（MIRV）、高超声速和机动式弹头，以突破美国的导弹防御系统；并且正在

研发低当量（很可能低于1000吨）和低附带损伤弹头，以作为对美国常规武器优势的不对称响应。

（二）构建固定型+机动型、传统弹道+创新弹道的陆基核力量，突出生存突防能力和打击威力

俄罗斯现役陆基战略核导弹型号主要有SS-18“撒旦”、SS-19“匕首”、SS-25“白杨”、SS-27“白杨”-M和RS-24“亚尔斯”。其中，前三个型号将在21世纪20年代达到服役年限。2016年，俄罗斯同步发展RS-24“亚尔斯”、RS-26“边界”固体洲际弹道导弹和“萨尔玛特”液体洲际弹道导弹，三者均携载分导式多弹头，重点突出生存突防能力和打击威力。

一是扩大RS-24“亚尔斯”导弹的列装规模。2016年1月29日，俄罗斯战略导弹部队表示，已开始装备第三个师的RS-24“亚尔斯”导弹系统。目前，共部署50~60套井基型和18套陆基机动型。到2021年底，“亚尔斯”导弹将占据俄罗斯战略导弹部队有效战斗力的一半。

二是恢复发展“巴尔古津”铁路机动发射洲际弹道导弹系统。2016年6月下旬，俄罗斯战略导弹部队宣布，将恢复生产这一系统（每套系统含6枚RS-26“边界”导弹），并于11月成功进行首次试射。俄罗斯计划从2020年开始组建5个“巴尔古津”战略导弹团。新系统发射准备时间短，机动速度快，机动生存能力和隐蔽性强。

三是开发助推滑翔型“萨尔玛特”导弹。“萨尔玛特”是俄罗斯目前正在研发的一种新型液体燃料、重型、井基洲际弹道导弹，2009年开始研发，计划于2020年服役。2016年9月，俄罗斯国防工业系统的官员称“萨尔玛特”导弹将提前至2018年服役，届时将取代俄罗斯核威慑中的重型井基部分——苏联时期研发的“撒旦”导弹。相对于“撒旦”导弹，“萨尔玛特”

导弹的发射重量更轻，投掷重量更大，射程更远，打击精度更高，突防能力更强。2016 年，俄罗斯利用 SS－19 洲际导弹为“萨尔玛特”配载的高超飞行器成功进行了两次飞行试验，成功进行了第一级发动机的点火试验，并计划 2017 年首次试射导弹，于 2018 年批量生产。俄罗斯国防部透露，“萨尔玛特”导弹作战能力会超过 SS－18“撒旦”导弹，“不仅能沿着最佳动能弹道抵达目标，也可从不同方向展开突击，包括南极。”该弹可携载传统核弹头或者 3 枚 Yu－71 战略助推滑翔弹头（配备核装药或常规装药）。Yu－71 于 2016 年 4 月和 10 月先后两次利用一枚 SS－19“匕首”洲际弹道导弹成功试射（迄今共试射 6 次），计划 2020—2025 年间服役。Yu－71 速度可达马赫数 12，可携带核弹头或常规弹头，具有自主机动能力，使防空和反导系统难以拦截。

（三）逐步推进海基核武器系统的全面更新，强化二次核打击和战术核打击能力

俄罗斯现役海基核武器主要为“布拉瓦”“班轮”和“蓝天”等潜射弹道导弹，以及“口径”、SS－N－21“石榴石”等潜射巡航导弹。2016 年，俄罗斯继续发展“布拉瓦”和“口径”等新型核导弹，努力提高二次核打击能力，缩小与美国的差距，逐步改变对陆基战略核导弹的依赖。

一是改进现役潜射导弹核武器系统，确保新旧核威慑与打击能力之间平稳过渡。2016 年 8 月 27 日，俄罗斯表示，已完成“班轮”潜射弹道导弹的改进工作，将列装“德尔塔”Ⅳ级第三代弹道导弹核潜艇。11 月 11 日，俄罗斯开始全面升级改进“阿库拉”级第三代攻击型核潜艇，为其装备新型 C^4ISR 系统、“口径”远程核常巡航导弹及核安全保障系统等，提高潜艇声学隐身性能等，使其性能接近“亚森”级，并将其服役期延长 15 年。

二是加速列装第四代潜射导弹核武器系统，持续提高其战术技术性能。2016年3月21日，俄罗斯海军表示，已升级“台风”级第二代弹道导弹核潜艇“德米特里·东斯科伊”号，以携载“布拉瓦”潜射弹道导弹；同时继续生产第4艘“北风”级弹道导弹核潜艇，到2020年前将共建造8艘。9月上旬，俄罗斯表示，第二艘携载“口径”巡航导弹的“亚森”级第四代攻击型核潜艇“喀山”号将于2018年列装。9月中旬，俄罗斯技术集团称正在为第四代潜艇研制新型消声橡胶涂层，可有效降低水声信号。9月27日，“北风”级核潜艇“尤里·多尔戈鲁基”号成功试射两枚“布拉瓦”导弹。

三是着手开发第五代多功能“通用”核潜艇，致力于战略战术一体化、高效动力和高隐身性。2016年3月18日，俄罗斯表示正在研制“哈斯基”级第五代核潜艇和用来装备该潜艇的新型潜射弹道导弹。新潜艇将是一种基于通用基础的潜艇，结合了战略和多用途潜艇的关键要素，可用作攻击型核潜艇、巡航导弹核潜艇和弹道导弹核潜艇。潜艇增加了一个新的导弹模块舱，将根据搭载的武器类型来区分潜艇的类型，预计首艘“哈斯基”潜艇将在2030年以后开始建造。4月4日，俄罗斯表示，“哈斯基”级核潜艇将兼具多任务潜艇和战略核潜艇的功能，其主要特点：一是采用液态金属冷却反应堆，尺寸紧凑、发电量大，可有效减小潜艇的尺寸；二是使用复合材料结构，内含高内损耗因子，可完全阻止振动能的传播，大幅减少潜艇反射的声纳信号。8月中旬，俄马克耶夫国家导弹中心表示，开始为第五代核潜艇开发新型弹道导弹，用于取代“布拉瓦”导弹。

（四）推动空基核武器平台的升级改造和高超声速化，强调空基战略核常精确打击能力

俄罗斯现役空基核武器为AS－15、Kh－101/102空射巡航导弹。2016

年，以出兵叙利亚打击“伊斯兰国”为契机，俄罗斯持续发展和运用空基核武器，同时基于其高超声速技术优势，推动开发下一代运载平台。

一是列装和改进 Kh－101/102 系列空射战略巡航导弹及其运载平台。Kh－101/102 系列导弹于 2012 年开始装备，其中 Kh－101 携载常规战斗部，Kh－102 携载核战斗部。2016 年 11 月中旬，俄罗斯《国家武库》杂志主编指出，由于采用惯导 + 光电修正等复合制导系统，用于打击叙利亚恐怖分子的 Kh－102 导弹的最大误差为 7 米。他指出，Kh－101/102 导弹均采用新工艺，具有隐身能力；通过配备数据链，可在飞行中重新瞄准目标和打击移动目标。为了配合使用 Kh－101/102 系列导弹，2016 年俄罗斯对图－160、图－95MS 轰炸机进行持续改进，并继续批量生产改进型图－160(命名为图－160M2)。其中，针对图－95MS 的改进措施为：改装武器挂梁，使之能最多携载 8 枚巡航导弹；重新设计机载无线电电子设备等。

二是开发下一代战略轰炸机。俄罗斯可能正在同时研制两种战略轰炸机。2016 年 7 月 13 日，俄罗斯战略导弹部队表示，正在研制一种新型高超声速战略轰炸机，可携载核导弹，并在 1～2 小时内从外太空攻击地球任何地点，其试验机将于 2020 年完成研制工作，目前已完成发动机试验。10 月中旬，俄罗斯表示，计划于 2018 年公布新型（超声速）战略轰炸机（PAK DA)。PAK DA 是俄罗斯第一款在隐身能力上进行优化的亚声速轰炸机，采用了与美国的下一代远程打击轰炸机类似的飞翼式设计，预期航程 1.2 万千米，能够携带 30 吨有效载荷，可以投送远程核与常规巡航导弹、精确制导武器和高超声速导弹。据称，目前已经展开 PAK DA 原型机的制造工作，预计在 2021 年之前实现首飞，并在 2023 年首次交付。

（五）改进综合电子信息系统，提高核力量快速反应和态势感知能力

2016 年 1 月，俄罗斯国防部称，俄罗斯战略导弹部队将于 2016 年接收第五代新型战斗管理系统，并在 2020 年前全面实现通信系统的数字化。这些系统包括数字无线电中继设备、自动通信站等，用于导弹发射的导航定位，抗干扰能力强，将大幅提升俄罗斯战略导弹部队作战效能，包括缩短作战流程、改进指挥决策过程等。3 月 18 日，俄罗斯表示，正在研制第 5 代核潜艇携载的无人潜航器，用于侦察监视或攻击，无疑将提升俄罗斯核潜艇的态势感知能力和核打击效果。10 月中旬，俄罗斯中央电子仪器科学研究所的康采恩表示，将为“北风”级和“亚森”级核潜艇配备新型光电潜望镜。这种具有独特的光学变焦和无线电测向定位功能的光电系统将取代传统光学潜望镜。潜艇借助这种设备可在几秒内发现数十千米外的水面敌人，并迅速返回大洋深处。

三、英国：着眼应对新的威胁环境，着手实施下一代海基战略核武器系统计划

英国现役战略核导弹武器的唯一型号是自美国引进的“三叉戟” –2/D5 潜射弹道导弹，但将原装核弹头换为自行研制的 Mark 4A 核弹头。2016 年，针对面临的战略威胁环境，英国决定在改进和维持现有战略弹道导弹力量的同时，开发下一代潜射弹道导弹武器系统。

2016 年 2 月，英国国防部宣布投资 2.01 亿英镑以进一步完善下一代战略核潜艇的设计；4 月，国防部部长又宣布为新潜艇计划投资 6.42 亿英镑；6 月上旬，英国原子武器研究中心表示，正在研发一种精度更高、杀伤力更强的新型“三叉戟”潜射弹道导弹核弹头；7 月，下议院投票通过采购 4 艘

“继任者”级新潜艇的议案，总造价约为310亿英镑；8月，国防部再次投资13.2亿英镑开始建造首艘潜艇，首艇将于21世纪30年代初期开始服役，它将是英国海军最先进、最安静的潜艇，并可同时容纳男性和女性士兵；10月，英国国防部宣布将开展“继任者”级核潜艇的首期建造工作，将于2028年交付英国海军，并服役至2060年，携载改进后的“三叉戟”-2/D5潜射弹道导弹。“继任者”级和美国“俄亥俄”级替代艇将共用一套“通用导弹舱”，采用四联装发射模式。英国女王批准将首艇命名为“无畏”号。此外，美英合作研制导弹通用舱的工作仍在继续，2016年4月拨款中的2亿英镑将用于该项目。

2016年，英国与美国的合作持续推进“三叉戟”核弹头的延寿工作，目前已开始或即将进入批量生产阶段。同时，为保持设计与制造新弹头的能力，正在斥巨资更换或升级核武器研制机构AWE的研究与生产设施，并广泛招募高素质人才。

四、法国：稳步推进“两位一体”核力量的现代化，重点加强核弹头研发

法国的空基核力量由陆上两个“阵风”F3/“幻影”2000N混编中队和“戴高乐”航空母舰上的一个“阵风”MF3中队组成，携带总共54枚ASMP/ASMP-A巡航导弹。ASMP-A从2009年开始替换ASMP，计划2018年完成替换。目前，ASMP-A的下一代巡航导弹（ASN4G）的研究工作已经启动，可能于21世纪30年代服役。

海基核力量包括4艘“凯旋”级弹道导弹核潜艇，总共携带48枚M51导弹。目前，已经启动下一代战略核潜艇的研究工作。

2016 年，法国继续推进禁核试后制定的“弹头模拟计划”，以保持新弹头的研发能力。在该计划下，法国在 2009 年完成了空基核弹头 TNA 的研发，这种弹头被称为“模拟计划”提供“保证”的第一种核武器。2016 年，完成了海基弹头 TNO 的研发，并且开始替换潜射导弹原有的 TN75 弹头。与此同时，继续建造和升级用于支撑“弹头模拟计划”的三轴闪光照相装置、超级计算机等硬件设施。

五、印度：海基战略核武器系统建设进展突出，但其威慑与打击能力不足

印度现役战略弹道导弹型号仅有“烈火” –3 陆基中程弹道导弹，海基战略弹道导弹尚属空白。2016 年，印度海基战略弹道导弹开始进入作战鉴定阶段，尚未形成初始作战能力。2 月 23 日，印度表示，其首艘弹道导弹核潜艇“歼敌者”号成功通过测试，“在技术上可以随时服役”。“歼敌者”号核潜艇，计划携带 4 枚 K –4 潜射中程弹道导弹（射程 3500 千米）或 12 枚 K –5 短程潜射导弹（射程 700 千米），印度计划建造至少 10 艘该级核潜艇。3 月 31 日，“歼敌者”号核潜艇首次试射 K –4 中程潜射弹道导弹，这标志着印度首次具备了一定的海基战略核打击能力。

2016 年，印度还进行了射程 5500 千米的“烈火” –5 陆基机动导弹试射。巴基斯坦半官方机构伊斯兰堡战略研究所（ISSI）的报告指出，印度有足够的核材料和技术能力生产 356 ~ 492 枚核武器。

六、巴基斯坦：坚持可信最小威慑政策，快速扩大核武器库规模

巴基斯坦外交部长称继续奉行“可信最小威慑”政策，它的“全谱系”

核武器计划只阻止印度可能的侵略，发展战术武器是为了阻止印度军队采取突然越过边境的侵略行动。2016 年，巴基斯坦试射了可携带核弹头的 RA’AD 型空射先进巡航导弹，射程可达到 350 千米。

据美国非官方组织 FAS 估计，2016 年巴基斯坦拥有 130 ~ 140 枚核武器，但由于巴基斯坦仍在进行钚和高浓铀等核武器材料的生产，到 2025 年时其核武器库可能增长到 220 ~ 250 枚。

七、结束语

2016 年，世界核武器的发展更多地体现在对核武器投送工具（弹道导弹、巡航导弹、核潜艇和战略轰炸机）的升级改进上。从核武器自身来讲，仍处于第二代的发展阶段，第三代核武器的发展仍未获得重大进展，但在核禁试条件下，发达国家核武器的试验、验证和开发手段不断增强，其核武器小型化、智能化、信息化水平不断提高。

国外主要核武器国家延续了近年来对核武器装备和力量进行现代化的总体发展态势，并且在预算紧缩的情况下，仍然斥巨资发展新一代核打击力量，以进一步增强核威慑的有效性。美国的核弹头全面延寿策略取得重要进展，新一代精确度、速度和隐身特性大幅提高的运载工具获得立项；俄罗斯加快核武器系统的现代化和更新换代速度，发展重点趋向高超声速、机动性、模块化和通用性；英国政府全力支持下一代海基核力量建设，首艘新型隐身战略核潜艇获得拨款开始建造；法国海基核力量现代化取得重要成果，禁核试后第二种经过“弹头模拟计划”认证的核弹头 TNO 开始服役。

印度、巴基斯坦等跨过核门槛的国家则不遗余力地提升核武器实战化能力，意图实现更全面的“三位一体”核武器投送能力。这反映了在当前全球安全环境下日趋复杂的情况下，各核武器国家都认为核威慑是保证国家安全的核心要素，都将发展、维持、现代化并增强核力量置于高度优先的地位。

（中国核科技信息与经济研究院　刘渊）
（中国工程物理研究院科技信息中心　王希珍　向志刚　李育强　李艳琴）

2016 年陆战领域科技发展综述

陆战技术主要是指支撑陆战装备和作战人员更好地发挥作战能力的技术，主要涉及陆战力量的机动能力、打击能力、生存能力、信息能力、自主能力以及人效增强等方面。2016 年，陆战领域科技发展的总体情况如下。

一、机动能力：动力传动技术注重创新发展，材料新成果推动平台轻量化技术进步

高效的推进系统是提高陆战平台机动能力的关键。对打击能力和生存能力的追求在一定程度上增加了平台的重量，通过材料技术实现轻量化是提高机动能力的重要手段。

（一）开展新型动力概念和基础理论研究，优化发动机性能

FEV 北美公司开发“高性能四冲程发动机”概念，满足或超过美国军方“先进战车发动机”项目的所有特定需求。“高性能四冲程发动机”采用双涡轮增压器，旋转惯量低，瞬态性能好，共轨系统采用独立的单体泵提供高压燃油，气门机构可调节，部分负荷时可让 6 个汽缸中的 3 个停止工作

以提高燃油经济性。

阿凯提斯动力公司开发创新型对置活塞压燃式汽油机，满足当前和未来的成本效率以及低排放标准的要求。汽油机采用灵活的吸气和扫气结构，低负荷时也能提供稳定燃烧所需的高温，燃料效率比尺寸较小的涡轮增压直喷汽油机提高50%。

美国陆军实验室进行共轨喷油器和液压致动电控单体喷油器对比研究，以期优化燃油效率和功率输出，降低有害排放。实验发现，机油温度对单体喷油器系统的喷油量有显著影响；共轨喷油器对喷油量的控制精度是单体喷油器的4倍。

（二）重视新型动力传动系统研发，满足特定需求

乌克兰开发新型6TD系列主战坦克动力系统，可用于现有主战坦克升级或配装新型主战坦克。6TD系列1103千瓦柴油机采用直接燃油喷射系统、顶部喷射式冷却系统等技术，可使主战坦克在55℃的高温环境下工作并降低热特征信号；空气过滤效率高达99.8%，适于沙漠行驶。

德国采埃孚公司推出“全寿命经济型越野”新型7速自动变速箱，主要用于中型和重型特种越野车辆。新型7速自动变速箱可根据路况自动换挡，换挡时无动力中断；传动比范围较大，车辆爬坡能力和燃油消耗得到显著改善；与新型液力变矩器匹配，可提高车辆加速性能和行驶平顺性；电控装置直接安装在变速箱上，通过标准化CAN总线接口与车辆其他系统进行通信。

（三）轻量化材料研发成果显著，推动地面平台减重

美国北卡罗莱纳州立大学在熔融的不锈钢基体中嵌入空心钢球，制成一种复合金属泡沫装甲材料，比现有车辆金属装甲材料密度更低，强度更高，可为装甲减重20%。抗弹性能测试中，总厚度约2.5厘米的装甲能抵

御速度为 850 米/秒的穿甲弹冲击。

美国西北太平洋国家实验室采用低成本工艺，通过优化热处理过程和纳米结构调节机制，制备出性能更好的钛合金 Ti185。该材料拉伸强度接近 1700 兆帕，约为现有车用钢的 2 倍，比现有钛合金的强度高 10% ~15%，重量降低50%。当前，钛合金 Ti185 的价格仍高于钢，但在强度—价格比方面有优势，是车辆轻质部件的理想材料。

二、打击能力：常规发射技术与新技术研发并行，炸药与可调战斗部技术发展活跃

陆战装备打击能力不一味强调远准狠，而是着力改进现有发射技术，研发新技术，以适当的毁伤效果精确地打击目标。

（一）发射技术发展保持活跃，常规技术改进与新技术研发并行

美国陆军启动 M777ER 项目，拟通过技术改进和身管加长使 M777A2 牵引榴弹炮射程提高 2 倍，推出的 XM907 样炮身管加长了 1.82 米，达到 52 倍口径。为解决 M109A7 自行榴弹炮的最大射速问题，美国陆军明确了不同射击条件下的射速需求，在项目进入大批量生产阶段前对该炮进行了有压力射击条件下的测试。

美国 AM 通用公司推出新型“鹰眼”105 毫米轻型自行榴弹炮。该炮采用 33 倍口径身管，最大射速为 8 发/分钟，持续射速为 3 发/分钟。俄罗斯将研制 2S35“联盟”－SV－KSh 轮式自行榴弹炮，最大射速超过 10 发/分钟，有效射程超过 40 千米，可携带大约 70 发 152 毫米炮弹；集成有创新的身管冷却系统，射速超过德国 PzH2000 和美国 M109A6/M109A7 等。

美国陆军考虑将“闪电”电磁导轨炮用于陆基防空，对其进行的实弹

射击试验验证了弹丸及关键部件能够在 30000g 高过载和强电磁发射条件下正常发射，发射前后及弹丸进入稳定飞行的数秒时间内，所有制导电子组件均达到预期性能。俄罗斯在研的一款电磁导轨炮完成首次测试，试验中电磁导轨炮发射了 1.5 克重的炮弹，炮口初速达到 11 千米/秒。

（二）炸药与可调战斗部成为热点技术，追求毁伤效果及其可控性

美国陆军开发并优化粒状 IMX－104 炸药的大规模淤浆包覆生产工艺，将提高粒状 IMX－104 炸药品质，实现低成本量产，为部队提供性能优良的不敏感炸药，主要用于装填 M795 和 XM1128 炮弹；启动在 BLU－111 系列 500 磅通用炸弹中装填含铝 IMX－101 炸药的研究，开发相关工艺参数，低成本 IMX－101 量产后，每年将为美国陆军节约 280 万美元。

美国国防威胁降低局提出研发高燃烧效率自破裂结构含能材料，该活性结构材料受爆炸冲击后自行破裂，可形成按一定规律分布的能快速燃烧的微米或亚微米级燃料颗粒或液滴。新开发的活性材料适合用作弹药壳体，将有效提高弹药毁伤效能。

美国创新防务公司设计的一种新型钻地导弹，装填多个以串联方式排列的聚能装药战斗部，在某一方向上连续起爆冲击岩石或混凝土，以爆炸方式开孔，可以形成孔径更大、深度更深的孔洞。用一枚内装 20 个直径 30 厘米聚能装药战斗部的钻地导弹，可开出 60 米深的孔洞，供后续导弹钻入目标内部。

德国 TDW 公司研发出毁伤半径可调战斗部技术，综合应用战斗部和引信技术，提供 3～5 种可选战斗部输出模式，毁伤威力可在 10%～100% 范围内调节。作战人员可根据选定目标调节战斗部的爆炸当量，控制毁伤效应和威力，最大限度地降低对友军的误伤和附带毁伤。

三、生存能力：平台主动防护技术是发展重点，材料技术助力生存能力提升，反微/小型无人机技术蓬勃发展

传统防护措施已无法抵御不断出现的新威胁形式和不断发展的高致命威胁，新的反制技术手段相继出现，以确保陆战力量的生存能力。

（一）主动防护技术发展日臻成熟，有效提高生存能力

俄罗斯“阿玛塔”主战坦克装备“阿富汗石”主动防护系统，不再依靠车辆四周安装的小型雷达探测来袭威胁，而是借助新型紫外探测器跟踪火箭弹留下的电离空气踪迹中的紫外光子，不仅能够探测火箭弹，而且可以评估弹丸速度和弹道，向主动防护系统提供成功拦截威胁所需的数据，显著提高主动防护系统的效率，从而增强战车生存力。

英国主动综合防护系统研究项目拟在现有的商用系统评估与技术基础上进行研发，首先用于“挑战者”2 主战坦克、“阿贾克斯”和“武士”装甲战车。项目包括三个并行内容：“美杜莎”技术评估，对具备 6 级技术成熟度现有的商用主动防护系统进行评估；“伊卡洛斯”技术演示，开发一个体系架构，为模块化主动综合防护系统在车辆编队中的运用提供支撑；开发研发与仿真用基础软件包。

（二）装甲和隐身材料技术成果丰富，其应用受到关注

美国南加州大学研发出新型非晶钢 SAM2X5－630，整个非晶基体分散着亚微米大小的析晶，维氏硬度达到 16 吉帕，弹性极限约为此前报道的非晶合金弹性极限的 1.5 倍，是车辆装甲的理想材料；加州大学洛杉矶分校开发出新型镁基复合材料，基体为 Mg2Zn 镁合金，增强体为均匀致密分散的碳化硅纳米颗粒，材料的屈服强度达到 710 兆帕，杨氏模量达到 86 吉帕，

军方希望将其用于车辆装甲结构中。

俄罗斯钢铁研究院研发出 VST－2 低成本钛合金，用低等级海绵钛、钛废料取代了贵金属组分，虽然热稳定性略有降低，但抗弹性能保持不变，且出厂成本只有常规钛合金的一半。“阿玛塔”“库尔干人”－25 和“回旋镖”等装甲平台配装的 EPOKHA 战斗模块采用了 VST－2，防护性提高 10%。

俄罗斯研发的雷达吸波涂层完成第一阶段测试，参与测试的车型有 T－72 坦克、BMP－2 和 BMP－1KSh 步兵战车。在夜间试验中，使用无人机和进口的夜视系统对受试车辆进行侦察，2/3 的车辆实现了可见光和红外光谱范围内的完全隐身。

美国雷声—马萨诸塞大学洛厄尔研究所研制出可喷墨打印的铁电纳米墨水材料，可在坦克装甲车、舰船和飞机上直接打印出网格状电磁滤波层，通过调节外加电压调控材料特性制成“隐身衣”，能视情灵活改变雷达波方向实现主动隐身，通过调节技术参数可对雷达的任意工作频率实现隐身。

（三）微/小型无人机威胁的日益严峻，反制技术蓬勃发展

为增强反无人机能力，美国陆军开展了反无人机技术方案评估，目标是寻找能够以非动能方式对抗起飞重量不超过 9 千克小型无人机的反无人机系统，其探测距离最少为 800 米，并能够区分无人机、有人飞机、野生动物和植物。

美国研制出“伊卡鲁斯”“无人机跟踪者”和“无人机防御者”等反无人机系统。“伊卡鲁斯”由洛克希德·马丁公司研制，可探测、识别和对抗重量不超过 9 千克的小型无人机。“无人机跟踪者”由美国反无人机公司研制，能通过无人机的无线局域网信号探测和识别无人机，还可读取发射装置的物理地址，作用距离为 500 米。“无人机防御者”由巴特尔公司研制，外形与步枪类似，可呈30°锥形发射无线电波，使这一区域内的无人机失效，作用距离为400米，美国政府已采购100套。

以色列埃尔塔系统公司研制出“无人机卫士”，采用3D雷达来探测目标，并利用特殊的无人机探测与跟踪算法以及光电传感器对目标进行视觉识别，随后利用专用电子攻击干扰系统对无人机实施干扰。德国推出“无人机探测器”，通过定向实时测量无人机电磁辐射探测入侵无人机，作用距离为1千米，作用带宽可扩展至9千赫～20吉赫，覆盖了无人机常用的控制与视频链路频率。

四、信息能力：网络与电子战攻防技术并举，雷达与通信技术兼顾精度与可靠性，信息融合技术提高指控系统灵活性

陆战领域的信息能力主要体现在网络与电子战系统的建设，新型雷达与通信技术的发展，指挥、控制、情报与监视系统及信息新技术的融合等方面。

（一）加强网络与电子战系统建设，重视应对新威胁的能力

美国陆军网络卓越中心举办“网络探索”演习，希望借此明确网络安全需求和优先事项，提高指挥人员对于网络与电子战行动的态势理解。美国雷声公司在演习中展示了为陆军研发的“网络和电磁战管理工具”，指挥人员借助工具可确定最佳前进路径，而不会被干扰或被发现，还可干扰敌方的通信能力。

俄罗斯无线电电子技术公司对一款陆基电子战组件进行测试，主要测试其保护部队和民用设施免受空射武器威胁的能力。该系统采用模块化结构和最新算法，大大拓展了频率带宽，提高了干扰模块的作战能力，能够

干扰机载瞄准系统，保护地面目标免受空袭威胁。

美国陆军“爱国者”防空导弹采用雷声公司的 AN/MPQ－53 相控阵雷达，可以在中高空对抗敌人的飞机和弹道导弹。陆军寻求利用数据加密与网络防护技术，以保护“爱国者”导弹系统的通信和数据存储系统，防止其技术被潜在的敌人获取，雷声公司将提供206 种加密现代化套件。

（二）研制新型雷达和通信技术，提高系统精度、可靠性和安全性

基于砷化镓或氮化镓技术的有源电扫描阵列雷达受到多国重视。以色列推出可用于设施和机动部队防护的新型固态有源电扫描阵列软件定义雷达；瑞典采用砷化镓有源电扫描阵列数字波束成形天线制造出一款多功能雷达，可使同一多层波束 3D 雷达兼具空中监视、防空、感知与告警以及武器定位功能；美国雷声公司投入两亿美元巨资研发氮化镓有源电扫描阵列技术，并在此基础上研制一体化防空反导作战用氮化镓有源电扫描阵列雷达。

美国陆军开发新型 X 波段天线架构，除要求性能提升外，还要求尺寸减小 67%；威斯康星大学研发出使整个车体成为信号传输天线的技术，增大天线有效尺寸，实现更强的战场通信能力，同时减少装备负载、提高隐蔽性；加州大学开发出“无线电低语”系统，可以在几乎不耗电的情况下挖掘频谱中未使用的频率用于传输信号，使其到达目的地的同时还能抵抗任何干扰。

（三）注重融合新的信息技术，提高指控系统效率和灵活性

美国陆军成功演示指挥所 Wi－Fi 解决方案，利用无线技术的灵活性，减少设备连接所需电缆，提高指挥系统多环境适应能力，更好地遂行作战行动；美国国防高级研究计划局寻求开发新型数据处理器，帮助情报分析人员理解并分析从摄像机、社交媒体、传感器和科学资料等渠道获取的庞大数据，发现事件之间的关联，提取有效信息。

美国陆军对战术作战人员信息网（WIN－T）“增量1”进行升级，减少1/3的设备，以更小的重量、体积、成本与功耗，提供高速、大容量的话音、视频和数据通信，提高敏捷性、安全性和作战能力，支持对远征能力要求更高的部队提高战备水平。

美国陆军在远征指挥所能力项目下，对指挥所进行了灵活设计，研制出技术演示装置，可以使从连到军的各级指挥人员在行进间进行指挥、保持高战备状态，使部队具备行进间作战能力。指挥所包括三种配置：旅及旅以下部队用的轻型移动指挥所，允许士兵在非运动状态下5分钟内建立鲁棒的战术指挥所；重型部队用的诸兵种合成营战术移动指挥所，具有行进间视距和超视距的网络连接能力；军到营各级部队用的远征营指挥所，整个系统从开始架设到完全投入作战只需大约30分钟。

五、自主能力：积极开展仿生机器人技术研究，加快发展无人系统编队技术，无人车辆发展注重机动能力和救援能力

机器人、人工智能、软件、无线网络和控制技术的迅猛发展，为陆战力量带来深刻变革，无人系统自主技术水平和能力的快速提升，对陆军装备发展和作战模式的颠覆性影响日益显现。

（一）美俄积极发展仿生机器人技术

美国加州大学伯克利分校研制了手掌大小的“克拉姆”仿蟑螂机器人，这是一种柔软的有铰接机构的可压缩腿形机器人，能够进入应急响应人员无法进入的由自然灾害或爆炸导致的碎石空间并快速移动；陆军研究实验室则开发分析软件，评估机器人翻倒后恢复到最佳姿态的能力，通过仿蟑

螂机器人分析蟑螂翅膀的形状和蟑螂复位策略之间的关系。战场上崎岖的地形和动态环境会导致机器人翻倒，解决这一问题非常必要。

俄罗斯研发出与美国“大狗”相似的“山猫”仿生机器人，有侦察型、火力支援型、扫雷型、医疗后送型、后勤支援型和战斗工程侦察型等6种配置，包括综合战斗管理系统、转向装置、数据链、导航系统、侦察装置、定位跟踪装置、软件和各种有效载荷，能通过混凝土、沥青、木地板、大理石板、沙土等路面以及各种战场地形，在行进中保持平衡，转向半径小于1米。计划配装PKT/PKTM式7.62毫米机枪、一次性反坦克火箭筒或RShG火箭筒，可遥控、半自主和自主控制。

（二）美军无人系统编队技术发展活跃

美国在无人系统编队技术领域发展活跃，陆海空三军和多家工业研发机构均致力于推动这一领域技术发展。美国国防高级研究计划局2016财年计划投资958.8万美元启动有人—无人编队系统增强技术项目，通过无人机编队以及有人驾驶飞机与无人机集群使用来增加其毁伤能力、生存力、载荷能力以及作战范围。无人系统编队协同作战将成为一体化联合作战形式下的重要作战样式之一，有人—无人系统编队技术是美国“第三次抵消战略”的重要颠覆性技术之一，无人系统集群作战还将改变未来战争形态。

美国陆军为“黑鹰”直升机寻求有人—无人编队协同作战能力，希望通过全动态视频和相关数据为UH/HH-60A/L/M直升机驾驶舱及主座舱提高态势感知能力；组建首支RQ-7“影子”无人机与AH-64“阿帕奇”攻击直升机混编的攻击侦察中队，计划到2019财年组建10支混编的攻击侦察中队并开始实战部署。美国陆军现役的多种无人机已经具备与有人驾驶飞机的编队互操作能力，可实现2级甚至4级编队互操作，并着手研制下一代有人—无人编队技术，即有人—无人智能编队技术。

（三）美军注重无人车的机动能力和救援能力

美军寻求无人车在公路及越野环境中自主行驶的解决方案，提高无人车机动作战的能力。这一能力已在近期（2016—2021）和中期（2022—2031）规划目标中明确，第一步是通过加装附加组件实现车辆的自动驾驶，并减轻士兵负重；第二步是提高系统自主能力，同时为战术车研发附加组件。美国陆军在2017—2021财年中申请了9亿美元用于投资地面机器人技术，为满足大型无人车需求设立的项目主要包括班组多用途装备运输项目和道路自主性项目，前者主要用于减轻士兵负重，支持机动作战；后者重点发展护送技术，“引领—跟随”系统首先应用于后勤和保障系统，随后向陆军自动护送行动计划转型。

美国陆军发布寻源公告，寻求制造商研制可救援其他小型（小于1360千克）和大型（1360~2720千克）地面无人车的机器人平台。无人救援车自身重量将不超过3175千克，并且能够起吊、牵引和运输损坏的平台，还可根据需要将被救援车辆运输至3.2千米外的指定维修点。美国陆军将地面无人车用于执行从维和到全谱作战中的各种任务，包括情报、监视、侦察与目标捕获，排爆和后勤保障等。但地面无人车救援过程中需要人员将绞盘的绳索或线缆系拴在受损车辆上，使人员暴露在危险中，而无人救援车可以避免这种情况发生。

六、人效增强：士兵系统更强调轻量化和网络化，单兵装备的发展重点依然是智能化

信息化作战条件下，作战人员主要依靠士兵系统、可穿戴装备等提升机动能力、持久作战能力、生存能力和指挥控制能力。

（一）士兵系统更强调轻量化和网络化

美国单兵穿戴型“火力风暴”一体式目标指示系统是现役“火力风暴”系统的轻量化型，解决了后者现有部件过重问题，更易于提供快速近空支援，且减轻下车作战士兵负重；俄罗斯第三代“战士”士兵系统考虑选用新材料，并设法减轻防弹衣的重量；英国新型“维图斯”防弹衣系统采用最新材料制成，重量比英军现役“奥斯普瑞”防弹衣轻4.7千克但防护能力相当，未来配用新型防弹插板后将进一步减轻重量；法国面向国际客户研制的基于“菲林”的士兵系统组件的核心是一款轻型 C^4I 系统，重不到2千克；新加坡新型“陆军单兵生态型轻量化装备”士兵组件集成有“单兵增强型外穿式战术装备承载装置”和“单兵轻量化护甲技术”，在减轻系统重量的同时提高士兵的态势感知能力和生存能力。

美国哈里斯公司研制的综合士兵系统能够使士兵在建筑物、隧道和舰船等杂乱电子环境下保持联络，并使GPS、文本信息、目标信息、无人机数据及更多信息从指挥部直接传输到士兵的目镜显示器上，从而实现实时决策并缩短反应时间；英国“未来士兵构想”概念的主要特点是配有用于信息共享的传感器网络，以及电源和数据连接器；法国“菲林”1.3士兵系统集成有作用距离增大的RIF－NG新一代信息网络，确保步兵乘车/下车持续作战能力；印度“以网络为中心的士兵综合作战系统”的核心部件是集成有健康监测系统的定制综合防弹衣系统，不仅能为士兵提供轻型有效的防护，而且可与通信和信息网络设备及其他可穿戴设备连接，包括手持式计算机和显示器、单兵电台以及电池组等。

（二）单兵装备的发展重点依然是智能化

美国跟踪瞄准公司配用0.338英寸拉普阿·马格努姆弹的M1400智能步枪，采用RapidLok火控系统，激活后可自动捕获和跟踪目标并计算最佳瞄准点，可攻击1280米内静止目标和时速32千米/小时的移动目标。

美国SRI国际公司研制的“超柔”外骨骼，集成有柔性支架、柔性驱动、柔性控制以及e－Flex系统，能够避免和减轻士兵在作战中受到的肌肉骨骼损伤。法国研制出“大力神”系列可穿戴外骨骼，可举起60千克重物；韩国研制出LEXO液压驱动式军用外骨骼系统、HWEX－UP动力外骨骼系统、模块化髋部外骨骼等外骨骼，前者的最大负重为90千克，这些外骨骼将彻底突破人体肌能对士兵作战能力的限制，为士兵提供助力。另外，外骨骼还可与未来士兵系统集成使用，如法国“菲林”1.3士兵系统集成的外骨骼样机采用复合材料，配备多个结构紧凑且坚固耐用的电机和一个带自主学习软件的处理器单元，并配有MEMS陀螺仪以获得定位功能。

美国陆军通过读取士兵的脑电波来加快图像处理速度，拟开发出一种基于人脑图像处理与识别能力的系统，使图像分析人员以更快速度分类整理大批图像数据且不会影响准确度，但需解决噪声问题；陆军研究实验室的研究人员正探索不完全大脑信号对士兵操控武器实施射击能力的影响，通过一种电气装置来优化大脑对肌肉的控制，并减少会影响士兵稳定扣动扳机的肌肉抽搐。

此外，美国陆军针对能力缺口确定优先发展垂直起降、防护、跨域打击、自主、远征指挥等八大能力；发布面向未来30年的新兴科技趋势报告，帮助陆军及相关部门把握核心科技，确保陆军的战略优势；提出“多域战”概念，希望从战争理论高度入手，分析陆军在未来战争中的地位作用，指导作战体系构建和装备体系发展。作为陆战科技的引领者，美军的这一系列举动在未来几年有可能会逐步落实，值得关注。

（中国兵器工业集团第二一〇研究所　王磊）

2016 年海战领域科技发展综述

2016 年，世界海战科技领域继续得到各国海军的普遍重视：舰船平台技术保持高热度发展，美、日等国新型舰船不断采用双体船、三体船等新船型，英、法等国相继推出“无畏 2050”、SMX 3.0 潜艇等新概念舰船设计方案；燃料电池技术发展速度加快，不断应用于潜艇和无人系统，美国海军继续使用和试验验证替代燃料，加速推进向实战装备的转化应用；信息获取、传输和利用技术取得新进展，新型防空反导雷达、无人系统组网探潜等技术取得突破，美国海军完成无人系统跨域协同技术验证，无人控制系统进展较快，网络空间对抗、电子战等技术发展热度不减；美国海军加紧构建远程反舰导弹体系，制导炮弹技术发展逐步成熟，电磁导轨炮、高能激光武器等新概念武器技术陆续取得重大进展；光学、声学等领域超材料取得较大进展，导航授时系统、水下导航等技术获得快速发展，将对未来海战产生重大影响。

一、舰船平台技术保持高热度发展，新概念舰船设计方案迭出

（一）新型舰船不断采用新船型

美国海军采用新船型的“朱姆沃尔特”级驱逐舰、近海战斗舰和远征

快速运输舰（原称联合高速船）陆续入役。2016 年 10 月 15 日，“朱姆沃尔特”级驱逐舰首舰“朱姆沃尔特”号服役。该级舰是目前世界上排水量最大的驱逐舰，采用内倾穿浪单体船型，大大增强了航行性能和隐身效果。近海战斗舰采用半滑行单体船型和铝制三体船型两种船型设计，特别是三体船型首次应用于 3000 吨级的主战舰艇。截至 2016 年 10 月，近海战斗舰计划采购 32 艘，已服役 6 艘。远征快速运输舰目前也有 7 艘入役，原计划采购 11 艘，2015 年将建造数量增至 12 艘。该型舰采用了双体船型，拥有良好的适航性，能在近海区域快速机动，可实现战区范围内舰到舰和舰到岸的快速输送。

日本、印尼等国也在积极发展三体船舰艇。日本始终重视多体船型的技术研发，先是在民船领域发展了 1000 吨级到万吨级系列双体船，然后在“音响”级小水线面水声监听船等军辅船上实现，近年来又加快了高速多体战斗舰艇的研发步伐，先后启动了 3000 吨级双体和三体战斗舰艇研制工作，特别是 2014 年与美国达成合作协议，将在六年内完成新型三体近海战斗舰的相关研究，并装备日本海上自卫队。印尼正在建造一艘 63 米级三体隐身快速导弹巡逻艇（FMPV），计划 2017 年左右交付，后续将采购 19 艘。这种采用现代穿浪型的三体船设计，不再被海浪抬升，而是“穿过”海浪，减小了舰艇的升沉和横摇，提高了武器平台的稳定性。

（二）新概念舰船设计方案相继推出

英、法等国积极推出新概念舰船设计方案。英国海军 2015 年推出的“无畏 2050”设计方案，就是一款面向 2050 年的新型水面主战舰艇设计。该型舰采用隐身穿浪三体船型，外形呈扁平多面体，上层建筑为简单的小型多面型桅柱，顶部搭载一架四旋翼无人机。舰体外壳采用有机玻璃，外涂石墨烯涂层，既可有效降低阻力，也能增强隐身性能。舰尾大型可伸缩式机库可搭载多架无人机，飞行甲板可供2架无人机同时起降作业，舰尾飞行甲板周围的上层建筑还可旋转，扩大舰尾空间，供有人直升机起降。舰尾还设置有井甲板，既可搭载两栖登陆装备，也能布放和回收无人潜航器。

2016年10月，法国DCNS公司披露了SMX 3.0新概念潜艇设计方案。该型艇水下排水量3000吨，计划装备垂直发射系统，可发射导弹和水下无人系统。安装新型探测设备、数据管理系统等，具有更好的态势感知能力和网络对抗能力。艇体采用新涂层，具备更好的隐身性能，而且将配备第二代燃料电池AIP系统。

（三）集成桅杆得到广泛应用

上层建筑集成化越来越成为水面舰船设计的一种潮流。美国“朱姆沃尔特”级驱逐舰采用集成上层建筑，将桅杆进行了高度集成，实现了甲板室、烟囱、桅杆等所有上层建筑的一体化，使上层建筑极为简洁，减轻了电磁干扰。相比美国，俄、德等欧洲国家尚未掌握类似的先进技术，更多的采用综合桅杆技术，实现桅杆的封闭化，优化桅杆结构。德国海军F125级护卫舰也采用综合桅杆和内置集成式孔径天线，其首舰“巴登·符腾堡”号于2016年4月开始海试。俄罗斯2016年开始建造的20386型护卫舰和20380型、20385型护卫舰一样，都采用了综合桅杆技术，但设计经过大幅改良，采用了“金字塔”形封闭综合桅杆，其桅杆顶部采用多面体结构，各个面均为倾斜设计，并且在各面相交处采用圆角过渡。

英、法等国新发展的护卫舰也多采用综合桅杆技术。英国正在研发的26型护卫舰与45型驱逐舰都采用综合桅杆设计。该型护卫舰已于2016年4月获得英国国防部4.72亿英镑的资金，用于详细设计和采购先期设备。法国海军2016年10月公布的新一代中型护卫舰（FTI）方案，也采用综合桅杆设计。

二、燃料电池技术发展加快，替代能源技术加速向实战装备转化应用

（一）燃料电池技术不断应用于潜艇和无人系统

除了德国已经将燃料电池 AIP 技术应用于 214 型先进常规潜艇外，俄罗斯也正在推进潜艇燃料电池 AIP 技术研发。俄罗斯正在为下一代常规潜艇研发燃油重整燃料电池技术，可在潜艇中以燃油为原料进行重整制氢。俄罗斯红宝石海上工程中央设计局已在 2015 年研发出了柴电潜艇 AIP 系统，使用重整柴油燃料电池，提高潜艇水下续航力。俄设计局透露，正在建造一型特殊的浮动设施，用于试验艇 AIP 系统。日本海上自卫队已经宣布，后 4 艘“苍龙”级潜艇动力系统计划采用先进的锂离子电池和柴油机组合，以替代目前使用的斯特林发动机，目前，日本第 7 艘“苍龙”级潜艇“仁龙”号已经服役，计划采购 11 艘。

无人系统也将采用燃料电池系统提高续航力。2016 年，通用原子公司完成锂离子容错电池的水下载具试验。这种锂离子容错电池目前可用于有人或无人潜航器，能够在水下实现 60 小时无故障运行。当单电池失效时，故障不会传递至相邻单电池，避免了整个电池组的不可控燃烧等故障问题。此外，美国海军研究实验室还完成了通用汽车公司燃料电池系统用于无人潜航器样机的试验。这种燃料电池借鉴了 Gen2 燃料电池的相关技术，Gen2 燃料电池寿期超过 10 年，使用 300 个电池堆栈，效率约为 40%。

（二）美国海军加速推进替代燃料技术实用化进程

美国海军即将大规模推广使用生物燃料。2016 年 1 月，美国海军开始

“大绿舰队”演习。这支“大绿舰队”主要由“斯坦尼斯”号航空母舰打击群组成，全部5艘水面舰艇均使用了10∶90配比的生物－化石混合燃料。这种生物燃料属于第二代生物燃料，以废弃动物油脂为原料，可有效降低成本。目前，美国海军生物燃料使用量已从2012年的45万加仑增加至776万加仑，占海军全部燃料年消耗量的0.62%；价格则从26美元/加仑降低至2.05美元/加仑，与化石燃料相当。

应用研究联盟（ARA）等公司的生物燃料进行了试验。2016年8月，美国海军水面战中心的自防御测试舰完成了ARA公司和雪佛龙—鲁姆斯公司两种替代燃料的最终阶段测试。其中，自防御测试舰添加了两种约3万加仑的替代燃料，进行了正常巡航，表明这些燃料可实现“滴入式”使用，而且总体性能与化石燃料相同甚至更优。9月，美国海军在帕塔克森特河的海军航空站，成功展示了一种先进生物燃料含量达到100%的燃油在EA－18G电子战飞机上的应用，结果表明EA－18G的飞行表现与使用JP－5航空燃油的飞机没有明显差别。

三、信息技术受到普遍关注，信息获取、传输和利用技术取得新进展

（一）信息获取技术不断推陈出新

美国海军防空反导雷达研制进展顺利，并开始研制双波段替代型雷达工程样机。2016年7月，美国海军首部AMDR－S雷达系统交付太平洋导弹靶场，标志着AMDR项目进入实弹测试阶段。美国海军正在开发的新型“企业对空监视雷达”，将替代双波段雷达，成为“肯尼迪”号航空母舰以及后续“福特”级航空母舰、LHA－88两栖攻击舰的体搜索雷达。2016

年，美国海军还授予美国“系统规划与分析”公司一份合同，用于开发舰载雷达和数字信号处理（DSP）技术，主要涉及AN/SPY－6防空反导雷达、AN/SPQ－9BX潜望镜探测雷达、双波段雷达升级等项目，旨在提升水面舰船防御巡航导弹、弹道导弹、攻击机和潜艇威胁的能力，包括近海杂乱环境、复杂电磁环境中的抗干扰能力和超视距探测能力。

美国海军无人系统组网探潜技术取得突破。2016年5月，美国国防高级研究计划局（DARPA）投资研发的分布式敏捷反潜系统完成“猎潜”子系统海试。分布式敏捷反潜系统目的是保护己方航空母舰打击群等高价值目标，手段是利用数十个无人潜航器组网，采取自下而上的探潜模式，能够在6千米潜深仰视18万千米^{2}的海域，发现试图攻击己方航空母舰打击群等高价值目标的潜艇。此外，美国海军在2016年“无人战士”演习期间演示了“自主无人水面艇”先进的探潜能力。这种“自主无人水面艇”使用搭载有先进声学传感器的滑翔式无人艇，可有效利用波浪能，将波浪的上下起伏转化为前进的动力，具备超长的续航力。而且，“自主无人水面艇”能够与P－8A反潜机协同或多个“自主无人水面艇”组网作战，有效探测安静型常规潜艇和UUV。

（二）跨域信息协同技术完成验证

美国海军完成无人系统跨域信息协同技术验证。2016年8月，美国海军在“年度海军技术演习”中，成功完成无人机、水面和水下无人系统跨域投放、通信和控制试验。虽然此次试验是在低威胁环境下依托现有成熟无人系统实现，但展现出良好的应用和发展前景。无人系统、技术及概念将进行整合，海上综合作战能力进一步提升。特别是无人系统将在建立跨域探测通信网络、实施海上打击、防御等任务中发挥重要作用。通过此次试验，美国海军进一步验证了无人系统跨域投放、态势感知、控制和协同通信能力，探索了一种全新的跨域控制和通信方式，为全面整合空中、水面和水下无人系统协同作战奠定了重要的基础。

（三）海军指挥控制系统发展平稳

美国海军“海上一体化火控—防空”（NIFC－CA）系统继续取得进展。2016 年 9 月，美国海军在新墨西哥州白沙靶场，使用 F－35B 多用途战斗机作为空中传感器节点，在“海上一体化火控—防空”框架下，首次与“宙斯盾”作战系统进行了协同远程防空拦截实弹验证并取得成功。该次试验成功，标志着美国海军“海上一体化火控—防空”系统改进计划取得了重大进展。“海上一体化火控—防空”系统是美国海军为实现远程交战和超地平线防空拦截，根据“网络中心战”概念，将“协同交战能力”（CEC）系统、E－2D 预警机、“宙斯盾”系统和“标准”－6 导弹等装备系统集成后所形成的分布式、网络化航空母舰编队防空作战体系。与之前的同类作战体系相比，NIFC－CA 在继承 CEC 系统的基础上，实现了对空传感器、指控系统和拦截武器的整合，使航空母舰编队中的“宙斯盾”舰首次实现对舰载雷达视界之外空中目标的超视距拦截。

无人控制系统进展较快。2016 年初，美国海军完成 LDUUV 无人潜航器通用控制系统软件的测试，表明该系统具备对“大排水量无人潜航器”进行指挥控制的能力，而且该系统还能够适应空中、水面、水下和地面的各类无人系统。2016 年，美国海军“卡尔·文森”号航空母舰安装了首套无人机控制中心，将用于操控目前还处于研发阶段的 MQ－XX 无人作战飞机。雷声公司和美国海军航空系统司令部已经完成 MQ－8“火力侦察兵”无人机先进任务控制系统研发，将部署在“科罗拉多”号近海战斗舰上，使其能够在近海区域获得可靠、灵活的任务指示。

（四）信息对抗技术发展热度不减

DARPA 将把“X 计划”首次交付美军。2016 年 6 月，DARPA 发布了“X 计划”的产品，美国网络空间司令部作战人员将首次在背靠背“网络卫士”和“网络旗帜”联合演习中使用该产品。据悉，“X 计划”最终将于 2017 年正式移交给美国国防部和美国网络空间司令部。“X 计划”始于 2012 年，旨在实现网络作战战场空间的可视化，研发网络空间作战平台，使国防部像进行陆海空作战那样计划、实施和评估网络空间作战行动。它将为网络空间内作战的人员打造首套通用性作战规划，使士兵可利用其设计的工作流程完成各项作战任务。

美国海军“水面电子战改进计划”（SEWIP）取得多项进展。2016 年 1 月，美国海军授出合同，全面升级 SEWIP Block Ⅰ B3 模块。4 月，美国海军研究办公室授出合同，开发“联合光电/红外监视响应系统”，开展 SEWIP Block Ⅳ技术预研。5 月，SEWIP Block Ⅲ通过关键设计评审，转入工程研制阶段。10 月，美国海军授出合同，升级 SEWIP Block Ⅱ的天线和接收机，并改进接口配置。

四、舰载导弹技术不断发展，制导炮弹和新概念武器技术逐步成熟

（一）舰载导弹技术取得较大发展

美国海军积极拓展多型导弹反舰作战能力，打造分布式、网络化、超视距反舰导弹体系。2016 年 1 月，美国海军改装后的“标准”-6 导弹成功完成首次超视距打击靶舰的试验。该型导弹主要升级改造了控制软件系统，加装了 GPS 制导系统，具备了很强的反舰能力。2 月，美国海军启动

“战术战斧”对陆攻击巡航导弹改装计划，主要采用新型导引头技术，使其具备打击地面或海上移动目标的能力。7 月，舰射型“远程反舰导弹”成功进行第三次飞行试验。此外，美国陆军于10 月明确提出，进一步拓展 LRPF 新型战术地地弹道导弹的反舰功能。

俄罗斯海军成功试射世界首款高超声速反舰巡航导弹。2016 年 3 月，俄罗斯海军利用陆基发射装置进行“锆石”新型高超声速反舰导弹试射。根据披露的消息，该导弹射程 300 ~ 400 千米，飞行马赫数 5 ~ 6。新型导弹完成测试后，将装备俄罗斯第五代攻击型核潜艇以及未来将要升级改造的“彼得大帝”号核动力巡洋舰。

（二）制导炮弹技术发展逐步成熟

美军不断推动制导炮弹技术发展。2016 年 3 月，美国国防部战略能力办公室启动“超高速火炮武器系统”项目，重点研究将“超高速制导炮弹”用于现役舰炮和陆军榴弹炮的防空反导。“超高速制导炮弹”于 2012 年由美国海军研究办公室启动研发工作，旨在为电磁导轨炮提供配弹，并兼顾大口径舰炮使用。该型炮弹采用低阻外形和模块化设计，通用性强，速度快，射程远，成本低。

2016 年7 月，BAE 系统公司开始对 Mk295 Mod1 炮弹的制导系统和导引头进行系列测试。这种新型炮弹在 Mk295 Mod0 非制导炮弹基础上加装了制导模块，可在发射后自主搜寻并打击目标，能够用于应对小型舰艇集群攻击战术。

（三）新概念武器技术取得新突破

美国电磁导轨炮电力系统技术取得重大进展。2016 年 5 月，雷声公司开始向美国海军交付脉冲电源封装箱（PPC），进行下一步开发和测试。封装箱采用模块化的标准集装箱，包括多个脉冲电力模块。封装了大量电容器和可充电电池，每次放电功率18千瓦。多个脉冲电源封装箱组合之后，可满足电磁导轨炮发射时的电力需求。

高能激光武器技术取得新进步。2016年6月，美国海军授出合同，由诺斯罗普·格鲁曼公司负责百千瓦级“固体高能激光武器验证系统”（LWSD）技术研发，以应对敌方攻击快艇、无人机、情报监视侦察系统。合同分三个阶段执行，第一阶段完成初始设计，第二阶段开展地面试验，第三阶段将在海军自防御试验舰上试验。诺斯罗普·格鲁曼公司将设计、生产、集成一套150千瓦级固体电激光武器系统并承担舰上试验保障工作。另外，德国于2016年2月在海军舰艇上完成了10千瓦级高能激光武器样机的联合试验，验证了样机对无人机、小型水面艇、地面静止目标的跟踪。

五、基础性前沿性技术得到快速发展，将对未来海战产生重大影响

（一）超材料纷纷取得较大进展

光学、声学等领域超材料发展迅速。2016年3月，爱荷华州立大学成功研发一种新型复合材料，具有自然界没有的特性，能够伸缩和调谐。通过伸缩、弯曲聚合物“皮肤”，这种新型超材料可降低较宽频段的雷达波反射强度，能够利用几列的小型液态金属设备覆盖目标，实现雷达隐身。2016年5月，丹麦工业大学（DTU）研制出声学超材料，可抑制声波反射，有望使潜艇不被声纳探测到。声学超材料具有改变声波反射路径甚至内部消耗的能力，到达该材料的声波不产生回波而实现隐身。8月，美国密歇根理工大学的研究人员研制出新型的隐身超材料，能够用于制造太赫兹和可见光波段的“隐身斗篷”。其原理是通过设计光子晶体的周期结构，使照射

在物体表面的电磁波偏转，绕过物体传播，实现隐身。

（二）导航授时系统获得快速发展

2016年4月，美国加州大学洛杉矶分校研制出全球首个CMOS芯片级光频合成器，得到了稳定的克尔光梳，频率相对不确定度达到2.7×10^{-16}，将加速光钟的广泛应用，代替原子钟成为互联网、卫星通信等军民用设施及装备的授时工具，同时还可提高光学测距精度及通信速率。9月，DARPA授出合同，正式启动“高稳原子钟”（ACES）项目，总投入达1391.7万美元，旨在开发小体积、轻质、低功耗（SWaP）平台，提高频率和授时精度。这些便携式原子钟上电后，应在最短时间内完成校准，并在军事应用中维持一定的时间和频率精度。

（三）水下导航技术发展得到重视

2016年5月，DARPA授予BAE系统公司“深海定位导航系统”项目第一阶段合同，BAE系统公司将联合华盛顿大学、麻省理工学院、德克萨斯大学奥斯汀分校完成项目第一阶段研发工作。该技术可使潜艇、UUV等水下平台不需定期上浮接收GPS信号就能获得连续高精度的导航信息，不仅降低了暴露自身的风险，而且能够更高效地执行情报、监视与侦察等作战任务。12月，俄罗斯宣称其也在发展先进的水下导航技术，且在导航的同时能够完成信息传输，预计2018年完成该技术的演示验证工作。

（海军装备研究院　李红军）

2016 年空战领域科技发展综述

2016 年，世界军用航空科技的创新发展受到各国重视，军用航空技术全面转向面向下一代航空装备的先进技术研发。新一代航空装备发展达到新的里程碑，新型技术不断涌现，军用航空科研手段和科研能力不断提高。

一、持续加强顶层规划，进一步明确未来发展重点

美、日等国发布新的战略规划，明确了未来军用航空科技发展方向，指出了下一代空战装备以及技术的发展路径。

（一）美国空、海军新战略规划勾画未来军用航空发展愿景

2016 年 5 月，美国空军发布《2030 年空中优势飞行规划》脱密版，提出发展跨空、天、网络三个作战域运用的“能力簇”，以确保 2030 年美国空中优势的核心思路。2016 年 8 月，美国空军“空中优势 2030”主题事业能力合作小组（ECCT）组长亚历克斯·格林科维奇准将透露，正按照规划内容构建未来空中优势能力，在 2028 年左右获得某种“穿透型制空”作战能力。

2016 年 5 月，美国空军发布《2016—2036 年小型无人机系统飞行规

划》，提出未来20年美国空军小型无人机系统（SUAS）发展路线图。6月，美国海军发布《2016—2025年海军航空愿景》，提出基于作战需求的战备程度、优势能力、舰队整体化和足够规模的海军航空兵的战略目标，未来将最大化利用有限的资源，发展相关技术。

（二）日本新的军事技术发展战略和规划明确新型军用航空器发展路线图

2016年8月底，日本防卫省发布《防卫技术战略》以及《2016年防卫技术中长期展望》，明确了未来20年日本军用航空技术发展方向，提出将在21世纪30年代部署空战和弹道导弹防御（BMD）无人机。日本空战型无人机（即无人作战飞机）也称为作战保障无人机或无人僚机，将在有人战斗机前方飞行，搜索目标、发射武器甚至吸引敌方导弹。

二、军用航空平台技术研究与发展持续深入

2016年，六代机、无人机蜂群等新型平台概念探索持续推进，远程轰炸机、新型五代机、加油机等新机研制项目取得新的进展，新型涡扇、涡轴军用发动机研制进入新阶段，跨代机载武器持续发展。

（一）六代机、无人机蜂群等军用航空平台新概念探索研究不断深入

2016年，国外六代机、无人机蜂群、新型加油机等新航空平台的概念探索持续深入，为丰富军用航空平台选择、提供更多种作战能力打下基础。

美、俄、日等国深入推进六代机概念研究。美国空军将六代机初步定位为“穿透型制空”装备，2016年10月启动“穿透型制空”装备关键作战特性及技术路线图研究。美军六代机将具有远程、重载、高隐身、动力自适应、推进/动力/热管理一体化、配装定向能武器等特征。3月，俄苏霍

伊公司向俄罗斯国防部提交了发展六代机的初步报告。6 月初，俄联合飞机制造公司表示，其六代机可于 2025 年左右首飞。日本 X－2“心神”先进战斗机技术演示验证机（ATD－X）于 4 月首飞，后续还将开展至少 50 次飞行试验。6 月初，日防卫省发布 F－2 战斗机后继机信息征询书，将发展新型隐身战斗机。

美国空军积极推动“武库机”计划。据透露，2016 年 2 月战略能力办公室（SCO）已在牵头开发“武库机”概念，即将老旧的大型飞行平台如 B－52 轰炸机或 C－130、C－17 运输机等作为载机，大量携带远程防区外导弹，与 F－22 和 F－35 等战斗机协同作战。

美国空军规划下一代空中加油机。2016 年 9 月首次透露 KC－Y 和 KC－Z 加油机研发构想，KC－Y 可能是 KC－46 的改型，配装先进通信中继系统和自防御激光武器等；KC－Z 将是全新加油机，具备隐身性和自主性，能伴随 F－35 等作战飞机突防。针对 KC－Z 需求，洛克希德·马丁公司正发展采用混合翼身（HWB）布局的短距起降、具有低信号特征的未来加油机方案。

美国空军研发和探索一批新型作战无人机项目。一是重点推动“小精灵”“山鹑”等新型微型“蜂群”式作战无人机项目。其中，“小精灵”无人机以 C－130 运输机为载机发射和回收，可执行侦察、监视和电子战等多重任务。“山鹑”无人机由战斗机发射，编队执行“蜂群”任务。二是发展临近空间高超声速 SR－72 无人机。其尺寸与 F－22 战斗机大小相当，可利用涡轮组合循环发动机先加速至马赫数 1.5～2.0，然后转换为超燃冲压发动机，推进飞行器速度达到马赫数 6。三是发展“用后可弃”的远程亚声速无人机，成本低，任务结束后可自毁，适合在对抗或拒止环境中使用。

美军方开始研发采用电推进的无人旋翼机。2016 年 3 月，DARPA 选择采用分布式混合动力电驱动系统的“雷击”无人旋翼机赢得“垂直起降试验飞机”项目，开展原型机研制和试验工作。

（二）新一代空战平台研制取得进展

美国空军将下一代远程打击轰炸机（LRS－B）命名为 B－21“空袭者”，并积极推动项目研发。参照 F－35 项目的做法，美国空军专门成立了 B－21 轰炸机项目一体化办公室。俄罗斯空天军稳步推动新型远程轰炸机（PAK DA）项目研发，拟于 2021 年首飞，2023 年开始交付，预计有效载重达 30 吨、航程达 12500 千米，将采用现有飞机部分成熟技术进行研制。

F－35 战斗机后期研制试飞持续推进，2016 年 F－35A 开展了 AIM－9X 空空导弹、激光制导炸弹、联合防区外武器（JSOW）等武器投放试飞以及多机编队飞行，F－35C 完成最后一轮舰载试飞。俄罗斯加快 PAK FA 战斗机飞行试验，首批 12 架原型机（T－50）2016 年完成试飞，标志着国家联合试验全部结束。

韩国于 1 月宣布全面启动 KF－X 新型战斗机研制，拟于 2021 年生产 6 架原型机。

美国海军新型 CH－53K 直升机研制试飞进展顺利，2016 年开展了性能与品质、挂载试飞。7 月，VH－92A 美国总统直升机换代项目通过初始设计评审（CDR），标志着项目进入原型机制造阶段。

（三）新技术稳步推进现役空战平台升级

美国着重开展 B－52H 轰炸机的航电系统和武器系统升级。主要是安装数字式数据链、移动地图显示器、新型无线电设备和换装新型雷达系统，改进内埋弹舱，增强其武器使用能力，力求借助延寿计划使该机至少服役至 2040 年。

2016 年，俄罗斯以伊尔－76 系列运输机为基础开发伊尔－76MD－90A 和伊尔－76MD－M 运输机，伊留申公司透露将在 2017 年启动 PAK VTA 未来运输机家族研发。俄罗斯持续升级改进伊尔－78系列加油机，重点升级驾驶舱、导航系统、无线电通信系统、照明及防护设备，服役寿命将延长至40年。同时在伊尔－76MD－90A运输机的基础上开发伊尔－78M－90A加油机，计划2018年量产。

（四）航空发动机转向下一代技术研发，涡扇、涡轴获重要进展

美、日新型军用涡扇发动机项目取得重要进展。2016年6月，美国空军授予通用电气（GE）公司和普惠公司“自适应发动机转化项目”（AETP）合同，研发、制造和测试自适应发动机工程验证机。该发动机将最终装备美国空、海军第六代战斗机。日本防卫省技术研发本部2016年1月宣布已经完成未来六代机所需的小涵道比涡扇发动机的材料研究，开展了高压压气机和燃烧室等关键部件技术验证并取得很好的结果。

2016年8月，美国陆军授予“改进涡轮发动机项目”（ITEP）初始设计合同，研制3000轴马力的涡轮轴发动机，用于替换近3000架“黑鹰”和“阿帕奇”直升机的发动机。2016年9月，美国军方已经开始新一代国家级军用航空发动机技术发展计划的规划工作，称为“支持经济可承受任务能力的先进涡轮技术”（ATTAM）计划，计划2017年启动，目标是研发用于下一代涡轴和战斗机发动机的技术。

（五）跨代导弹及新概念武器成为机载武器技术谋划重点

美国空军正在探索“小型先进能力导弹”（SACM）和“微型自卫弹药”（MSDM）概念。SACM将装备六代机，具有低价格、高杀伤力、小体积等特点。MSDM将装备五代机，该弹药仅有AIM－120D（3.7米长）一半大小，可与敌机近距格斗，预计2018年竞标。

美国空军重启高功率微波导弹研发。2016年3月，美国空军授予雷声公司合同，重启“反电子高功率微波先进导弹”（CHAMP）系统项目研发工作。

美、俄、英等强国推进机载激光武器发展。美国国防部8 月授予诺斯罗普·格鲁曼公司“持久”项目修正合同，旨在开发一个100 兆瓦的激光武器系统，最终目标是将高能激光武器搭载到有人或无人飞行器上以对抗热寻的导弹。俄罗斯计划发展可摧毁卫星的新一代机载激光武器，目前正在将 A－60 飞机改装为新一代激光武器的载机。2016 年9 月，英国宣布将发展一种新型激光验证机，为未来英国首个激光武器研发打下基础。

三、军用航空技术研发热点为自主、无人、人机协作、高超、激光武器等技术

当前国外正在重点推进自主、无人、人机协作、高超等军用航空关键技术研究与开发。

（一）2017 财年美国空军科技预算重点支持变革性技术和赋能技术的发展

2016 年2 月，美国国防部提出2017 财年预算申请，其中支持国防科技预先研究的科技（S&T）预算125 亿美元（基础研究21 亿、应用研究48 亿、先期技术发展56 亿）。美国空军科技预算约为25 亿，主要支持变革性技术（改变游戏规则的技术）和赋能技术等的发展。

变革性技术的发展重点包括自主系统、无人系统、高超声速、定向能和纳米技术。其中：①自主系统领域主要投向人机协作、提高机器智能、促进跨平台分布式传感器系统融合技术的发展。②无人系统领域主要投向小型无人机推进系统改善、无人机机载决策与人机接口、快速与敏捷制造、飞行防撞等技术，并通过“低成本可消耗飞机技术”（LCAAT）等项目加速

模块化无人机的技术成熟。③高超声速领域主要投向高速打击武器技术，为此与 DARPA 合作开展“高超声速吸气式武器概念”（HAWC）和“战术助推滑翔”（TBG）飞行演示项目，以及先进材料与制造、导航制导控制、固体火箭发动机等技术。④定向能领域主要投向定向能在小型快速运动平台上的应用探索，开展吊舱式中功率自防御激光系统验证和高功率微波（HPM）武器研究。⑤纳米技术领域继续投向先进纳米材料、计算技术领域的纳米科学应用、纳米制造等。

赋能技术方面将支持基础研究、真实—虚拟—构造（LVC）、定位导航授时、制造和材料技术发展。①基础研究领域继续探索新概念的潜在军事应用。②LVC 领域将围绕作战训练需求开发有关硬件和软件，实现虚拟仿真系统与真实航空任务训练的集成。③定位导航授时领域着重发展未来军用导航系统技术，基于地面信号站的超低频导航和授时技术，以及其他不依赖 GPS 的精确定位技术。④制造技术领域重点发展敏捷制造技术，参与国家制造创新网络的制造创新机构的研究工作。⑤材料技术领域重点开展新材料、新工艺、无损检测技术、维修诊断与寿命预测分析工具研究。

（二）DARPA 关注利用软件提高人机协作能力

DARPA 2017 财年预算为 29.7 亿美元，航空领域主要项目预算约为 3.88 亿美元，涉及无人机、高超等平台与技术的研究。除了聚焦发展先进平台，DARPA 正越来越关注利用算法和软件将智能加入军用航空系统，实现有人驾驶和无人驾驶的有效联接，典型项目包括“分布式作战管理”（DBM）、“拒止环境中的协同作战”（CODE）、“驾驶舱自动化系统”（ALIAS）等。

DBM 项目通过发展先进算法和软件，提高任务自适应规划和态势感知等能力，帮助执行战场管理任务的飞行员快速做出合理的决策。2016 年 5

月，美国空军研究实验室代表 DARPA 向洛克希德·马丁公司授予 DBM 项目第二阶段合同，将设计 DBM 决策辅助软件原型，并在虚拟和真实飞行环境下验证。

CODE 项目通过发展先进算法和软件，探索分布式作战无人机的自主和协同技术。2016 年 6 月，DARPA 向洛克希德·马丁公司和雷声公司授予项目第二阶段合同。

ALIAS 项目旨在为军民用航空器发展并植入全新的便携、可扩展硬件和软件套件，实现自动化水平的显著提升，确保在机组人员数量减少的情况下仍可执行任务。2016 年 10 月，极光飞行科学公司开展了 ALIAS 项目第二阶段的飞行验证。

（三）美军方激光武器技术研究正在快速走向成熟

美国空军科学咨询委员会（AFSAB）2016 年开展了为美国空军特种作战司令部（AFSOC）的 AC－130 武装运输机配装高能激光武器的研究，结果发现：固体板条激光武器的成熟度已足够高，可很快装在 AC－130 武装运输机上进行演示验证。在 AC－130J 飞机上，高能激光武器将代替当前安装在机身左侧的 30 毫米火炮。到 2016 年中，美国空军已在高功率微波和高能激光领域开展 4 项实验活动，其中 1 项正在开展，另外 3 项已经完成。美国空军正在制定定向能武器飞行规划，有可能迈向装备备选方案分析和在册项目。

美国导弹防御局（MDA）仍在推动利用空基激光武器实施弹道导弹助推段拦截的构想，其方案由过去基于波音 747－400 的 YAL－1“机载激光武器”（ABL）试验台改成了高空长航时无人机。2016 年初，MDA 向波音公司、通用原子公司、洛克希德·马丁公司、诺斯罗普·格鲁曼公司和雷声公司授出机载低功率激光武器演示器合同。按照合同，通用原子公司已在其 MQ－9“死神”无人机上，利用雷声 MTS－C（“多光谱瞄准系统－C”）光电/红外转塔，完成了精确跟踪演示验证。2016 年 8 月，MDA 发布寻求“用于导弹防御的低功率激光武器演示器”解决方案的公告，将在 2017 年授出两份第一阶段合同。

（四）俄罗斯开展无人机、高超技术研发

2016 年 4 月，支持国防和国家安全领域科研工作的俄罗斯高级研究基金会宣布将成立无人机飞行实验室，利用该实验室开展未来自动驾驶和集群作用的无人系统研发。2016 年 10 月，俄罗斯高级研究基金会认为俄罗斯在高超材料研制方面属于世界领先国家，还将在高超控制技术、新型发动机、供电系统技术等方面进行研究。

（五）美、欧、俄持续推进高超声速技术研发活动

国外推动高超声速动力技术创新研究。英国反作用发动机公司在 2016 范堡罗航展上称，将在 2020 年前启动“佩刀”发动机 1/4 缩比验证机的地面试验，其未来工作是研制全尺寸的发动机验证机。“佩刀”发动机可以在吸气式模态和火箭模态下工作，这意味着该发动机不仅可以入轨飞行，还可在大气层内以高超声速巡航飞行。美国空军研究实验室已确认“佩刀”发动机的技术可行性，2016 年 9 月公布基于“佩刀”发动机的可重复使用两级入轨飞行器概念。2016 年 8 月，DARPA 发布“先进全状态发动机”（AFRE）项目招标文件，将研发一种能在马赫数 0～5＋范围内无缝工作的可重复使用、碳氢燃料、全尺寸涡轮基冲压组合（TBCC）发动机。

美、俄等国加快发展高超声速武器。DARPA 和空军正在联合推动 TBG 和 HAWC 两个高超声速技术项目。2016 年 9 月，DARPA 授予洛克希德·马丁公司合同，为 TBG 项目研制战术级高超声速 TBG 演示验证原型弹。10 月底，DARPA 授予雷声公司 HAWC 项目第二阶段的设计和研发合同。2016 年下半年，俄、印宣布计划2022年启动高超声速型“布拉莫斯”巡航导弹研发工作。

四、人工智能、虚拟现实、先进材料等航空前沿技术发展迅猛

2016年，航空技术先进国家加大前沿性、创新性航空技术的探索与应用研究，研究方向包括人工智能、虚拟现实、前沿材料等。

（一）人工智能技术不断提升航空平台作战潜力

2016年4月，美国国防部副部长肯德尔在国会证词中把人工智能识别为未来第一位的军事技术。人工智能正表现出巨大的军事潜力，如取代人类从事危险、枯燥的低端工作，取代人类从事复杂、精密的高端任务。

外媒2016年8月报道，DARPA正在开发基于人工智能技术的新一代电子战技术。该技术又被称为认知电子战技术，可使用人工智能实时学习如何干扰使用未知频率和波形的敌方系统。DARPA认知电子战技术研发主要包含自适应电子战行为学习（BLADE）和自适应雷达对抗两个项目，前者于2016年2月进行了飞行验证试飞。

2016年3月，AFRL发起了“战场空中引导人工协助认知”（BATMAN）计划，该计划将开发学习系统、人机协作和作战组队，以及使能网络和经验型网络自主武器，以提升对作战人员的保护。

2016年6月，美国辛辛那提大学称其“阿尔法”（Alpha）超视距空战系统在空战模拟器环境下击败了有着丰富经验的飞行教官。“阿尔法”系统采用语音控制和遗传模糊算法，具有自学习能力，能通过训练不断优化。该系统能快速完成战场态势环境构建，生成四机编队的作战指令。“阿尔法”系统在模拟空战方面的突破，标志着面向较复杂作战场景应用的军用

人工智能正在快速走向实用化。

（二）虚拟现实技术加速作战训练、装备生产的效率提升

美国 IEEE 计算机协会 2016 年 1 月提出了 2016 年技术发展展望，其中虚拟现实与 5G、数据科学等共同入围 2016 年 9 大技术趋势。虚拟现实技术的核心是通过计算机产生一种如同“身临其境”的具有动态、声像功能的三维空间环境，而且使操作者能够进入该环境，直接观测和参与该环境中事物的变化与相互作用。飞行器模拟、虚拟战场、虚拟样机、虚拟制造等都是虚拟现实技术在航空领域的典型应用。

美国空军 2016 年 6 月授予军事训练提供商 APTIMA 公司分布式通用地面系统（DCGS）的虚拟训练模拟器开发合同，开发针对武器系统的虚拟训练模拟器。训练模拟器能通过性能评估和指令自适应来促使飞行学员达到最佳训练效果。

美国空军希望依靠先进技术，将虚拟和构造因素加入到实战演习中。AFRL 的安全实时虚拟和构造先进训练环境（SLATE）项目的技术演示阶段正在进行中，包括 3 项关键技术的开发：能在不同的实时、虚拟与构造（LVC）平台间管理网络数据传输的无线电波形，能防止雷达信号等关键信息泄露的高等级数据加密，以及根据分类等级允许数据传递到美国和盟国的多级安全系统。该波形称为第 5 代先进训练波形（5GATW），已由马萨诸塞技术学院林肯实验室研发，并在 2016 年 9 月试飞。AFRL 和立方体公司 2017 年将继续开展试验和开发 SLATE。2018 年计划在内利斯空军基地开展 3 次（每次 2 周）演示，届时美海军也将参与。

近年来，虚拟现实技术的衍生技术“增强现实”（AR）技术在航空产品研制、生产和保障中的用途日益广泛。AR 技术是一种将数字图像实时叠加在真实影像上的技术，旨在提升用户对产品和环境状态的感知，使其与

数字世界无缝集成，进而成为连接人与智能、助力航空智能制造的关键技术之一。2016 年 5 月，欧洲空客集团向斯普利特航空系统公司供应的“智能增强现实工具”开始在 A350 部件生产线部署。同月，美国数字制造与设计创新机构启动两项 AR 技术开发项目，成果将向波音、洛克希德·马丁、通用电气、罗·罗等军工企业转化。

（三）前沿材料不断突破性能边界

前沿材料将向材料的结构功能复合化、功能材料智能化、材料与器件集成化、制备和使用过程绿色化发展，突破现代材料设计、评价、表征与先进制备加工技术，向开发新型特种功能材料、超级结构材料等方向迈进。

新型结构材料技术可在保持性能的同时实现大幅减重。2016 年 11 月初，麻省理工学院（MIT）和 NASA 的研究人员开发出一种可变形的超轻复合材料机翼。这种新的变形机翼由许多像鳞片或羽毛一样的细小、轻量化的结构片搭接而成。这种结构片采用碳纤维增强聚合物之类高比模量材料制成，可以像乐高积木一样组合成各种形状，结构片间也可像鳞片或羽毛一样相互运动，通过小型驱动电机在翼尖施加一个扭转力矩即可使机翼沿翼展方向产生一致的变形。这种新的机翼在气动性能上与常规机翼相当，但重量只相当于常规机翼的 1/10。

超材料技术改善雷达隐身性能。2016 年 2 月，美国爱荷华州立大学研发出一种新型柔性雷达吸波超材料。这种超材料采用可拉伸的柔性硅基底，内嵌液态镓铟锡合金开口谐振环作吸波特征结构单元，通过拉伸基底可实现波频段在 8 ~ 11 吉赫连续可调，吸波带宽达 2 吉赫，吸波效能较常规雷达吸波材料高 100 倍。这种柔性、可伸缩超材料制成的智能蒙皮具有良好的吸波效果，有望应用于新一代隐身战机、无人机、未来太空隐身飞行器等。

自修复复合材料可以自动恢复材料性质。2016 年 2 月，西班牙阿利坎特大学研究人员开发出一种自修复的柔性聚合材料，该材料被切割后能够在没有外力的情况下，重新结合在一起，被破坏后还可以在几秒内恢复原来的形状。这种材料在医药、航空航天、汽车等领域具有很好应用潜力。2016 年 9 月，美国研究人员首次发现一种能在低于冰点的超低温度下实现材料裂纹自修复的新型复合材料，可用于飞行器或卫星等的纤维增强材料部件，实现部件的在轨维修。康奈尔大学也成功研制出一种可变形复合材料，该材料良好的可变形特性能使无人机在从空中进入海洋时，自动缩短机翼，最终减少机翼的断裂。

（中国航空工业发展研究中心　吴蔚　尹常琦）

2016 年航天领域科技发展综述

2016 年，世界军事航天发展势头仍然强劲。主要国家陆续出台国家航天发展纲领性文件，为保持或谋求在世界军事航天领域的先进地位勾画新的蓝图；军用航天装备持续稳步发展，新一代航天装备按计划陆续投入使用；同时，在当前强劲的科技变革态势推动下，航天前沿技术不断涌现。

一、加紧顶层战略谋划，抢占太空优势地位

主要国家陆续制定航天发展战略与规划，谋求在新一轮政治与军事博弈中占据战略制高点。

（一）美国国防部更新太空政策，强化太空慑战能力

11 月，美国国防部发布 3100.10 号指令《太空政策》修订版，对 2012 年以来奥巴马政府的军事航天政策进行更新，集中体现了美军近期对太空控制问题的思考成果。该政策在保留 2012 年版主要内容的同时，提出国防部核心任务不仅包括慑止太空攻击，而且将天基能力嵌入军事行动规划中，在提升太空任务有效性的同时，提升太空力量支持跨域协同作战的能力。

美国国防部着力推进太空控制能力实战化，将对美国军事航天发展产生重大影响。

美国空军航天司令部发布《空军航天司令部远期科技挑战》，提出未来10～35年美军在太空、网络空间以及太空/网络交叉领域需实现的11项关键技术能力，包括能有效开展卫星在轨维护、退役卫星再利用、在轨防御和弹性体系建设、卫星自主修复等用于提升太空作战的新技术能力，对于美军落实“第三次抵消战略”、实现其未来战略构想具有重要意义。

（二）俄罗斯明确未来10年发展方向，巩固航天领先地位

俄罗斯政府审议通过《2016—2025年联邦航天计划》草案，以实现“俄罗斯航天技术处于世界先进水平、巩固俄罗斯在航天领域领先地位”为战略目标，以“建设先进高效的太空应用体系、巩固进入空间能力优势”为发展方向，重点发展通信、对地观测卫星系统及其发射所用的运载火箭，使俄罗斯在轨卫星到2025年从49颗增加到73颗，推动新型“联盟”和“安加拉”火箭逐步投入使用，并研制超重型运载火箭。

（三）欧洲新版航天战略强调自主、安全地进入和利用太空

欧洲一直将航天视为推动社会经济发展、保障欧洲安全以及提高政府公共服务效率的重要手段。为深化泛欧航天合作、推进航天应用、强化安全保障，并进一步提升国际领先地位，欧盟委员会发布新版《欧洲航天战略》，确立航天应用、强化航天能力、确保航天自主、提升航天地位等四大目标，引领2030年前欧洲航天发展方向，提出将重点支持可重复使用、小型运载器技术等新型运载器技术研发与创新，增强空间态势感知与应对威胁的能力以及加强统筹军民航天活动。

（四）日本将航天列为军事技术重点，强化军事航天能力发展

为有效应对技术快速发展对全球安全环境构成的巨大影响，日本于

2016 年 8 月发布第二次世界大战后首个《防卫技术战略》以及与之配套的《防卫技术中长期展望》，不仅提出军事技术创新若干措施，而且明确未来 20 年的 18 个军事技术重点方向。其中，航天作为重点技术方向，将围绕“情报搜集”“情报共享”“稳定利用”等三项核心军事能力，将卫星托管型红外探测器技术、太空监视技术、机载空中发射技术、提高任务效果技术等列为未来军事技术领域优先发展方向，强调“提高卫星抗毁性、确保在发生各种事态时可持续发挥作用”。

二、推动新型运载器研制，确保低成本进入太空

主要国家一方面继续推进新一代一次性运载火箭研制，在确保安全可靠的同时进一步降低进入空间的成本；另一方面取得了可重复使用运载火箭技术重大突破，有望提供更高效费比的进入空间能力。

（一）一次性运载火箭更新换代稳步推进

美国“航天发射系统”（SLS）新一代重型运载火箭在 2015 年通过关键设计评审后，2016 年进入系统组装、集成、试验和投产阶段，并取得了多项进展。一是完成了五段式固体助推器的第二次地面鉴定试车，初步结果显示助推器性能良好；二是芯级 RS－25 发动机的地面试验型号和飞行型号分别完成 3 次和 1 次热试车，累计点火时长超过 2400 秒，验证了改进后的发动机性能；三是完成芯级液氢贮箱结构件制造。

日本新型 H－3 运载火箭 7 月完成了火箭系统、地面系统和分系统的初步设计评审，并启动了发射系统和地面设施的详细设计。H－3 火箭是日本为竞争商业发射市场而开发的新型运载火箭，发射价格为现役 H－2 火箭的一半。该型火箭在 2013 年启动研发，预计 2020 年具备发射能力，其年发射

次数有望达到 6 次。该火箭采用两级构型，箭体长约 63 米，芯级直径约 5.2 米，使用 2 台或 3 台 LE－9 发动机；可捆绑 2 个或 4 个直径 2.5 米的固体助推器；地球同步转移轨道（GTO）运载能力超过 6.5 吨。

（二）重复使用运载器技术取得突破

美国两家商业公司的运载火箭在海上与陆地多次成功实现子级回收。蓝色起源公司 2016 年 1 月利用回收的“新谢泼德”亚轨道火箭再次完成火箭子级地面垂直回收试验，实现了全球首次液体火箭重复使用；4 月至 11 月又利用该枚火箭连续三次完成陆地垂直回收，验证了火箭重复使用技术的成熟度。4 月，太空探索技术公司（SpaceX）“猎鹰”9 火箭第一子级在发射 9 分钟后，精准降落在发射场以东 300 千米的海上回收平台上，成功完成世界火箭一子级的首次海上垂直回收；并在 5 月至 8 月又接连完成 4 次海上回收和 1 次陆地回收。这一系列运载火箭飞行试验表明运载火箭子级垂直回收技术趋于成熟，也为后续研制垂直起降可重复使用运载火箭奠定了基础。

美国国防高级研究计划局（DARPA）2016 年 4 月发布“试验型航天飞机一号”（XS－1）第二和第三阶段招标公告，以开展 XS－1 的详细设计、制造、集成、装配、地面试验以及飞行试验，表明 XS－1 已完成初始方案设计。XS－1 项目于 2013 年 9 月正式启动，采用火箭推进两级入轨方案，要求以 500 万美元/次的发射成本将 1360～2270 千克载荷送入低地球轨道；可在接到发射命令 24 小时内完成发射，具备 10 天内进行 10 次飞行的能力。XS－1 飞行器的一子级采用翼身组合体构型，飞行速度可达到马赫数 10。

2016 年 5 月和 8 月，印度先后完成“重复使用运载飞行器技术验证机”（RLV－TD）的首次高超声速无动力飞行试验和首次超燃冲压发动机“先进技术飞行器”点火试验。前者成功获取飞行气动特性、热防护性能等所需的结构过载、压力和气动加热等数据，后者稳定燃烧时间为 5 秒。RLV－TD 是印度 1998 年提出的“跨大气层高超声速空天运输飞行器”（AVATAR）计划的第一阶段。该计划分三个阶段：发展单级入轨、水平起降、低成本的完全重复使用运载器。这两次试验是印度在高超声速无动力飞行、着陆和返回、超燃冲压发动机等方面的重大进展，迈出了技术突破的第一步。

三、性能优异的新型卫星陆续入役，微小卫星井喷式发展

主要国家陆续部署军用或军民两用卫星，提升天基信息系统能力；微小卫星大规模组网计划仍在推进，关键技术创新发展将大幅提升微小卫星实用能力。

（一）卫星继续更新换代，系统性能再获大幅跃升

2016 年 11 月，美国成功发射新一代军民两用“世界观测”－4（Worldview－4）遥感卫星。该卫星全色分辨率 0.31 米，多光谱分辨率 1.24 米，单颗星重访周期约 1 天。“世界观测”－4 入轨后将与其他 4 颗卫星组成星座，实现 4.5 次/天的高频次重访，保障对热点地区的高分辨率观测。美国海军 6 月成功发射“移动用户目标系统”（MUOS）第 5 颗卫星，完成新一代军用移动通信卫星系统部署。MUOS 采用窄带 S 与高带宽 Ka 混合频段，系统容量是上一代 UFO 卫星系统的 10 倍，可同时接入 16322 个新型终端和 424 个传统终端。MUOS 采用 3G 移动蜂窝技术，可通过远程关口站无线接入设备与基于地面光纤的“全球信息栅格”（GIG）联通，获得高速数据与话音传输能力，并满足作战部队高速接入 GIG，实时打击目标的需要。

2016 年 1 月，欧洲研制的全球首个业务型激光通信载荷“欧洲数据中

继系统”（EDRS）由商用卫星“欧洲通信卫星”-9B（Eutelsat-9B）携带入轨，标志着欧洲星间激光通信技术已达到实用水平。EDRS 业务化运行将于 2018 年完成，采用激光与 Ka 频段混合通信，中继卫星与低轨卫星采用激光通信链路，中继卫星与地面站之间采用 Ka 频段通信链路。EDRS 星间激光通信链路传输速率将达到 1.8 吉比特/秒，远高于美国“跟踪与数据中继卫星系统”Ka 频段链路的 0.8 吉比特/秒。

2016 年 2 月，俄罗斯第三代导航卫星“格罗纳斯”-K 首颗业务星正式服役。“格罗纳斯”-K1 采用全新设计，卫星质量 995 千克，设计寿命提高到 10~12 年，增加了首个码分多址（CDMA）民用信号 L3OC，星载时钟稳定度更高。俄罗斯决定继续建造 9 颗“格罗纳斯”-K1 卫星，到 2020 年由 30 颗“格罗纳斯”-K 与“格罗纳斯”-M 卫星共同组成星座，由当前 2.8 米定位精度提升到 0.6 米。2016 年 4 月，“印度区域导航卫星系统”（IRNSS）第 7 颗卫星发射成功，完成 IRNSS 系统太空段部署，标志着印度成为世界第 6 个拥有导航卫星系统的国家。IRNSS 导航系统由 7 颗地球同步卫星组成，可为印度境内及周边 1500 千米区域提供定位精度优于 20 米的精确导航定位服务。

（二）微小卫星发展势头强劲，将全面提升战术用天能力

DARPA 投资的“看我”（SeeMe）微小卫星 5 月完成研制，计划 2017 年首发。SeeMe 系统拟通过快速部署低成本小型成像星座，向前线基层作战人员快速、按需提供近实时战场图像数据；单星质量和成本分别为 22.7 千克和 50 万美元，设计寿命达到 60~90 天。整个星座包括 24 颗卫星，能在 90 分钟内通过智能手机或其他手持设备获得指定战场区域的高分辨率卫星图像。

美国陆军提出将开展微小卫星战术通信能力试验，通过部署由 16 颗微小卫星组成的“陆军全球动中通卫星通信”（ARGOS）星座，验证UHF和Ka频段通信能力。ARGOS星座主要覆盖美国南方司令部、非洲司令部和太平洋司令部所辖部分战区。一旦建成，将能为上述特定地区提供持续通信。

四、太空控制发展实时决策、慑战兼备的实战化能力

美俄新型太空目标监视系统陆续部署，进一步提升太空态势感知能力；具备攻防对抗潜力的在轨操作技术逐渐成熟。其中，美国逐渐完善攻防融合的太空控制能力。

（一）新一代太空态势感知系统将实现精确、实时与无漏覆盖

美军新一代“太空篱笆”地基雷达样机和“太空监视望远镜”（SST）地基光学系统均取得重要进展。前者于2016年1月首次试验中就跟踪到卫星，7月又跟踪了一批太空目标，表明该雷达样机拥有了跟踪真实太空目标的实际能力。新一代“太空篱笆”为S频段单基地相控阵雷达，其太空态势感知能力和轨道监测能力是上一代的10倍，预计2022年正式投入使用。部署后每天可探测150万次，跟踪20万个目标，并重点对地球中低轨道上尺寸大于5厘米的目标进行跟踪。后者于10月正式移交空军，新一代SST采用弯曲焦平面阵列技术，探测灵敏度和数据采集速度比上一代提高1个数量级，能够更好地跟踪小型深空目标。SST将在2017年迁移至西澳大利亚部署，主要任务包括监测西太平洋和印度洋上空的高轨太空目标，弥补美军在南半球监视能力缺口。

美军两颗“地球同步轨道太空态势感知计划”（GSSAP）卫星8月升空，与在轨的另两颗卫星形成4星星座组网运行，实现地球同步轨道重访周期约30天的周期性目标监测与目标状态、轨道和尺寸等信息的详查能力。

GSSAP 具有较强的机动变轨能力，可与目标交汇、逼近与绕飞，其先进的光电设备能够对目标进行详细探测，甚至实施攻击。

DARPA“轨道展望”项目 7 月完成 7 套太空态势感知（SSA）网络实时数据集成，组建了全球最大的 SSA 网络。“轨道展望”采用大数据技术提高多源太空目标数据融合和处理能力，提升数据到决策能力，彻底改变美军 SSA 采集与使用数据的方式，大幅度缩短太空事件告警时间。

俄军新一代地基太空监视系统“沃罗涅日”预警雷达和新型“天窗”-M 光电系统陆续部署。2016 年，前者完成俄罗斯境内 7 个站点部署，2020 年将实现本土一共 12 个站点部署；后者于 5 月开始陆续投入战斗值班，军方首批订购了 8 套，其中 4 套在俄罗斯境内包括远东地区部署，其他 4 套部署在国外。该系统能够监视到地球上空 120 千米 ~ 4 万千米 10 厘米以上的目标。

（二）美国完成地球同步轨道在轨操作装备部署，太空慑战能力再提升

前述 GSSAP 卫星不仅能够组网进行快速巡检地球同步轨道目标，而且单星具备交会、逼近、伴飞等较强的机动能力。其中一颗 GSSAP 卫星在 8 月对主发动机出现故障的 MUOS - 5 军事通信卫星进行近距离检测，获得不同视角的观测数据，使美国成为全球唯一具备低轨和高轨慑战能力的国家。

DARPA 在 5 月启动“地球同步轨道卫星机器人服务”（RSGS）项目，发展可为地球同步轨道卫星提供维护服务的太空机器人在轨操作技术，如对目标星进行成像检测；对目标星实施抓取、安装额外器件、调整轨道等操作。目前 RSGS 项目正在开展两个机械臂的设计，预计 2021 年进行在轨验证。

五、航天前沿技术突破不断，推动未来航天装备变革发展

以美国为首的世界主要国家继续推动发动机、成像卫星载荷、通信卫星载荷和导航定位卫星载荷等技术创新突破，有望进一步推动未来航天装备变革发展。

（一）创新发动机技术为火箭动力提供新选择

为降低火箭成本、进一步提高发动机性能，主要航天国家一直探索新型运载火箭动力系统，从火箭燃烧模式、推进剂输送方式等方面进行改进与创新，以期实现技术突破与变革。2016 年，美国太空探索技术公司新型“猛禽”液氧/甲烷发动机地面点火试验成功，将比液氧/煤油发动机的重复使用能力更好、燃烧效率更高、推力性能更强；美国火箭实验室公司采用“卢瑟福”电动泵液体发动机的“电子”火箭二子级开展静态点火试验，比传统泵压式液体发动机的结构复杂度和制造成本降低，提高了发动机可靠性，便于实现低成本、快速和批量制造；俄罗斯高级研究基金会研制的世界首台全尺寸液氧/煤油旋转爆震发动机样机实现连续爆震，产生连续稳定推力，验证了旋转爆震发动机的技术可行性，有望为高性能高速飞行器、宽速域宽空域作战平台等提供动力。

（二）创新有效载荷技术推动卫星性能跨越式提升

在卫星成像方面，美国 2016 年 1 月完成“蜘蛛”微缩干涉光学成像系统样机设计。“蜘蛛”系统通过大规模的微型干涉仪阵列取代传统光学成像系统的望远镜和成像传感器进行成像，尺寸和质量仅为传统系统的 1%。“蜘蛛”系统的干涉成像技术有望成为未来小型、轻质、高分辨率光学成像系统的重要发展途径。在卫星通信方面，欧洲正在研制软件定义卫星并已

授出其波束成形研制合同，将大幅提升通信卫星在轨灵活适应性，实现在轨干扰探测与消除，以及频率调节和带宽的再分配。在卫星导航方面，美军第三代 GPS 卫星第二批提出采用全数字化导航有效载荷，实现 GPS 信号及其传输的在轨可编程；同时欧洲公司正在发展新型的光学原子钟并在 2016 年完成了太空环境试验，其授时精度有望比传统原子钟提升 100 ~ 1000 倍。

（中国航天系统科学与工程研究院　李云　王聪　陈萱）

2016 年网络空间与电子战领域科技发展综述

2016 年，网络空间与电子战继续成为全球军事重点发展领域，在战略、技术和应用上呈现活跃态势。

在网络空间领域，2016 年网络空间安全重大事故频发，网络攻击、网络勒索持续升级，针对关键信息基础设施和工业系统的攻击影响巨大，黑客攻击事件密集发生且成为大国博弈的新形式。军事大国纷纷加快在网络空间的军事部署，积极推进网络空间作战装备技术发展。

在电子战领域，随着电磁频谱作战域的逐步确立，电磁频谱正成为与陆、海、空、天和网络空间并列的独立作战域。2016 年，全球电子战持续发展。美国高度重视电磁频谱优势，俄罗斯研发并装备了大量电子战新装备，全球电子战进入新一轮高速发展期。

一、网络空间

2016 年，在大数据、云计算、人工智能等技术的驱动下，网络空间态势感知、防御和攻击技术都在蓬勃发展，未来更多学科的技术融合或将为网络空间技术带来一次“革命性”的发展。特别的，在军事应用方面，美军已经在战场态势感知和防御方面拥有了一定技术优势，未来网络空间与电子战在技术战术的进一步融合或将真正实现全频谱的“网络空间电磁行动”。

（一）基于大数据、可视化等技术的网络空间态势感知趋向成熟

在大数据、云计算、可视化技术的助推下，在网络空间态势感知技术与传统电子侦察、定位技术越发紧密地结合下，美国当前已具备相当成熟的网络空间态势感知能力，未来或将具备覆盖网络空间及电磁频谱的全局、多维态势感知能力。

一是利用大数据和云计算技术提升网络空间态势感知能力。2016 年 5 月，美国国防信息系统局（DISA）公布了一整套基于云的“网络分析态势感知能力”（CSAAC）方案，可对国防部信息网络（DoDIN）中的海量数据进行收集、分析、可视化处理，为网络分析人员及作战人员提供一种审视 DoDIN 活动的全新综合性视角。

二是利用可视化技术提升网络空间态势感知能力。可视化技术作为一项提升作战人员直观认知网络空间、简化作战操作流程的技术，也已通过美军近几年着重打造的网络空间基础性研发项目“X 计划”日趋成熟。“X 计划”能够从技术上完成对战场网络空间的基础建构，使作战人员能够在直观界面上应对敌方网络空间攻击，达到降低网络空间作战门槛的效果。2016 年 6 月，“X 计划”首次走出实验室进入实战应用阶段，如后续进展顺利并按既定时间交付军方，必将对未来美军战场的网络空间攻防能力带来不可估量的提升。

三是打造网络空间和电磁频谱共享的态势感知能力。2016 年，美国陆军推出开发基于软件的网络空间态势感知样机项目，旨在获得包括己方、友方、敌方在内的完整战场网络空间态势感知图，为旅级指挥官提供量身定做的、及时的态势感知数据，简化基于风险的决策过程。雷声公司也推出可提供电子战、电磁频谱、网络空间共享态势感知的网络空间及电磁战场管理（CEMBM）系统。

（二）针对军用系统及网络的网络空间防御技术发展迅猛

与态势感知技术一样，军用系统及网络的网络空间防御也是美军当前发展的重点之一，美军正在针对己方军用系统和网络开展大规模的网络空间防御技术和系统研发，提升作战中的网络空间安全性，确保作战胜利。

一是强化作战平台信息系统的网络空间安全。重点从日常操作规程和填补信息系统漏洞方面确保武器系统满足网络空间安全要求，为此美军发起了“网络卫生”“武器系统弹性网络战能力”等项目。

二是开发针对军用系统及网络的网络空间防御系统。例如，美国国防高级研究计划局（DARPA）持续推进的“高保证网络空间军用系统”（HACMS）项目，通过系统各层的重新架构、设计和安全软件加载等生成开源、高保证、网络使能的军用航空器平台，从而抵御包括针对加密和认证、利用软件漏洞、利用无人机外部通信接口等发起的各种网络空间攻击。此外，美国海军“武器系统弹性网络战能力”项目和美国空军“红旗”军演中“决战”公司的网络运作平台，都侧重实现军用系统及网络的恶意软件检测、保护、响应和恢复能力。

三是发布被视为“网络武器”的网络空间防御系统。2016 年，美国空军先后发布了两款被视为“网络武器”的系统，即“美国空军内联网控制”（AFINC）和“网络空间脆弱性评估/猎人”（CVA/H）。虽然这是两款被美国空军作为“武器”推出的网络系统，但两者都是网络空间防御系统，前者作为空军内联网最顶层防御边界及接入美国空军内联网的所有数据入口，后者可执行美国空军信息网的脆弱性评估、威胁探测和合法性评估等。

（三）人工智能或为网络空间攻防带来突破性能力

人工智能技术的发展在2016年引起了全球的高度关注，其在网络空间攻防领域的应用同样值得关注。人工智能在网络空间攻防领域已经具备了一定的技术积累，技术的进一步成熟或将给未来网络空间攻防两端都带来突破性的能力，打破传统的网络空间攻防模式，改变整个网络空间的存在样式。

一是自主加密。谷歌公司的“谷歌大脑”团队2016年10月成功通过三个神经网络的相互攻击，让系统创建属于自己的算法。名为“鲍勃”（Bob）和“爱丽丝”（Alice）的两个神经系统自行开发出共享的安全密钥并彼此收发消息，而第三个名为“夏娃”（Eve）的神经系统试图窃取并解码消息，但最终没能成功窃取信息，证明了机器学习与神经网络实现自主加密的可行性。

二是自动漏洞检测及修复。2016年8月，在DARPA举行的“网络空间大挑战”中，诸多“机器人黑客”都在一定程度上展现了使用不同人工智能方法自动检测软件漏洞并自行修复漏洞的能力，但实际操作中出现了长时间处于休眠或不小心破坏所保护系统的情况。

三是自动漏洞利用及攻击。在上述“网络空间大挑战”中，“机器人黑客”也展现出了一定程度的利用漏洞进行攻击的能力，这种基于人工智能技术的网络空间攻击或将大大提升网络空间攻击的效率以及多手段综合攻击的能力。

四是恶意软件行为学习。2016年8月举行的“黑帽”大会上，“火花认知”安全公司发布的杀毒软件“深度装甲”，利用自动建模算法等人工智能技术不断了解新恶意软件的行为，可识别病毒发生变异以尝试绕过安全系统的过程。

五是物联网安全。2016 年 7 月，PFP 网络安全公司推出了基于电力使用分析、机器学习和云技术，可探测供应链、内部篡改、持续攻击等各种异常的方案，用于防护任何连接物联网的设备（数据中心、电网、移动/智能设备等）。

（四）美军发展用于体系对抗的网络空间攻击能力

从早前揭露的“舒特”计划至今，美军虽然一直对其拥有的具体网络空间攻击技术或系统讳莫如深，但根据美军 2016 年诸多表述和项目可以看出，美军已具备并正在加速开发可用于战场体系对抗的网络空间攻击能力。

2016 年 2 月，时任美国国防部长卡特和参谋长联席会议主席邓福德在国会证词中称，美国在对叙利亚境内极端恐怖组织“伊斯兰国”的军事打击行动中，运用网络战武器破坏敌方的指挥控制与通信系统。此外，美国国防部据称还在开发在敌方导弹系统发射前施行非动能攻击的网络空间武器，攻击敌导弹系统的计算机、传感器和网络。2016 年 7 月，美国海军官员表示，潜艇也是美国网络战略的重要组成部分，或将把潜艇用作水下无人潜航器母舰，利用后者机动抵近近岸处执行干扰和网络空间攻击行动。2016 年 10 月，美国海军空中系统司令部（NAVAIR）网络战特遣部队授予麦考利·布朗公司合同，为美国海军飞机、武器和相关航空系统及子系统提供网络战能力，其中就包括网络渗透工具开发、全频谱的作战级网络战支持等。

从美军透露的以上消息来看，美军或已具备破坏敌方通信、指挥控制系统的网络空间攻击能力，而且正在发展空中、水面、水下的网络空间攻击技术，以实现体系化的战场打击。从技术上看，美军的战场网络空间攻击能力与电子战联系紧密，无论是“全频谱作战”的表述，还是从对“伊斯兰国”指挥控制与通信系统的网络空间攻击来看，仍沿用“舒特”计划中早期电子侦察为基础，在电子进攻手段的配合下，利用无线注入的方式对敌方网络施以网络空间攻击，最终完成体系破击的任务。

二、电子战

纵观2016年，电子战战略受到高度重视，电子战内涵孕育重大变化，电子战技术发展迅速，电子战装备有序推进，电子战应用不断增强，电子战行业持续繁荣，全球电子战正进入新一轮高速发展时期。

（一）电磁频谱优势受到高度重视，电子战保持强劲发展势头

从发展态势来看，全球主要军事强国高度重视电磁频谱优势，采取了一系列举措推动电子战技术、装备和能力的发展。电子战在全球范围内呈现强劲发展的态势。

一是美国以“第三次抵消战略”为牵引，加快电子战发展。进入21世纪以来，美国在与低科技对手的反恐战争中，一定程度上忽视了电子战能力的发展。近年来，美国不断夸大受到俄罗斯和中国等国家发展的威胁，刻意渲染在电磁频谱领域已经丧失优势，试图通过“第三次抵消战略”继续保持对其他国家的技术优势，并将电子战列入了“第三次抵消战略”的核心领域。美国通过在国防部设立电子战执行委员会、发布《电磁频谱战略》《电子战战略》等一系列战略举措，加快推进电子战发展，维持其在电磁频谱领域的优势地位。

二是俄罗斯高度重视电子战，迎来电子战发展小高潮。俄罗斯高度强调利用电子战能力应对西方国家的军事优势，近年来研制了大量新型电子战装备，大力加强电子战训练演习和部队建设，在叙利亚和乌克兰冲突中，

展现出强大的电子战实力。

三是欧洲各国密切关注电子战能力缺口，谋求加快电子战发展。通过在叙利亚的作战行动以及观察俄罗斯在乌克兰危机中的行动，欧洲各国认识到自身电子战能力不足以应对当前的冲突和未来的战争，高度重视电子战能力上的差距，谋求加快电子战发展。

四是日、澳等国加强电子战建设，亚太地区成为电子战角逐的主战场。美国推行亚太再平衡和重返亚太的战略，激起了亚太地区的新一轮军备竞赛，电子战能力成为亚太地区各个国家（地区）重点发展的领域之一。澳大利亚计划引进 12 架 EA－18G“咆哮者”电子战飞机，成为美国之外首个装备 EA－18G 电子战飞机的国家。日本不断发展本国电子战能力，同时成为美军电子战力量在亚太地区的重要基地。

（二）电子战战略地位持续提升，电子战孕育着重大转型

在电子战发展战略方面，2016 年是具有重要意义的一年。一系列重大战略的孕育、产生将引领未来电子战的发展方向，推动电子战转型发展。

一是美军推动将电磁频谱作为独立的作战域。2016 年，美国国防部进一步推动将电磁频谱确定为一个独立的作战域。国防部电子战执行委员会已将电磁频谱作战域写入《电子战战略》，这标志着电磁频谱可能成为继陆、海、空、天、网络之后又一个独立的作战域。长期以来，美军在是否将电磁频谱作为一个独立的作战域上存在争议。此次确定电磁频谱的战略机动空间地位，进一步凸显了电磁频谱域在现代战争中的重要地位，对电子战条令、机构、训练、装备、领导力、人员和设施的建设将发挥巨大的推动作用。

二是美国制定首部《电子战战略》，引领未来美军电子战的发展。2016 年 12 月，美国国防部透露，美军首部《电子战战略》已经制定完成，并上报国防部长签署发布。该《电子战战略》强调要增加对先进电子战技术的投入、加强电子战防护、保护己方杀伤链、主动利用新技术以及新技术所创造的新战术、注重成本战略、加大电子战仿真建模应用等。美军首部《电子战战略》的制定和发布是一个标志性事件，将对美军未来电子战的发展起到巨大的引领作用。

三是美军发布《联合电磁频谱作战》条令，推动电子战向电磁频谱作战转型。2016 年 10 月，美国参联会发布了 JDN 3－16《联合电磁频谱作战》条令，为联合电磁频谱作战的组织、规划和执行提供顶层规范。该条令是联合电磁频谱作战概念发展的产物，旨在完善电磁频谱作战理论和术语，对电磁频谱作战的组织、计划、执行和评估提供指导。《联合电磁频谱作战》标志着美军对电磁频谱作战的顶层规划已进入实质性阶段，将有力推动电子战向电磁频谱作战的转型。

（三）人工智能引领电子战进入认知时代，电子战技术面临重大突破

在科学技术方面，电子战正孕育着重大突破。人工智能引领电子战进入认知时代，氮化镓和光子技术等新技术的运用显著提升了电子战的效能，网络化蜂群电子战技术有望形成新的电子战作战样式。

一是认知成为电子战技术的重点发展方向。当前雷达和通信系统的自适应能力越来越强，且由于用频设备的增多频谱变得越来越拥塞，电子战必须更加智能才能适应环境的变化和威胁的发展。为此，美军从 2010 年就提出了认知电子战的概念，并开展了“认知干扰机”“行为学习自适应电子战”（BLADE）、“自适应雷达对抗”（ARC）等项目，旨在发展具有认知能力的自适应电子战技术。2016 年，美军在认知电子战领域取得重大进展：BLADE 系统首次进行了飞行试验；ARC 项目验证了原型样机对未知雷达信号的自适应响应能力，同时计划将认知电子战能力部署到 F－35 战斗机和

“下一代干扰机”上。以提高电子战系统智能化水平为核心，具备自主感知能力、实时响应能力、高效对抗能力以及评估反馈能力的认知电子战技术已成为电子战的重要发展趋势。

二是电磁作战管理（EWBM）成为战场电磁频谱管理的核心。随着作战形态的变革与演进，电磁频谱控制成为决定战争胜负的主导因素。为此，美国期望通过联合电磁频谱作战（JEMSO）和电磁作战管理构建统一的作战框架，实现电磁频谱控制。美国各军种十分重视电磁作战管理能力建设：陆军“电子战规划与管理工具”（EWPMT）在2016年实现了首次能力部署，该项目能够使电子战操作员/频谱管理员同指挥所之间更好地协作、同步与共享信息；DARPA“先进射频测绘”（RadioMap）项目2016年在海军陆战队得以部署，为频谱管理人员和自动频谱分配系统提供了频谱“可视化”工具。

三是氮化镓、光子等新技术在电子战领域的应用日趋成熟。电子战系统的性能在很大程度上取决于信号处理和传输、功率器件等基础技术的发展水平。与传统的行波管和砷化镓器件相比，GaN器件可以显著提升电子战系统的功率、带宽和使用寿命。美国海军的“下一代干扰机”采用GaN器件，实现了电子战性能的跨代提升。美军还积极利用GaN技术升级现役电子战系统，如美国海军的“水面电子战改进项目”（SEWIP）在Block 3阶段采用GaN放大器提升了电子攻击能力。与传统的射频系统相比，光子技术可以拓宽频率覆盖范围，降低模拟信号的远距离传输损耗，显著提高电子战系统的性能。此外，芯片级集成光子还可以有效降低电子战系统的尺寸、重量和功耗要求。美国佐治亚技术研究所的研究人员正利用光子技术开发性能更强、灵活性更高的电子战元器件，并将光子集成电路集成到现有的装备中以提升电子战能力。

四是电子战反无人机技术装备受到广泛关注。针对日趋严峻的无人机威胁，各国都在大力发展反无人机技术与装备。反无人机技术体系由探测跟踪和预警、毁伤、干扰、伪装欺骗技术组成，而电子战凭借有源干扰和定向能毁伤在反无人机技术体系中占据了重要地位。目前市场上已经推出了几十种反无人机电子战装备，美国波音公司的“寂静攻击”反无人机激光武器、雷声公司的“相位器”高功率微波反无人机系统、荷兰空客集团的电子干扰反无人机系统、英国 Blighter 监视系统公司的“反无人机防御系统”等电子战反无人机技术受到广泛关注。

五是网络化蜂群电子战技术得到大力发展。2016 年，以 DARPA“小精灵”项目为代表的网络化电子战项目稳步推进。“小精灵”项目计划研制一种部分可回收的电子战无人机蜂群。这种无人机蜂群可进入敌方上方，通过压制导弹防御、切断通信、影响内部安全，甚至可能利用网络攻击等措施攻击敌人。2016 年 3 月，“小精灵”项目授出第一阶段合同，正式进入技术开发阶段。此外，美国国防部 2016 年开始研发的“山鹑”无人机可用于执行电子战任务。该无人机从机载曳光弹撒布器投放后，可编队执行蜂群任务，用作防空系统诱饵，或利用自身携带的载荷执行情报、监视与侦察任务。

（中国电子科技集团公司发展战略研究中心　李硕）
（中国电子科技集团公司第二十九研究所　朱松　王燕　常晋聃　王晓东）
（中国电子科技集团公司第三十六研究所　沈涛　张春磊　陈柱文）

2016年信息系统领域科技发展综述

信息系统主要有信息获取、信息传递、信息处理、信息存储、信息分发和信息使用等功能。国防信息系统是以提高诸军（兵）种联合作战能力为主要目标，由指挥控制、情报侦察、预警探测、通信、导航定位、安全保密等基本要素，按照统一的体系结构、技术体制和标准规范构成的一体化、网络化系统。21世纪以来，信息系统的发展日新月异，极大提高了作战部队基于信息系统的体系作战能力。

国防信息系统领域是前沿科技发展的高地，是最富创新性、最具超越性、最有颠覆性的科技发展前沿。2016年，该领域取得众多技术突破，既有对传统技术的改进应用，也有对颠覆性技术的大胆探索，对世界各国国防信息系统的发展产生着深远影响。在系统体系结构上，“网络中心化”由物理域向信息域和认知域加速推进，逐步实现全面一体化；在指挥控制能力上，网络化指控技术促进战略与战术指挥控制系统高度一体发展，智能辅助决策技术得到实际应用，推动形成快捷灵活的指挥决策和智能精准的武器控制能力；在信息感知能力上，认知技术、微波光子、太赫兹、氮化镓材料等新技术、新材料的发展成熟，大大提高预警探测和情报侦察系统的探测识别能力，改善对小型、低速、低空、隐身目标的探测跟踪能力；在信息传送能力上，激光通信技术、量子通信技术支持实现大容量、超长距离、高保密信息传输，为各类作战装备提供高质量的通信服务；在信息安全能力上，云计算、大数据技术日益成为解决针对性攻击的重要手段，人工智能技术在网络防御策略中扮演着越来越重要的角色；在高性能计算能力上，量子计算正在以史无前例的速度从实验室进入应用系统，与人工智能、大数据分析等技术结合后，将在武器装备发展、战场组织决策、后勤保障等方面发挥巨大作用，甚至有可能改变未来战争的形态。

当前，美国、俄罗斯、日本、欧洲等主要国家和地区根据各自的军事需求，大力推进战略性、前沿性、基础性电子信息技术的发展，加强先进电子信息技术在国防信息系统中的应用。2016 年信息系统科学技术总体发展态势如下。

一、战略规划引导信息系统技术创新发展

2016 年 6 月 13 日，美国国防部发布《信息环境下的作战战略》，对美军面临的未来战略环境与信息环境进行分析，并提出在信息环境下作战的主要原则、目标、措施和手段，其中特别指出应采用、调整和开发新的科学技术，实现国防部在信息环境下的高效作战。8 月 18 日，又发布《国防部信息技术（IT）环境——通向未来战略格局之路》，重新确定了国防部未来信息系统技术发展目标的优先级，强调要获取最新的创新信息技术，为作战提供前所未有的能力和机会。各军种也出台了各自的战略规划文件，以指导信息技术的快速发展及其在本军种相关领域的应用，如美国陆军 3 月发布《美国陆军 2025—2040 年网络构想》文件，对美国 2040 年的军事网

络及其关键实现技术做出了预测，为美国陆军未来20年的网络发展指明了方向。美国陆军6月发布的《2016—2045年新兴科技趋势——领先预测综合报告》，通过综合分析提炼形成并明确了24个值得关注的新兴科技趋势，将机器人与自主系统、大数据分析、移动和云计算、网络空间、物联网、量子计算、虚拟现实与增强现实等电子信息技术作为重点，既帮助美国相关部门对未来30年的核心科技发展有一个总体把握，也为国家和社会资本指明科技发展方向。

除美国外，俄罗斯、日本等军事强国也纷纷制定国家战略规划，从顶层谋划和指引本国信息系统科技创新发展。2016年2月，俄罗斯批准的《2025年前发展军事科学综合体构想》明确提出将分阶段强化国防科研体系建设，以促进创新成果的产出，并将人工智能技术、无人自主技术作为俄罗斯军事技术在短期和中期的发展重点。2016年8月，日本防卫装备厅发布《防卫技术中长期技术展望》，具体提出将把定向能技术、智能化网络化情报侦察技术、无人系统相关技术等作为日本国防科技发展的重点方向。

二、新兴技术推动信息系统体系作战能力大幅提升

（一）人工智能技术提升辅助决策效率

未来战争决胜于千里之外，在运筹帷幄的决策指挥较量中，人工智能技术赋予辅助决策系统以快速融合、正确判断与精准执行的能力，使决策指挥效能成百上千倍地提升，并拥有不可限量的发展潜力。

2016年5月，美国国防高级研究计划局（DARPA）展示了“用于情报数据分析的非传统信号处理”（UPSIDE）项目成果，将“细胞神经网络”

计算体系结构与低功耗量子隧穿晶体管结合，使图像处理能力提高3个量级。UPSIDE不同于传统的数字处理器通过执行特定指令来计算，而是采用能够自组织的信号处理器，可根据输入数据进行自适应计算。2016年6月，美国辛辛那提大学开发的人工智能系统“阿尔法”（Alpha），在模拟空战试验中，指挥仿真战斗机编队，与经验丰富的人类飞行员进行模拟空战，获得了全胜。“阿尔法”在空中格斗中快速协调战术计划比人类快了250倍，从传感器搜集信息、分析处理到做出正确反应，整个过程不到1毫秒，该技术是人工智能在战术级决策指挥领域应用的重大突破。2016年年底，美国陆军启动“指挥官虚拟参谋”（CVS）项目，旨在打造一个面向指挥官的“虚拟参谋”，综合应用认知计算、人工智能和计算机自动化等技术，应对海量数据源及复杂的战场态势，提供主动建议、高级分析及针对个人需求和偏好量身剪裁的自然人机交互，从而为指挥官及其参谋制定战术决策提供从规划、准备、执行到行动回顾的全过程决策支持。

（二）下一代雷达技术加强预警探测系统能力

针对未来空天威胁对预警探测系统的作战需求，预警探测领域呈现出认知、太赫兹、微波光子、软件化、量子等多学科交叉应用趋势，牵引预警探测系统朝着超宽带、认知化、开放式架构等方向发展，提升预警探测系统的轻量化、共形化、多功能化和智能化。

2016年，国外微波光子雷达领域持续得到新的里程碑成果，已成功完成基于全光子架构的全球首幅逆合成孔径雷达（ISAR）成像，构建出基于全光子的雷达—通信多功能系统。此外，面向微波光子的射频收发链路架构设计、高速光处理、微波光子器件研发，尤其是基于微波光子的收发隔离取得巨大进展。

在量子雷达领域，英国、美国等国提出微波量子雷达架构理论，可将现有量子雷达的工作频段下移至微波频段，实现全天时、主动式、大功率探测能力。

太赫兹雷达具有辐射小、透射性好、方向性强、频谱宽等特点，且不受高速目标气动光学效应与热环境效应影响，在反恐安保、高分辨成像、反隐身方面具有极大的应用价值。2016 年 12 月，美国犹他州立大学信号处理研究实验室宣布完成天地协同部署的太赫兹雷达数据协同处理和目标识别算法的研发，并实现了实验室环境下的软件仿真。该技术主要研究基于地面、天基部署的太赫兹雷达系统与地面传统雷达系统的协同探测。该团队下一步将重点研究目标识别速度问题和样机研制，该技术一旦成熟将颠覆当前的战机隐身技术发展模式。此外，美国、德国展示了多款面向反恐安检的太赫兹成像雷达，包括调频连续波（FMCW）体制、双多基地体制等。

（三）激光通信技术步入实用阶段

激光通信具备容量大、光学增益大、发散角小、强抗干扰和抗截获等能力优势，美国、欧洲航天局各成员国和日本等很早就对涉及激光通信的各项关键技术展开了全面深入的研究，并制定了多个项目和计划，近年来多个项目都取得了阶段性成功，在激光通信相关技术的成熟度验证和新型技术研发上进展顺利。欧洲航天局的欧洲数据中继系统（EDRS）项目首颗激光通信卫星于 2016 年 1 月成功发射，并于同年 7 月开始运营服务，标志着全球卫星激光通信进入实用阶段。此外，2016 年 1 月，美国国家航空航天局（NASA）宣称完成新型激光通信调制解调器的研发；3 月，美国空军研究实验室（AFRL）授出合同，用于分析和模拟远距离激光传输技术；5 月，DARPA 的“星间通信链路”项目也授出合同，要求生产两个小型化、低功耗激光通信终端，供 DARPA 卫星试验。日本计划在 2019 年发射“光数据中继卫星”，将当前数据中继系统的微波链路替换为光学链路，预设通信速率达2.5吉比特/秒。可见，激光通信技术的应用已成为当今世界通信技术发展的一大热点。

（四）不依赖卫星的导航技术发展快速

2016年，不依赖卫星的导航技术发展迅速，已成为各军事大国新兴导航技术的重点研发领域，多项技术研发项目相继启动。其中，地面无线电导航系统再次受到重视，“在对抗环境下的空间、时间和定位信息”（STOIC）项目研发取得重大进展，可极大地提高导航、制导与授时（PNT）能力，抗干扰能力更强。水下导航技术成为各国的发展热点，美国授出水下导航项目（POSYDON）的相关合同，旨在提高美国海军在整个大洋中的精确定位与导航授时能力；俄罗斯研发水下“格罗纳斯”系统，将使无人潜航器借助深海浮标实现毫米级的精准定位。传统的惯性导航技术不断发展，美国利用原子钟等技术增强惯性导航系统精度。此外，地磁定位、星际导航等新技术也在加速发展并进入实际应用中。

（五）区块链技术在信息安全领域得到应用

区块链技术以其分布式、去信任共识等特性受到广泛关注，已经在全球掀起一次技术创新与应用浪潮，对社会各个行业与领域都有着较大的影响，在军事信息系统安全领域同样也有着广阔的应用前景，可用于构建广域覆盖、容灾性强、安全性高的通信系统、协同作战指挥控制系统等。美国自2016年开始探索将区块链技术应用于军事领域，DARPA计划基于区块链技术为美国国防部开发一个通过网络或独立内置应用进行安全通信的平台，有效解决军队在复杂战场环境下的安全通信问题。2016年4月，DARPA发布“安全消息平台”项目征集公告，旨在构建基于区块链的安全、顽存信息交互系统，在直接通信受到阻碍时建立军队与指挥系统之间的联系；

9 月，DARPA 又授出一份价值 180 万美元的合同，资助 Galois 公司验证 Guardtime 公司基于区块链技术开发的“无钥签名基础设施”（KSI）技术的有效性，这项验证研究将会推进所有以区块链为基础的监控系统和需求验证工具的发展，并为下一步基于区块链技术的军事应用奠定基础。

（中国电子科技集团公司发展战略研究中心　方芳　彭玉婷）

（中国电子科技集团公司第十四研究所　邓大松）

2016年后勤保障领域科技发展综述

2016年，以美国、俄罗斯为代表的世界主要国家的军队，以战场需求为牵引，重视利用信息技术、新能源与新材料等技术的最新成果，大力发展后勤保障技术，不断提高后勤保障能力和保障效益，在提升作战人员安全指数、减少后勤开支、减小后勤印迹、减轻后勤负担等各个方面成效显著。

一、以增强战场机动、提高战区投送效率为目标，发展后勤战术机动和战略投送能力

大规模远距离的战略投送能力和灵活快速的战场机动能力一直是外军发展的重点。2016年，外军利用新研新建、技术升级等方式，持续稳步发展战略投送和战术机动能力，并将后勤保障装备器材的战术机动性作为能力发展的优先选项。

一是持续加大海上、空中战略投送能力建设。美国海军远征快速运输船采用双体船技术，具有运输量大、航行速度快和灵活性强等特点，主要

用于部队、车辆和装备战区间快速运输。美国海军6月对最新的远征快速运输船“卡尔森城市”号完成了验收测试，9月决定再次加购该型船，继续扩大海上快速投送能力。俄罗斯采用新的飞行—导航、无线电通信和光照等技术，对伊尔-76军用运输机进行现代化升级，新型伊尔-76运输机已在俄罗斯茹科夫斯基完成首飞。

二是重点发展地面、空中战术机动能力。俄罗斯西部军区特种分队装备的新型“台风”装甲汽车利用信息技术对发动机运转、车辆倾斜、道路坡度、行驶速度及方位等进行控制管理，具有较高的战场机动能力。美国海军最新装备的44架CMV-22B型“鱼鹰”运输机采用附加油箱技术，航程从原来的860海里（1593千米）增加至1150海里（2130千米）。

三是确保后勤保障装备发展符合机动性要求。德军注重后勤保障装备自身的机动能力，启动“中型防护式装甲急救车”研发新计划，使得德军卫勤部门能够为部队提供伴随保障，胜任各种伤病员后送与救治任务。希腊Dasyc SA公司采用玻璃纤维复合材料技术和模块化设计理念制造移动式机库，其结构强度能与钢筋建筑相媲美，但重量轻，装配、拆解快，可快速投送部署。

二、以减少能源消耗、增强能源保障能力为目标，发展新型能源和作战能源保障技术

现代战争离不开作战能源，作战能源保障的好坏直接关系到战争的成败。而无论是在经费开支上，还是在保障力量使用上，作战能源保障都占据了后勤保障的重头。2016年，外军积极发展绿色可替代、可再生能源，同时注重能源保障技术的发展，提高保障效率。

一是发展环境友好的低成本可替代燃料。美国海军大力推进生物燃料技术的应用，其“大绿舰队”首舰“斯托克代尔”号使用生物燃料和传统石油的混合燃料。其中，生物燃料由美国中西部地区农场废弃的牛油和饲料提取制成，成本低廉。美国海军水面战中心完成了100%“滴入式”可再生柴油的海试。该生物燃料与石油燃料的分子构成、沸程分布、物理和能量密度完全相同，但温室气体排放量可降低80%。

二是发展多种动力来源的战场供电技术。波音公司向美国海军交付一套采用再生型固体氧化物燃料电池技术的储能系统。该系统利用风能、太阳能等可再生能源发电，实现了清洁和零排放，还可产生、压缩和储存氢气。当电网电力不足时，系统可当作燃料电池，消耗储氢发电。美国空军研究实验室演示验证了一套可将废物转化为能源的系统。该系统采用垃圾气化技术，可将废弃物转化为合成气体进行发电，每天可将10吨垃圾转化为300千瓦的连续电力。

三是发展快捷高效的油料保障技术。美国空军测试的新型R－Ⅱ“等体积”加油车集加油和泵送两种功能于一身，既可直接为飞机加油，也可连接至地面油库向飞机泵送燃料。美国海军陆战队正研究将空中授油技术集成到MV－22“鱼鹰”运输机，使其能为美国海军陆战队各类飞机加油，增强美国海军陆战队空地特遣部队的作战半径和能力。

三、以减轻单兵负荷、减少人员伤亡损失为目标，发展单兵装具和战伤急救技术

参战人员能否得到有效的安全防护和高效的医疗救治，直接关系到部队士气、战斗力的保持。2016年，外军在单兵保障上以人为本，重点围绕

增强安全防护、减轻士兵负荷、提高战伤急救效率等方面，发展单兵保障技术。

一是用新材料技术发展实现单兵防护装具轻量化。高分子聚乙烯材料由于强度高、质量轻等优势越来越受到重视，在防护装具上得到了更多应用。美国霍尼韦尔公司利用高分子聚乙烯研制的光谱纤维质量轻，强度比芳纶纤维（如凯夫拉）高60%；荷兰DSM迪尼玛公司开发的高分子聚乙烯纤维质量和厚度比芳纶纤维小了25%，利用其制作的防弹服在确保防护性的同时，能减轻用户以往使用钢板或陶瓷板带来的疲劳，提高穿戴者的舒适性和灵活性。

二是利用机器人技术发展单兵外骨骼。外骨骼融合了传感、控制、信息耦合、移动计算等机器人技术，单兵穿戴后形成一个人机融合的一体化系统。美国国防高级研究计划局授予埃克索仿生公司一份外骨骼设计研发合同，用于帮助士兵减少损伤和疲劳，提高有效执行任务的能力。美国陆军和海军陆战队对小批量生产型“动力行走”轻型腿部外骨骼进行了野外试验，它能在士兵行走或跑动过程中采集能量，从而减少士兵携带电池的数量，减轻士兵负担。俄罗斯国防部研发的重型可穿戴外骨骼，能使士兵比未穿戴时多携行80千克的负荷。

三是发展简便高效的战伤急救技术。美国陆军医学研究与器材司令部成功研发出新型高效能止血带，可应用于人体腹部、胸部、腰部等多部位，解决了传统止血带在躯干连接部位不能使用的问题。其构造简单，使用方便，可在60秒内迅速止血。驻阿富汗美军配备的模块化MOLLE轻型卫生员包由7个模块组成，可通过插扣、魔术贴等方式合并成为一个大包，可根据需要自由组合使用，能够利用有限的空间资源尽最大可能提供可靠的急救保障。

四、以降低勤务成本、提升后勤保障效益为目标，发展无人化后勤保障技术

无人设备能够在偏远、高风险地区执行任务，具有使用成本低、人员风险小、军事效益高等优点，近年来已成为外军能力发展的重点和亮点。2016 年，外军后勤保障无人化建设全面展开，在战场物资运输、医疗保障、油料保障等多个领域均有建树。

一是发展战场物资投送无人化技术。战场物资运输投送是最先引入无人化技术的领域，发展最快，也已成功地应用于战场。2016 年，美国陆军开始执行多个无人驾驶地面车辆的采办计划，包括“人力运输机器人增量Ⅱ”、单兵通用机器人系统、班组多用途装备运输车等。以色列首飞的“空中骡子”垂直起降无人机能在 50 千米的突击半径运载 500 千克物资，24 小时运送量达 6000 千克。由 10 ~ 12 架该无人机组成的机动保障队可保障 3000 名作战人员所需物资。

二是发展战场医疗后送无人化技术。战场医疗后送无人化技术起步也较早，但较物资运送技术要求和复杂程度都要高。2016 年，美军成功实现了多种无人机协同作业，利用一种通用无人机控制部分体系结构，同时控制 2 架空中无人机和 1 辆地面无人车，互相协作，合作响应，完成战场伤员的定位与后送演示。

三是发展战场油料保障无人化技术。无人化油料保障是随着无人技术发展在最近几年提出来的。2016 年，美国海军提出舰载无人加油机项目，利用其执行加油任务可以解放出 5 ~ 6 架目前用作加油机的战斗攻击机，极大地释放出宝贵的舰载战斗机战斗力。美国海军研究办公室

正开发一款无人加油艇，用于为担负持久性海上侦察任务的“舰队级”无人舰提供油料补给与数据传送服务，减少无人侦察舰往返加油浪费的时间。

五、以实现精确保障、提高后勤管理能力为目标，发展后勤业务管理系统和相关信息技术

信息技术在后勤领域的应用使得精确化后勤保障成为了可能。2016 年，外军注重后勤信息系统的开发部署和物联网等信息技术的应用，为可视化后勤、精确化保障提供了重要手段。

一是加快后勤管理信息系统的开发部署。2016 年，美国陆军总部级后勤信息系统“后勤现代化项目”（LMP）“增量 2”部署完毕。它能使美国陆军维修订单处理时间从 2 周缩短到 2 天，还使陆军器材司令部的装备需求预测性提高了 20%。俄军研制出了部队级战时医疗器材统计软件综合系统，可根据各种医疗耗材的变化进行自动化统计操作，确定需求，编制申请报告文件。此外，俄军还计划在 2020 年前建造 25 家配备先进货物统计和处理技术工艺的仓储物流综合系统。

二是加大信息技术在后勤领域的应用。美国洛克希德·马丁公司与轨道通信公司计划共同建立天基物联网，为各种物联网应用提供卫星连接与服务，提升对全球供应链的跟踪，提高资产可视性。美国海军研究实验室成功开发了分布式反馈光纤激光声音发射传感器技术，能检测结构裂口的变化和周期性轻微磨损，将其与其他传感器相结合，能在结构损坏到达危险程度前发出预警，从而提高基础设施的安全性和完好性，降低各平台的运行成本。美国国防高级研究计划局正在开发的“爆炸冲击量测计”可以

测量和记录爆炸冲击波震荡数据，可用于作战人员任务后的健康和安全评估，以及现场检伤分类。英国开发的穿戴式互动贴片平台使用近场通信技术，可用于伤病员生理信息等的采集和传输。

（军委后勤保障部后勤科学研究所　房一丁　何在涛）

2016年精确制导武器领域科技发展综述

精确制导武器是采用高精度探测、控制及制导技术，能够有效地从复杂背景中探测、识别及跟踪目标，可从多个目标中选择攻击对象并高精度命中其要害部位，最终摧毁目标的武器装备。新的精确制导武器还具有一定的人工智能及很强的抗干扰能力，甚至能排出攻击多目标的优先次序，选择最有价值或有可能杀伤的目标。

一、发展多模复合制导技术成重点，移动目标打击能力成关注焦点

精确制导武器是高技术局部战争使用的主要武器，精确制导武器的关键技术是精确制导技术，其重点研究内容是在易变战争环境中精确命中目标乃至目标要害部位的寻的末制导技术。国外精确制导技术以主/被动雷达制导、红外成像制导、毫米波制导、多模或复合制导、智能化信息处理技术为主要发展方向。

（一）发展多模复合制导技术成为增强对抗能力与高精度打击能力的重点

采用被动雷达/红外成像双模制导的“拉姆”Block 2导弹，在实弹射击

中成功拦截目标。2016 年 1 月，在加利福尼亚州中国湖举行的海军实弹射击演习中，雷声公司“拉姆”反舰导弹防御系统首次使用“拉姆”Block 2 导弹成功拦截来袭目标。Block 2 主要改进包括四轴独立舵机系统、增强火箭发动机能力、有效射程、机动性等性能，还使用了一种升级的被动雷达导引头及数字自动驾驶仪，并对红外导引头组件进行了改进。欧洲导弹集团（MBDA）公司推出毫米波和双模（半主动激光/毫米波）复合制导的“硫磺石”新改型，并采用了增强型自动驾驶算法，增强了其高离轴瞄准能力并且极大地增加了其射程。

（二）支持传统武器拓展移动目标打击能力的制导技术成为近期研究与发展重点

2016 年 1 月，美国雷声公司宣布，用于战术“战斧”巡航导弹的新型主动导引头完成测试，将使导弹具备打击地面和海上移动目标的能力。2016 年 3 月，美国海军披露已采用“标准”-6 舰空导弹完成反舰试验，成功验证其视距外反水面作战能力。“标准”-6 导弹采用了半主动雷达/主动雷达导引头，并增加了 GPS 制导模块，可以飞向正确的目标区域，在视距外自主寻的，拓展反舰打击能力，只需要增加舰艇的目标特征信息、对制导系统的软件进行更新即可。2016 年 10 月，美国海军发布了下一代对陆攻击武器（NGLAW）招标书，将研究能在 A2/AD 环境下打击陆上和海上移动/固定目标的潜在精确打击武器装备方案，制导技术将成为其重点关注内容之一。

二、继续完善卫星导航系统，大力发展不依赖卫星导航等先进导航技术

导航技术是精确制导武器的通用技术，是现代和未来战争中精确制导

武器的关键技术之一。世界各国在继续完善卫星导航系统与技术的同时，大力发展图像导航等新型自主导航技术。

（一）卫星导航技术应用领域广泛，仍是军事强国导航技术发展重点之一

2016 年，美国保持全球定位系统（GPS）的稳定与发展，稳步实施 GPS 的现代化计划，并研发新一代 GPS。俄罗斯继续实施《格罗纳斯（GLONASS）系统 2012—2020 年发展计划》，积极发展新一代 GLONASS－K 卫星，持续开展 GLONASS 系统地面控制段的改进，系统服务性能得到明显提升。欧洲“伽利略”（Galileo）系统全面运行能力建设已经启动，计划 2018 年左右完成全面运行能力建设，提供与目前 GPS 系统性能相当的服务。

（二）不依赖 GPS 的卫星导航技术备受重视，研究成果获得初步应用

国外已在多个技术方向进行了不依赖 GPS 的导航技术大量尝试，美国近期主要推动两种不依赖 GPS 导航技术的发展应用，一是利用原子钟等新型技术增强惯性导航系统精度，将优先应用于 JASSM－ER 导弹等先进精确制导武器；二是研发基于低成本成像导引头的图像导航技术，将优先应用于小型空地导弹。2016 财年，美国国防高级研究计划局（DARPA）投入 1630 万美元用于弹药导航级惯性测量单元项目，并与诺斯罗普·格鲁曼公司和美国休斯研究实验室（HRL）分别签订了研发合同。诺斯罗普·格鲁曼公司负责制造完全导航级的 MEMS 惯性测量装置，实现在 GPS 拒止环境下的弹药制导功能，将交付硬件并进行飞行验证试验；HRL 实验室负责研制抗振抗冲击惯性传感器技术，利用原子钟超精细跃迁频率的精确性使先进 MEMS 惯导陀螺达到等同甚至超越现有 GPS/INS 系统的导航精度。2016 年 1 月，美国空军与洛克希德·马丁公司签订导引头成本转变（SECTR）项目合同，验证一种可在高对抗环境下无外源信息飞行 15 分钟的小尺寸、轻型、低功耗与低成本（SWaP - C）的捷联式光电/红外导引头，提供全天时导航和精确末制导，在 GPS 不可用环境下，识别并精准定位静止目标、移动目标及可重新定位的目标。

（三）基于图像和视觉的新型导航技术，或将为精确制导武器提供新导航方式

视觉导航依据视觉图像，利用图像处理、计算机视觉、模型识别等相关技术获取运动体的运动信息和空间位置信息，实现导航定位。2016 年美国空军研究实验室 Alt - Nav 团队研究出了多孔相机试验装置，多孔视觉处理系统通过观察穿过所有孔径的光流进行精确运动估计，实现了多孔相机扩展视觉辅助导航。科学系统公司获授一份 1160 万美元合同，对美国空军采用 GPS 导航的小直径炸弹“增量 1”进行基于图像导航的演示验证。正在开发的基于图像的导航技术和精确瞄准系统，可用于无人机、巡航导弹和其他平台，“图像导航”（ImageNav）系统利用飞行平台的传感器，将飞行路径与已知的地形数据库进行比对。此外，人工智能和机器学习等的发展对于图像、视觉导航技术的发展具有重大意义。美国国防部战略能力办公室正聚焦于利用智能手机的相机等商业现成系统，以模块化工具包的方式，为现有的制导武器装备如小直径炸弹提供先进导航能力，该模块化工具包可以捆绑在不同的武器上实现不依赖 GPS 的导航。

三、大力降低传统动力系统成本，全面提升系统性能，高超声速动力技术发展进入工程研制阶段

动力技术作为导弹的核心技术在世界各国武器装备升级换代中发挥了重要的推动作用，随着技术的发展，具有作战灵活、命中精度高、突防能

力强、适合远程作战等特点的精确制导武器的性能也得到了快速提升。

（一）武器装备需求牵引亚声速动力向低成本方向发展，耐高温材料技术进步推动涡轮发动机性能提升

2016年7月，媒体披露美国空军推进技术研究实验室领导的“通用可承受先进涡轮发动机项目”（VAATE）Ⅲ阶段的新一轮目标，是使飞航导弹、无人飞行器和空间武器所使用的涡轮发动机达到更高的效率、速度，同时拥有更低的重量和成本，到2017年将成本降低至2000年的基线发动机的1/10。俄罗斯对“第二代”弹用涡扇发动机的研发工作也高度重视，代号P125－300的低成本弹用涡扇发动机自2000年左右开始研制，目前已经进入试验验证阶段。该发动机零件数量少、结构简单、尺寸小、质量轻，生产工时少（仅1038小时），成本降低显著。2016年8月，美国NASA称其研究人员正在研究涡轮发动机部件用高温材料——陶瓷基复合材料（CMC），用来替代目前涡轮发动机普遍使用的镍基高温合金。提高涡轮进口燃气温度对于改善发动机性能具有极其重要的意义，根据计算，在发动机尺寸不变的条件下，涡轮进口燃气温度每提高55℃，发动机推力约提高10%。

（二）高超声速导弹重要性获普遍认可，各国加强推进高超声速技术研究

目前，美、俄、欧、日等国家和地区均参与到高超声速导弹的研制中，形成了群雄逐鹿，美国领跑的竞争态势。2016年9月至10月，美国“战术助推滑翔”项目和“吸气式高超声速武器方案”项目合同的授予表明，这两项高超声速打击武器演示验证项目均已完成初始设计评审，顺利进展到第二阶段。为配合武器系统层面演示验证的进度，美国空军研究实验室正在同步推进超燃冲压发动机、热防护结构与材料、导引头、引战等方面的关键技术攻关。俄罗斯积极推进战术射程的“锆石”高超声速巡航导弹和战略射程的4202助推滑翔武器发展，2016年成功完成海军“锆石”导弹首次陆基试射，连续两次成功完成助推滑翔武器YU-71飞行试验，并披露了4202项目下的另一飞行器YU-74。此外，俄罗斯和印度正在联合开发巡航速度马赫数6~7的“布拉莫斯”-Ⅱ高超声速巡航导弹，预计将在2017年进行试飞。法国国家航空航天研究院（Onera）正在开发能使导弹以马赫数8或更高速度飞行的超燃冲压发动机，并开展相关试验台的建设工作。

四、完善与发展数据链等武器网络化技术，加强移动目标打击能力和协同作战灵活性

（一）数据链及相关网络化技术持续发展，性能提升成发展重点

数据链及相关网络化技术作为链接数字化战场上指挥中心、作战部队和武器平台之间的一种信息处理、交换和分发的关键技术，在世界各国的精确制导武器中得到了广泛应用，成为精确制导武器能力提升的“倍增器”。美国尤其重视数据链及组网技术的发展，2016年美国还陆续开展了一系列新型通信网络技术的研发以及相应的技术验证项目，如“极端射频频谱条件下的通信”（CommEx）项目和“基于任务优化的自适应动态组网”（DyNAMO）项目等。DyNAMO项目希望获得能够使现役静态网络之间互连和能够与未来自适应网络实现互连的技术，项目所开发的技术将在DARPA的“竞争环境中（C2E）的通信”项目所开发的射频硬件上进行验证。CommEx是针对Link 16战术数据链的升级计划，将针对变化的干扰技术提供保护。英国航空航天（BAE）系统公司将为美国海军开发的“网络战术通用数据链”（NTCDL）系统，为美国海军提供多源实时ISR数据同步收发

能力和跨网指控信息交换能力，使美国海军实现海量 ISR 数据的跨平台和跨网络共享。

（二）应用网络化技术的精确制导武器，将提升多个现役型号作战能力

应用数据链等网络化技术，提升精确制导武器网络化、体系化作战能力，加强移动目标打击能力和协同作战灵活性，已成为精确制导武器发展的重要方向。2016 年，美国海军基本完成为 JSOW 导弹和“捕鲸叉”导弹增加网络化作战能力的工作。2016 年 6 月，宣布 JSOW C－1 达到初始作战能力（IOC），成为美国海军首个网络化武器。2016 年 5 月，完成机载“捕鲸叉”BlockⅡ＋适装 F/A－18E/F 战斗机的飞行试验，预计 2017 年秋季进入服役。JSOW C－1 和捕鲸叉 BlockⅡ＋均加装了双向常规打击武器数据链路（SCWDL），通过 Link 16 网络无线电和高级定位算法使两型导弹可以即时接收实时更新的目标信息，也使本为空地导弹的 JSOW 导弹具备了打击移动舰船的能力。“战术战斧”导弹也加装了 SCWDL 数据链。双向数据链的应用使得导弹成为现代信息化战争网络中的有机节点，能够实时获取目指信息，提供打击效果评估，实现时敏目标打击和战场无纵深“发现即摧毁”的作战目标。

五、发展与应用前沿技术，有望给精确制导武器提供颠覆性发展途径

随着精确制导武器及其攻防体系的不断完善与发展，精确制导武器作战使用全流程面临着诸多威胁与挑战，这对其功能与技术性能提出了新的发展要求，而传统技术手段遭遇到了发展瓶颈。微系统、综合射频、增材制造、量子技术等前沿技术的发展与应用，将给精确打击武器性能提升、

功能拓展、成本与尺寸降低等提供变革性解决途径，获得颠覆性作战优势。这使得2016年前沿技术的发展与应用，成为精确制导武器技术研究领域新热点。

（一）国外综合射频技术中的关键技术取得重要进展，将会深刻影响射频技术发展

伴随着集成电路等技术的快速发展，国外综合射频技术呈现较快发展态势，其关键技术取得重要进展，将会深刻影响射频技术发展，乃至推动产品形态的变革。2016年5月，媒体披露DARPA“射频任务操作中融合的合作式单元”（CONCERTO）项目情况，项目将在4年内分三个阶段实施，以发展能够在通信、雷达和电子战模式之间自适应和灵活切换，可以配装小型平台的射频系统。2016年9月，BAE研发出0～20吉赫可重置射频芯片，研发出能够显著提高雷达系统性能的新型多用途芯片，支持电子战和通信系统的快速自适应。

（二）大型装备制造企业探索应用增材制造技术，实现制造工艺和流程新突破

增材制造技术有望颠覆以往的导弹制造流程，通过增材制造技术一次成型，实现结构、动力、材料环境特性等参数要求。2016年，雷声公司已经在导弹部件的制造中使用增材制造技术，如电子电路、结构件等，并应用到“爱国者”导弹、“神剑”精确制导炮弹等装备上，考虑为导弹制导系统打印电路、为雷达打印微波组件，期望未来打印出完整的导弹。洛克希德·马丁公司利用增材制造技术制造了“三叉戟”2/D5导弹电缆盖板，所用时间比传统方法缩短了一半。欧洲导弹集团也计划在其武器上使用增材制造技术生产的组件。轨道ATK公司成功试验了采用增材制造技术的高超声速发动机燃烧室。

（三）量子技术应用探索取得实质性进展，在精确制导武器领域有广泛前景

量子信息科学作为量子物理与信息技术的结合体，通过全新的信息处理方式，可以突破经典信息系统的性能极限，被认为具有经典信息无法比拟的技术优势和发展前景。目前，量子芯片计算、量子通信、量子雷达、量子导航等相关技术已成为精确制导武器重点关注的方向。2016 年 8 月，美国马里兰大学研制出 5 量子位可重新编程量子微处理器，有望帮助运行大量复杂的仿真程序，快速给出传统计算机难以计算问题的结果。2016 年 8 月，俄罗斯首个多节点量子网络项目启动，该项目由 KNRTU – KAI 量子中心和 ITMO 大学学者在“Tattelecom”通信网络的基础上进行研制，将在现有的通信基础设施中安装一体化量子信道装置，并进行相关技术试验。2016 年 10 月，美国宇航局喷气推进实验室（JPL）、卡尔加里大学和美国国家标准技术研究所（NIST）的研究人员，第一次成功地利用普通的城市光纤网络，将一个光子的量子态传送到超过 6 千米距离外，在量子传送上取得了重大突破。

此外，2016 年 3 月，DARPA 微系统技术办公室选定诺斯罗普·格鲁曼公司开发基于 MEMS 的新一代惯性测量单元，该系统通过加速度和角速度测量，为飞控系统导航提供数据输出。该精确制导弹药导航级惯性测量单元项目旨在通过集成先进的 MEMS 惯性传感器，开发低成本、小尺寸、低功耗的小型化导航级惯性测量单元。2016 年 5 月，DARPA 展示了涉及先进通信、成像、信息处理、颠覆性微电子技术等微系统项目，并将其视为影响未来武器装备发展的创新技术。

（中国航天科工集团第三研究院三一〇所　朱爱平）

2016年先进防御领域科技发展综述

随着空天威胁的持续升级，2016年世界主要军事国家面向带有先进突防手段的弹道导弹、远程巡航导弹、低成本火箭弹和迫击炮弹、小型无人机等威胁目标，全面推进先进防御技术发展，在防空反导、一体化指挥控制、定向能、反无人机等技术领域进展显著，为未来空天作战样式转变奠定了技术基础。

一、反导拦截技术继续升级改进

当前，动能拦截作为弹道导弹防御的主要技术手段，成为世界各军事强国竞相发展的重点。美国在该技术领域长期保持领先优势，其构建的以动能拦截武器为核心的弹道导弹防御系统已具备有限的弹道导弹防御能力，但作战可靠性与应对复杂威胁目标的能力尚需提升。针对上述问题，2016年美国重点围绕新型杀伤器技术、姿轨控技术、动能拦截武器动力技术等方面开展了一系列的研究工作，并取得了诸多进展。

（一）研发新型杀伤器技术解决目标识别问题

美国正积极研发新型杀伤器技术，以解决现役弹道导弹防御系统中的目标识别问题，应对采用先进突防手段的威胁目标。一是继续推进“重新设计杀伤器”（RKV）技术研发。RKV 将具备与“地基中段防御”（GMD）火控系统之间的实时通信能力，提升 GMD 系统中地基拦截弹上“大气层外杀伤器”（EKV）的可靠性。导弹防御局计划对现有 EKV 组件进行模块化重新设计，并改进红外导引头以提升目标捕获和识别能力。二是公布“多目标杀伤器”（MOKV）研发进展。MOKV 旨在研发一种可对弹道导弹分导多弹头和诱饵进行拦截的杀伤器，能够在空中释放6 个独立的杀伤器，实现用多个独立杀伤器拦截多弹头或诱饵，大幅提升反导效率。导弹防御局计划于 2017 年开展 MOKV 通信和控制系统的数字及半实物仿真，研发通信架构和制导技术。

（二）改进姿轨控技术提高拦截弹可靠性

姿轨控系统是动能拦截弹实现高机动能力、直接碰撞杀伤目标的关键组件，美国正积极开展姿轨控技术的改进与验证工作，提高系统可靠性。一是完成对地基拦截弹改进型姿轨控系统的技术验证。2016 年 1 月28 日，导弹防御局通过 GMD 系统飞行试验对重新设计的 EKV 轨控发动机进行了性能评估。二是推进固体姿轨控发动机技术研发。美国“标准” -3 导弹上的固体姿轨控系统代表了最新技术发展水平。喷气 · 洛克达因公司正在改进“标准” -3 Block 1B 导弹节流式固体姿轨控发动机，计划 2018 年应用于“标准” -3 Block 2A 导弹。导弹防御局也启动了可长时间工作的第三代固体姿轨控发动机的研制工作。

（三）采用新型动力技术满足实战需求

动力技术的水平直接影响动能拦截弹的作战能力，美国一方面继续改进升级现有动力系统，增强拦截弹的实战稳定性；另一方面，积极开展新型助推器研究，拓展防御能力。2016 年5 月，导弹防御局通过控制飞行试验，验证了“标准”-3 Block 1B 导弹改进型 MK136 第三级火箭发动机喷嘴的性能，进一步证明了该型导弹在不同飞行场景下的实战能力。为增强地基拦截弹的生存能力、缓解当前的组件老化问题，拓展本土防御能力，导弹防御局决定研发升级版战术型地基拦截弹助推器，计划采用两级或三级可选的使用模式，拓展交战时间线、扩大作战空间。

二、高效费比近程末端防空技术持续发展

防空作战的经济性正面临极大挑战，用传统防空导弹拦截低成本的无人机、火箭弹、火炮与迫击炮等目标会造成附带损伤大、作战成本高、作战效率低等不利影响。2016 年，欧美国家针对未来防空作战需求，积极推动防空技术创新，研究防空技术新方案，开展相关试验，为新型防空武器系统提供低成本、多功能、机动灵活的作战能力。

（一）利用微型直接碰撞杀伤技术降低附带损伤

洛克希德·马丁公司研发的微型直接碰撞杀伤技术，可使导弹在获得相同射程、杀伤性能的同时减小外形尺寸，降低附带损伤。2016 年 4 月，美国陆军在白沙导弹靶场利用多任务发射架成功进行了洛克希德·马丁公司研制的“微型直接碰撞杀伤”（MHTK）导弹发射试验，验证了 MHTK 导弹的敏捷性和气动性能。MHTK 导弹可对来袭的火箭弹、火炮与迫击炮进行拦截，避免传统防空导弹高爆杀伤带来的附带损伤。

（二）验证超高速制导炮弹技术快速形成低成本作战能力

美军提出的超高速制导炮弹（HVP）是一型可由电磁导轨炮、127 毫米和 155 毫米舰炮、155 毫米榴弹炮共同使用的 GPS 制导炮弹。随着相关技术的发展成熟，2016 年美国国防部战略能力办公室将超高速制导炮弹作为其

颠覆性武器计划“超高速火炮武器系统”的核心组成部分，计划集成海军电磁导轨炮和 HVP 的技术成果，将 HVP 技术移植到传统火炮上，以提升现役海军和陆军火炮防空反导、反舰、对陆攻击、火力压制等多任务能力。美国陆军于 2016 年 1 月用陆军 M109A6“帕拉丁”155 毫米自行榴弹炮进行了实弹射击试验，验证了 HVP 技术可提高炮弹的初速度与射程。

（三）发展模块化防空导弹技术提高作战灵活性

为提高未来防空作战的经济性与灵活性，欧洲导弹公司提出全模块化防空导弹概念，使导弹由战斗部、导引头、动力装置的模块化向全模块化发展。2016 年，欧洲导弹公司在柏林航展首次展示了新型近程、超近程防空导弹系统解决方案。该方案采用全模块化设计，充分利用现有子系统和相关部件，可与“战术防空系统”架构无缝集成，实现对近程和超近程威胁目标的侦察与拦截。这种新方案能集成至不同平台，提供高机动防护能力。

三、一体化防空反导指控技术得到试验验证

一体化防空反导指控技术可打破防空反导系统独立作战的模式，针对不同威胁目标，对传感器、拦截火力单元等防空反导作战资源进行整合，实现跨区域、多军种、多国联合作战，在提高防空反导作战灵活性的同时扩大防御区域。2016 年，美国陆军和海军的防空反导一体化指挥控制技术进展显著，多项关键技术与能力得到试验验证。

（一）美国陆军利用一体化防空反导技术实现导弹双拦

2016 年 4 月 8 日，美国陆军利用“一体化防空反导指挥控制”（IBCS）系统，将“哨兵”雷达和“爱国者”雷达提供的目标跟踪数据集成，引导

一枚“爱国者” –3 导弹和一枚“爱国者” –2 导弹分别拦截了弹道导弹和巡航导弹靶弹，验证了对两类目标识别、跟踪和指挥控制拦截武器作战的能力。此次试验所用 IBCS 系统还集成了美国海军陆战队“战术空中作战模块”，为联合指控态势感知提供支持。IBCS 系统可取代 7 个传统的指挥控制系统，通过使用开放体系架构可集成当前及未来的武器系统和传感器，未来或将接入更高级别的弹道导弹防御系统中。

（二）美国海军利用机载火控雷达引导导弹拦截目标

美国海军的“海军一体化火控—防空”（NIFC – CA）系统可集成“协同交战能力”（CEC）系统、E –2D 预警机、“宙斯盾”系统和“标准” –6 导弹等，形成分布式、网络化的舰艇编队防空作战系统，实现远程交战和超视距防空作战。2016 年 9 月 12 日，美国海军在白沙导弹靶场成功进行 F –35战机与 NIFC – CA 系统的首次实弹协同拦截试验。试验中，“标准” –6导弹利用 F –35 战机提供的目标信息成功拦截一枚视距外的巡航导弹靶标，为美国海军扩大防空作战覆盖区域、缩短打击链反应时间奠定了基础。

四、定向能技术工程化进度不断加快

近期，以激光、高功率微波为代表的定向能技术发展日趋成熟。由于具有打击速度快、软硬杀伤兼备、附带损伤小、使用成本低、抗干扰能力强等优点，定向能武器被世界军事强国视为未来重要的作战武器之一。2016 年，美国、俄罗斯、欧洲等国在定向能技术的作战应用领域取得的进展值得关注。

（一）激光武器技术实战化应用步伐逐渐加快

美国、俄罗斯以及欧洲国家先后公布了其激光武器研制进展，标志着激光武器技术已由研发阶段进入应用阶段。美国陆军和海军分别利用其激光武器样机摧毁了四轴无人机目标，导弹防御局计划将激光武器用于助推段反导；俄罗斯为激光武器研制新一代载机，计划用激光武器摧毁包括近地轨道卫星在内的作战目标；欧洲导弹公司发布了可安装在海基和陆基平台上的激光武器方案设想，该系统将实现对无人机、火箭弹、迫击炮弹等敏捷目标的全方位防御。

（二）高功率微波技术多用途化趋势明显

雷声公司将为美国空军研发尺寸更小、功率更高的下一代高功率微波技术，推进“反电子系统高功率微波先进导弹”（CHAMP）系统的小型化，以便装备多种平台。美军正在研究高功率微波反爆炸物装置，该系统可发射特定频率的高功率微波，能远距离引爆简易爆炸装置。俄罗斯计划为第六代作战无人机安装微波武器，该微波武器能使飞机的电子设备失效，可攻击数十千米半径范围内的目标。

五、多元化反无人机技术受到多国关注

伴随无人机技术的快速发展与扩散，各国对反无人机能力的需求迅速上升，反无人机技术成为防空领域的发展热点。2016 年的进展主要集中在反无人机技术的试验与新方案的提出。

（一）试验验证多项反无人机技术

2016 年 2 月，美国陆军宣布将对“反无人飞行器系统移动集成能力”研究项目进行网络集成评估试验，用于为旅级作战部队配备反小型无人机

的近程防空武器。该系统使用 AN/TPQ－50 雷达对无人飞行器进行探测跟踪，用非致命性毁伤和动能杀伤两种方式拦截目标。此外，美国陆军还首次公布了“移相器”高功率微波武器样机拦截小型无人机目标的防空试验情况。试验中，“移相器”系统不但可在发现无人机后迅速将其瘫痪，还可同时击落多架无人机。

（二）反无人机技术新方案不断涌现

俄罗斯开发的一种高能微波地基反无人机武器系统，利用高能微波干扰、摧毁无人机上的电子设备和弹头，可帮助“布克”防空武器系统攻击无人机及高精度武器电子设备。以色列拉斐尔公司推出新型“无人机穹顶”反无人系统，采用战术空中监视雷达和光电传感器探测跟踪无人机，通过阻断 GPS 或目标频段信号阻止目标行动。空客公司的无人机探测与压制系统配用多功能干扰装置，通过采用超快速可扩展多用途雷达和数字接收与信号处理技术，可快速对操作无人机的频率进行干扰，还可结合其他电子对抗技术获得目标详细信息。

（中国航天科工集团第二研究院二〇八所　张梦湉）

2016年自主系统与人工智能领域科技发展综述

2016年，自主系统与人工智能领域科技整体呈现爆发式发展。在国防科技领域，作为“第三次抵消战略”的重要能力支撑，美国特别重视对人工智能/自主技术进行超前部署、重点培育，并积极将人工智能/自主技术嵌入到太空、空中、地面、海洋、电磁等作战域内的作战体系，提出了“分布式作战”“蜂群”等一系列新型作战概念，推动了“认知电子战”“智能化导弹”“无人自主空中加油”等相关项目的部署，加快了人工智能/自主技术向武器装备的转化进程。

一、积极开展顶层战略谋划，明确人工智能技术重点关注方向

人工智能是第三次工业革命以后科技发展的战略制高点，其迅猛发展决定未来智能化战争的胜负，受到各国政府高度重视。

（一）美国立足当前人工智能技术发展及应用所面临的机遇和问题，积极完善人工智能发展战略

2016年10月，白宫发布了两份人工智能领域发展规划报告：《为未来人工智能做好准备》和《国家人工智能研究与发展战略规划》。前者调研并

分析了当前人工智能技术的应用情况，指出未来人工智能技术发展及应用所面临的机遇和问题，并对其在特定领域的应用提出进一步规划意见；后者从国家预算规划层面，提出了人工智能技术研究与发展战略，确定了美国政府未来的投资重点。2016 年 12 月，白宫发布《人工智能、自动化和经济》报告，讨论了人工智能驱动的自动化对经济的预期影响，并描述了可以增加人工智能益处并降低其成本的广泛战略。

（二）日本强调以革命性人工智能技术为核心，强化在多领域的应用研究

2016 年 5 月，日本启动“人工智能/大数据/物联网/网络安全综合项目”（AIP 项目），提出利用快速发展、日益复杂的人工智能技术，开发出能利用多样化海量信息的综合性技术。AIP 项目旨在以革命性人工智能技术为核心，结合大数据、物联网和网络安全等领域开展研究。8 月，日本防卫省发布了第二次世界大战后首个军事技术发展顶层战略——《防卫技术战略》，首次制定未来 15 ~ 20 年关键技术领域发展重点和路线图，强调发展人工智能技术的重要性。

（三）俄罗斯批准“军事科学综合体构想”，强调人工智能将成为未来战场的关键因素

2016 年 3 月，俄罗斯国防部长批准了《2025 年前发展军事科学综合体构想》。俄罗斯军事科学委员会主席伊戈尔·马库舍夫表示，该构想提供了一套建设军事科学机构和人才培养的实施方法，旨在提高研究团队的研发和攻关能力。该构想将分三个阶段开展实施，到 2025 年完成对军事科学复杂机构的调整，建立新的研究机构并且改革现有部门，提升科研能力，实现试验和检测设施的现代化，扩大科研机构和其他军事部门和各部委之间的合作，重点关注人工智能等前沿颠覆性技术的发展应用。

（四）欧洲发布战略研究报告，分析人工智能未来应用及可能造成的伦理道德问题

欧洲人工智能技术紧密结合工业生产，研发实力雄厚。早在2014年便启动了全球最大的民用机器人研发计划，以增强欧洲工业竞争力。2016年11月，英国政府科学办公室发布关于人工智能技术未来发展影响的报告《人工智能：机遇与未来决策影响》。该报告从未来人工智能在政府应用、对创新力和生产力的提高，以及对经济和劳动力市场的影响等方面进行调研分析，并建议政府采取措施有效监管人工智能技术可能带来的伦理道德问题。

二、深度学习、脑科学等人工智能基础科研领域取得突破性进展，人工智能技术在武器装备发展中的基础性支撑地位逐步显现

2016年以谷歌“阿尔法狗”（AlphaGo）、美国国际商用机器公司（IBM）“类脑芯片”为代表的人工智能技术典型应用声名大噪，深度学习、脑与认知、模式识别、人机交互等人工智能核心技术在军事领域的应用前景逐步显现。

（一）基于神经网络技术发展，深度学习算法层出不穷，平台框架开源是未来发展趋势

2016年3月，谷歌“阿尔法狗”战胜世界围棋冠军、职业九段选手李世石。“阿尔法狗”所利用的深度神经网络和蒙特卡罗树搜索相结合的方法，代表了一种广义的博弈决策系统，类似的系统会很快用于自主化无人平台、文字与图像情报的获取分析、雷达信号处理，以及网络战等军事应用中。6月，美国辛辛那提大学开发的人工智能系统“阿尔法”，在空战模

拟对抗中击败了有预警机支持、空战经验丰富的美国空军退役上校。“阿尔法”核心算法采用遗传模糊技术，其调整战术计划的速度是人类的250倍，从传感器搜集信息、分析处理到做出正确反应，整个过程不超过1毫秒，可在与人类飞行员的对抗中学习人类指挥决策经验，并可协调队友，观察学习敌方战术，该技术是人工智能在指挥控制领域的重大突破。8月，美国发布“可解释的人工智能”（XAI）项目跨部门公告，其核心是寻求创建机器学习与人机交互工具，使依赖于人工智能系统决策、建议或行动的终端用户能理解这些系统做出相关决策的原因。截至2016年，谷歌、脸谱、微软等已将自己的深度学习平台框架开源，核心目的是为了扩大市场、吸引人才、加速创新，促进技术快速发展。

（二）脑科学与人工智能呈现融合趋势，“混合智能”或成为新的技术突破点

脑图谱绘制、认知计算、仿脑、脑控等技术的发展提升了机器认知能力，为脑科学的军事应用奠定了基础。2016年1月，美国国防高级研究计划局（DARPA）研发一种可植入人脑的先进设备，通过采集大脑皮层神经系统活动产生的脑电信号，经放大、滤波后，将其转化为可被计算机识别的信号，从中辨别人的真实意图。该技术具有大量潜在应用价值，例如旨在提高和恢复人类工作效率的可穿戴机器人技术。10月，DARPA在白宫前沿技术会议上首次演示验证了一项脑机接口技术，通过与机械臂连接的脑神经接口系统实现了人脑与机器之间的双向通信能力，即输出信号用于控制运动而输入信号用于获得感觉，该技术为赋予未来武器装备作战系统智能化奠定了基础。12月，美国明尼苏达大学发表研究成果：普通人通过无创、头戴配有64电极帽子（EEG）的方式，凭借意念在复杂的三维空间控制无人飞行器。

2016年脑机接口领域研究成果丰硕，美国空军研究实验室利用IBM研发的“神经形态仿人脑芯片”（True North）在雷达生成的航空影像中成功甄别出了军用车辆和民用车辆。该芯片并未遵循冯·诺依曼架构，而是模仿了人类大脑的神经元结构，研究者在该芯片上设计了一百万个基本单元来模拟哺乳动物大脑中的神经元，并通过两亿五千六百万个“突触”相连接，其95%的极高精准度足以媲美常规高性能计算机，但能耗却只有后者的1/20。

（三）面向特定任务的模式识别取得突破性进展，基于深度学习、人脑和生物机理启发的模式识别技术将是未来重点方向

2016年，得益于深度学习和大数据，面向特定任务的模式识别取得突破性进展，有的性能可与人媲美。脸谱公司与谷歌公司合作推出了通用计算机视觉开放平台，并推出了智能照片管理软件Moments，应用人脸识别、图像分类、目标检测等计算机视觉算法帮助用户智能分类管理照片。苹果公司发布了其首份关于人工智能的学术论文，描述了在计算机视觉系统中提高图像识别的方法——“模拟+无监督”学习方法，即通过计算机生成图像或合成图像来训练算法的图像识别能力。这种“模拟+无监督”学习需要依赖生成式对抗网络（GAN）的新机器学习技术，可以通过两个神经网络相互对抗以生成更加真实的图像。9月，谷歌发布重磅语音技术WaveNet，通过对获得的语音样本进行高达每秒16000次的重新采样，WaveNet可以产生更为逼真的语音，这种方法是目前文本到语音环节最好的深度生成模型。10月，微软研究院提出了100多层的卷积神经网络，将ImageNet数据集分类任务Rank-5的错误率降低至3.57%，其结果已经超越人类。

（四）人机交互逐步深入，人工智能和神经科学等充当人机深度理解的重要技术支柱

人工智能、神经科学技术的进步极大促进了计算机对人的理解，使人机交互更加自然、更为直接。基于人工智能和神经科学技术的发展，人与智能机器的关系总体从单纯的控制关系向更复杂的协作关系发展。2016 年 1 月，DARPA 提出“神经工程系统设计”（NESD）项目，旨在开发一种具备生物相容性的设备，体积约 1 厘米^3，该系统将能实现与大脑指定区域中任意多达一百万个神经元中的任何一个进行清晰且独立的通信，以提高脑机通信水平。12 月，DARPA 启动“进攻型蜂群使能战术”（OFFSET）项目，旨在研究和验证用于上百个无人空中或地面系统作战的“蜂群”战术，提供解决缺乏“蜂群”作战管理与交互技术以及多场景下快速开发和共享“蜂群”战术的方法。

三、瞄准未来作战需求，人工智能技术持续推动各作战域内无人自主系统发展，跨域协同、智能集群作战是当前及未来一段时间的发展热点

2016 年在美智库战略与国际研究中心举办的“第三次抵消战略”论坛上，美国国防部副部长沃克指出，“第三次抵消战略”的最初想法是把人工智能和自主性等方面的所有技术发展嵌入到美国国防部的作战网络中，使美国的传统威慑能力登上一个新的台阶。国防部在该领域主要关注五种技术，包括处理大数据和决策模式的自主学习系统、与实时决策相关的人机协作技术、外骨骼或可穿戴电子产品辅助作战技术、先进的人机协同作战技术、网络赋能自主式武器技术等。未来美军拟将上述人工智能及自主技

术嵌入到传感器网格、C^{4}I 网格、作战效果网格和支持保障网格，带来作战能力的大幅提升，以提高与他国的不对称作战优势。

（一）在新作战概念及自主与人工智能技术推动下，军机装备的无人化正加速发展，人机协作及空中无人自主系统集群作战样式已初露端倪

2016 年 5 月，美国空军发布首份专门针对小型无人机系统（SUAS）的规划《2016—2036 年小型无人机系统飞行规划》；6 月，美国国防科学委员会（DSB）发布的关于自主技术的研究报告为美国无人机未来发展提供了宏观政策性指导和技术性建议；10 月，美国国防部长办公厅战略能力办公室完成了 3 架“大黄蜂”（F/A－18F）战斗机编队投放 103 架“山鹑”小型无人机并形成“蜂群”的演示，显示美军空射微型无人机群离实战化又前进一大步；11 月，DARPA 公布了“灵活编组”项目，旨在发现、演示和预测通用化数学方法，实现高度灵活的人机混合编组的最优化设计，从根本上变革当前人—智能机器系统的设计规范，将其从单纯通过机器实现自动化和人类替代的模式，向高级协作、共同解决问题的集成架构转变，从而利用人工智能技术实现未来人机协同作战。

（二）地面无人自主系统从研制到实用仍有较大距离，人在回路中的半自主使用方式是当前一段时间的主要选择

地面无人自主系统在全自主模式下运行时需具备复杂环境理解能力、及时响应能力及意外事件特殊处理能力，这都对地面无人自主系统提出了极高要求，目前全自主模式仅能够在特殊场景下有限使用。2016 年 7 月，美国陆军在演习中测试了一款名为“多用途无人战术运输”（MUTT）的地面无人车辆，其最大优势在于具有很好的静音功能以及非常便捷的控制方式。8 月，麻省理工学院和 DARPA 的研究人员研发出一种单芯片激光雷达传感器，其体积非常小，可以在 10 美分硬币表面摆放多个激光雷达传感器。单颗芯片上的激光雷达传感器生产成本约为10美元，由于没有移动部件，传感器速度比当前机械激光雷达系统快1000倍，非常适合在短时间内追踪小物体。

（三）自主及人工智能技术推动水下、水面分布式作战能力提升，海洋无人自主系统由强调单个平台功能最大化转向重视组网集群、跨域协同能力方向发展

水下领域的战略价值受到各军事强国高度重视。2016年5月，DARPA发布分布式敏捷反潜系统（DASH）中潜艇风险控制（SHARK）子系统。该系统由多个水下无人自主系统组成，通过信息中继单元实现组网，以集群的方式工作于深海区域，可通过接力方式或者是形成探测栅栏，实现对敌方潜艇的探测。8月，“黑翼”（Blackwing）潜射无人机成功演示了有人驾驶潜艇和多艘无人潜航器间的信息中继传输。“黑翼”能为潜艇、无人潜航器（UUV）、水面舰船提供高速数据和信息传输，并通过Link 16数据链向其他飞机提供目标信息，也能配备武器为在近岸作战的潜艇提供附加帮助，其可搭载于潜艇，还可从海底载具中发射，为深海预置平台提供了一种可搭载载荷。9月，美国海军发布《水下战科学与技术目标》，指出“自主性与无人系统是促进多领域作战的关键力量倍增器，将广泛应用于水下战领域”。

水面无人自主系统发展重点关注反潜及水面集群作战能力。2016年6月，美国完成了“海上猎手”号反潜持续跟踪无人艇（ACTUV）的初始性能测试，12月开始海试。该无人艇通过先进水声学、模式识别及无人导航算法来定位和跟踪敌方柴电潜艇，并可以迫使敌方潜艇离开战略重要地区。10月，英国4艘“搭载传感器的无人远程艇”（SHARC）在演习中成功探测并追踪到一艘先进无人潜航器及一艘常规潜艇，证明了无人水面艇自主执行反潜作战任务和实时交换数据的有效性。从工程角度看，目前SHARC无人艇已经实现与P-8“波塞冬”反潜机的集成。

（四）人工智能技术引入网络战、电子战等信息及电磁对抗领域，强调实时动态学习及快速响应能力，有望解决复杂电磁环境下精确态势感知难题

2016 年 3 月，DARPA 宣布了“频谱协同挑战”计划，旨在利用新兴的机器学习工具，开发能够实时适应拥挤频谱的智能系统，提高整体无线信号传输。机器学习的方法将会取代过去为特定使用分配专用频率的方式，采用刚性构架，不同用户之间通过利用机器学习或其他人工智能工具实现频谱共享，这将有助于管理频谱“交通”。2016 年，美军在认知电子战领域取得重大进展，“行为学习自适应电子战”（BLADE）项目系统首次进行了飞行试验；“自适应雷达对抗”（ARC）项目在实验室环境中验证了原型样机对未知雷达信号的自适应响应能力，同时美军计划将已取得的认知电子战研究成果应用到 F－35 战机和“下一代干扰机”（NGJ）上。

四、结束语

人工智能被视为“改变游戏规则”的颠覆性技术，其发展和应用可实现武器装备非连续、超常规、跨越式发展，并催生出一批新型作战力量，推动作战样式、战争形态变革。信息时代的体系化战争，交战双方的核心竞争发生在认知领域，作战样式正由平台中心化向网络中心化转变，作为智能化战场上的关键使能技术，人工智能正深刻影响着未来作战样式演变、装备体系建设及技术发展方向。

（中国航天科工集团第三研究院三一〇所
申超　葛悦涛　李磊　吴洋　王雅琳）

2016 年国防生物与医学领域科技发展综述

生物和医学科技是继信息技术之后最具潜力和创新活力的领域，在科技发展创新图景中的引领作用日益明显。根据近年来世界主要国家和知名智库的技术预见研究成果，未来 10 年生物和医学领域有多个技术集群可能取得颠覆性突破。2016 年，世界主要国家高度重视生物交叉科技的战略布局和前沿技术探索，并在生物安全、脑与认知神经科学、生物材料、仿生技术、军事生物能源、生物电子等领域取得重要进展。

一、外军加大生物和医学战略性前沿技术的探索和布局

以美军为代表的发达国家军队高度重视生物和医学科技的军事应用。美国国防部和各军种都有各自的科技战略规划，如《国防部科技战略与优先领域》、《国防高级研究计划局战略规划》等。综合分析这些规划可以看出，美军高度倚重信息技术对军事变革的引领作用，生物科技在 2050 年前仍以基础研究为主，局部领域有望转化为关键技术，主要体现为信息化与生物化融合发展态势，生物科技的地位和作用逐步得到凸显。

作为美军高技术研究风向标的美国国防高级研究计划局（DARPA）着眼于未来战争与国防战略需求，一直重视生物和医学科技在军事领域的应用，2014年成立生物技术办公室，重点进行战略性生物和医学科技军事应用的前瞻布局和管理，聚焦于脑科学、生物安全、战场伤病救治和军事作业医学四大战略性方向，2016年在研项目达到28项，以士兵强健和能力提升为重点，前瞻性和探索性都非常强。脑科学领域以解决战创伤康复为需求牵引，重点进行脑机接口研究，系统开展“革命性”假肢、记忆恢复、神经可塑性训练和治疗技术的研究，“革命性”假肢的研究成果——“DEKA手臂系统”（DEKA Arm System）于2014年获得FDA批准，成为第一种通过肌电信号控制动作的假肢。生物安全领域重点探索方向包括威胁快速评估、生物合成和制造、疫苗快速生产、自动化诊断等。军事作业医学则以特殊自然环境和复杂军事环境士兵能力维持和提升为重点，重点研发战斗力恢复与增强、应对各种威胁的士兵健康维护等技术。总之，美军已经高度认识到生物和医学科技的巨大军事潜力，并将其提升到新的战略高度，列为顶级优先发展领域，相关前沿研究项目已经大规模部署，并取得了初步探索成果。

二、国际生物安全形势日趋多样复杂

2016年，国际生物安全形势继续呈现威胁巨大、影响深远、发展复杂的趋势，传统生物安全问题与非传统生物安全问题交织，外来生物威胁与内部监管漏洞风险并存，快速发展的生物技术展现对人类社会的颠覆性影响。

基因组编辑技术的逐渐成熟与广泛应用引发国际社会对其负面影响的

高度关注。2016 年 2 月 9 日，美国国家情报总监詹姆斯·克拉珀在向国会参议院武装部队委员会报告的年度《美国情报界全球威胁评估报告》中，将基因组编辑技术列为大规模杀伤性武器威胁。为加强两用性生物技术监管，2016 年 1 月，美国国家生物安全科学顾问委员会首次发布文件，建议奥巴马政府设立联邦顾问小组，帮助指导病原体“功能获得性”研究资助政策的制定。2016 年 3 月，美国国家科学院（NAS）专门召开会议，提出了“功能获得性”研究监管的 6 项政策选择。

国际生物恐怖袭击威胁仍然严峻，炭疽杆菌、蓖麻毒素等经典生物战剂，因具备易于获取、毒性高和损伤作用强等特点，易用于制造恐怖事件。在英国皇家国际事务研究所发表的《2016 年新发危险报告》中指出，恐怖分子一直渴望获得生物武器，基地组织曾试图招募有生物学博士学位的人员以达到获取生物武器的目的，一名基地组织成员还曾造访过英国生物安全三级实验室，希望获得病原体和炭疽疫苗。2016 年 2 月 26 日，美国国土安全委员会“应急准备、响应和沟通分委会”举行听证会，审查国家面临的恐怖袭击或自然破坏所带来的风险，以及公共和私营部门是否做好应对这些风险的准备。

实验室生物安全隐患仍然存在，病原体意外泄露或失窃可能带来生物安全危害，实验室生物安全监管漏洞不容忽视。2016 年 4 月，美国国防部总监察长发布了对国防部生物安全与生物安保实施情况的评估报告，揭示美军从事管制生物剂与毒素（BSAT）研究的生物实验室存在六方面安全问题，并提出了整改建议。

一些重要烈性传染病疫苗研究取得可喜进展。2016 年 1 月，美军华尔特里德陆军研究所宣布，初免—加强免疫埃博拉疫苗进入第二期临床试验阶段。2016 年 8 月 18 日，美军华尔特里德陆军研究所资助的 MERS 疫苗

“GLS－5300”正式完成Ⅰ期临床试验自愿者招募，成为世界上第一个进入临床研究的MERS疫苗。2016年10月，美国国家过敏和传染病研究所研制的DNA疫苗显示了对寨卡病毒的防护能力。

三、主要国家抢占脑与认知神经科学战略制高点

脑与认知神经科学涉及神经科学、认知科学、控制科学、医学、计算机科学和心理学等多个学科，是一门新兴、多学科交叉的前沿研究方向。现代战争对军人的心理应激和认知能力要求更高，最大限度地降低由于心理障碍、睡眠障碍、脑疲劳等对认知功能造成的负面影响，提高、延长军人的有效作战时间，是脑科学研究的重要领域，具有广阔的军事应用前景。在众多的脑科学计划部署中，各国军方关注的焦点则是希望脑科学研究成果在军事领域发挥作用，从而提升和增强士兵的认知能力。脑控和控脑技术是当前脑科学研究的重点，催生了人们对未来战争模式的思考，即实现由单兵直接作战发展到单兵通过脑机接口将思维传递给远在战场前沿的作战机器人，实现人脑远程控制机器人作战的模式，从而打造基于脑联网的颠覆性未来作战平台系统。此外，脑科学研究领域的进步将会提高武器装备性能，包括用于直接控制硬件和软件系统的脑机界面。脑科学技术进步有可能开发出阅读提取人的思想信息的技术，并广泛应用于情报搜集领域，推动心理战、情报战的升级，从而推动“大脑战”“制脑权”等理论的发展。2016年1月，DARPA斥资6200万美元研究一种可植入人脑的先进设备，人类大脑直接与计算机对话，该技术的未来应用，使研制可穿戴机器人、机器战士成为可能。2016年10月，DARPA白宫前沿技术会议首次在残疾人员身上演示新型脑机接口技术，实现了人脑与机器之间的双向通信

能力，对于作战系统智能化将起到重要推动作用。此外，英国、德国、韩国、印度也在脑与认知神经科学领域进行了积极探索。总的来看，各国政府脑科学研究的重点是期望通过该类研究，加深对人类认知、感知、行为和意识的认识，为认知神经系统疾病找到新疗法，并为人工智能领域的发展铺平道路。

四、生物材料制造成为先进制造业的战略优先领域

2016 年 4 月，美国国家科学技术委员会提出了 5 个应重点考虑的新兴制造业技术领域——先进材料制造、推动生物制造发展的工程生物学、再生医学生物制造、先进生物制品制造、药品连续生产。2016 年 6 月，白宫科技政策办公室正式提出将推进生物组织制造工程和再生医学的发展，增加投资力度，以缩短器官移植的等待时间，挽救更多病人。2016 年 10 月，美军成立国防部先进再生制造研究所，拟促成多机构、多学科合作，打破技术壁垒，联合产业、高校、研究机构、地方政府和公益机构，解决先进生物组织材料制造创新过程中的关键问题，提升美国在该领域的国际竞争力，说明生物制造已经成为美国先进制造业的优先领域，甚至是战略制高点。

2016 年 2 月，DARPA 生物技术办公室启动了生物控制项目，通过对智能生物材料的嵌入式控制，为生物系统控制建立从纳米级到厘米级、从几秒到几周的跨空间时间尺度能力；美国航空航天局（NASA）联合 SLAC 国家加速器实验室开发的一种新型等离子体纳米材料打印工艺，可以实现在弯曲的表面上进行打印；美国 Spidery Tek 公司宣布已经成功找到大规模生产蜘蛛丝的方法。

智能材料反映了材料科学的最高水平，是材料科学的最新发展方向。实现对生物材料的嵌入式控制，可以为作战人员提供持续的生理监测，体内纳米治疗平台可以为作战人员提供快速的无创疾病诊断。轻质高强材料已有多种用于军事装备。蜘蛛丝的大规模生产将大幅提高3D打印无人机性能，使无人机在全面生产过程中不需要金属框架，大幅缩减无人机生产成本。水下超级强力“智能胶”可以将水下传感器和装置绑定到船舶和潜艇的船体，或帮助无人驾驶的船舶在岩石海岸线或在偏远地区停靠。“隐身斗篷”新型伪装技术使士兵和战车迅速融入周围环境中，该技术有望在五年内用于投入实战。

五、仿生技术列入国防装备创新发展的战略方向

仿生学是研究和探索生物系统的结构特性、能量转换、信息和控制过程，用来改善现有的或创造崭新的机械、仪器、建筑构型、工艺过程、自动装置等工程技术系统的一门综合性科学。美国国家3D打印创新机构2016年9月投入近1亿美元，资助仿生打印材料等7个项目，以提升美国3D打印的水平；德国、英国、日本、俄罗斯以及韩国等都从生物与仿生学出发，在电子技术、纳米技术、富勒碳材料、光子学、材料、生物传感器等领域投入了相当大的财力和人力。

目前，仿生学已成为发展速度最快、活力最强、应用最广的学科之一，也是世界国防装备创新发展的重要方向。2016年，仿生研究如火如荼，美国仿生材料研究组、日本“仿生学生物表面材料”工程、韩国“仿生表面微制造技术”工程等产出的仿生成果层出不穷。美国海军研究办公室资助大西洋大学海洋与机械工程系开展仿生机器鱼研究，以及麻省理工学院、

斯坦福等大学开展的仿生传感器研究等也取得很大进展。

2016 年 6 月，牛津大学动物学家弗里茨·沃莱斯的研究团队开发出一种 Spidrex（蛛蚕丝），可以作为高强度的清洁材料，用于自洁性军用服装、头盔等材料的制作。2016 年 6 月，美国南加州大学神经工程中心的研究人员研制出一种临床可用的大脑修复装置，以帮助阿兹海默症、中风或脑部外伤人员实现记忆修复，该项研究得到了 DARPA 的资助。2016 年 9 月，韩国科学家借助声音震动的原理，研发出一款源于“真正的蜘蛛”仿生学的纳米缝隙传感器，可用于医疗健康中精准测量血压、脉搏等。

六、军事生物能源优势日益凸显

生物能源成为解决能源危机最有潜力和希望的途径之一。利用生物能源可满足作战平台长时间、远距离机动作战的需求，如用生物技术开发石油等矿物燃料的替代品，机械化装备可望随时随地实现生物燃料的自我供给。军用生物汽油、柴油可以减少汽车、飞机、坦克、军舰等机械化武器平台对石油类燃料的依赖，为在未来可能的能源危机中保障部队作战提供可替代的解决方案。而各种生物电池则巧妙地利用生物体本身的特性，与传统供电技术紧密结合，在战场上为各种信息化装备提供便携、持久的电力。

生物能源研发在经历了可食用作物原料、纤维素质原料、微藻原料之后，目前已进入第四代，即利用代谢工程技术改造藻类的代谢途径，使其直接利用光合作用吸收二氧化碳合成乙醇、柴油或其他高碳醇等。美军作为军事能源战略转型的先行者，在生物能源研发应用领域进行了大量探索，已走在世界发达国家军队前列。英国、加拿大、意大利、澳大利亚等国也加大了军事生物能源研发和应用力度。美国国防部不断加大生物能源的研发力度，各军种目前已经相继投资国内设施研究开发生物能源等非碳基动力源。海军已着手研发第三代、第四代生物燃料。2016 年 6 月，美国海军宣布海水提取燃料项目实用化取得新进展，获得了美国专利，有可能推动美国海上能源格局发生变革，有助于实现海上燃油自给和就近补给，解决海上作战能源运输安全问题，解决后勤补给限制，全面提升海上作战能力。空军正在研发基于海藻和蓝菌的新一代生物燃料技术，预计产量将提高 40 倍以上。DARPA 还启动了名为“生命铸造厂”的合成生物学项目，用于研发生物燃料和生物材料。

七、生物电子助力信息化军事科技突破

生物电子学涉及生物科学、化学、物理学、电子科学、材料科学、工程科学等多个学科，是探索生物学与电子学之间交叉融合应用的新兴领域。以美军为首的主要国家军队正在积极投入相关研究，探索其未来军事应用前景。

目前，生物电子的研究热点领域包括生物燃料电池、生物电子材料/元件、信息处理与存储材料、生物电子执行器件等。生物燃料电池可以利用环境中易获取的、战场产生的或后勤补给中已有的各类燃料提供电源。美国麻省理工学院在美国陆军研究办公室的支持下正在研发一种新的病毒生物电池，其能量密度比目前开发的锂—空气电池高 2 ~ 3 倍。美国海军研究实验室多年来一直在资助研究基于沉积物的微生物燃料电池，已被用来连续运转气象传感器。生物电子材料/元件则借鉴生物体组装复杂有序结构的方式，打造全新的军事能力，特别是在催化、传感和光子结构这三个领域

将有广阔应用前景。近年来发展较快的是 DNA 折纸技术。美国杨百翰大学采用 DNA 折纸术研发出速度更快、价格更便宜的计算机芯片。2016 年 4 月，美国佐治亚大学的研究人员利用 DNA 分子制造出了全球尺寸最小的新型二极管，并可以据此开发实际功能的分子器件。视紫红质是最有前途的光计算和光存储材料之一，美军已经用细菌视紫红质实现全息和海量三维存储器，在高分辨图像侦察设备中有巨大应用潜力。2016 年 7 月，微软公司利用 DNA 存储技术完成了约 200 兆字节数据的保存。生物电子执行器件大多针对动物开展研究，美国空军正在利用鲨鱼感觉器官——洛仑兹壶腹中的水凝胶开发红外传感器，用于战场环境检测或高分辨率侦察。

生物电子学是一个非常年轻的新兴领域，具有广阔的军事应用前景，基于生物电子的新型武器装备可以进行目标识别和敌友判断，还能追踪运动与静止目标，适用于智能定向武器，取代传统的打击、夜视或侦察用传感器。基于蛋白质、DNA 的信息处理与存储材料有望极大促进新型计算技术和信息科学技术的发展，助力信息化军事革命的新突破。

八、“人效能优化”确定为美军的优先行动战略

未来国际环境瞬息多变，战争不确定性明显增强，军队必须积极创新，加强人在未来战争中的作用。2015 年，美军阐述了“人效能优化”带给美军文化和相关范式的改变，提出人“全维能力”，即在军事行动中与军人的效能和能力有关的各类认知、体能和社会能力要素。

“人效能优化”和“整体部队健康”为提升健康和作业能力提供了整体的路径，是实现美军愿景的基础。未来战争条件下，多种特殊威胁并存，覆盖陆、海、空、天、电的极端作战环境损伤防护面临新的挑战，各种高

新技术武器的复杂程度和信息化程度不断增加，对军人的操作能力、作业时间和适应能力提出了越来越高的要求。人的体能、技能、智能等生理局限开始成为制约“人—武器”系统效能发挥和战斗力跃升的瓶颈。认知增强研究有助于提高人大脑的学习能力、认知能力和识别能力，实现人脑和数字世界之间的信号解析和数据传输。营养和基因药物的研究应用将有望打造未来超级士兵。

2016 年，DARPA 开展了“靶向神经可塑性训练”（TNT）、“可解释的人工智能”（XAI）、“神经工程系统设计”（NESD）等认知增强项目研究。在营养补给提升作业效能方面，2016 年，美军研发的一项突破性技术使得研究胃肠道微生物组成为可能，下一步将开展士兵在严峻环境条件下增强肠道健康，预防胃肠道疾病，优化作业效能的研究。美军成功 3D 打印 250 名虚拟仿真战士开展极端环境条件下生理机制研究，开展了药物增强人效能研究，高原、高热、高寒特殊环境以及人工作业条件下人效能研究等。

（军事医学科学院卫生勤务与医学情报研究所

王磊　刁天喜　刘术　吴曙霞　李鹏　魏晓青　张音　李长芹　刘伟）

2016 年先进制造领域科技发展综述

武器装备作为科学技术成果的物化产品，直接受到装备制造技术的影响。先进制造技术从现代科学技术发展中不断吸纳新成果，综合改进装备质量、使用与保障服务等诸环节或全过程，以提高质量效益，是军队战斗力的倍增器，备受世界各国重视。2016 年，美国、俄罗斯等军事强国，通过发布顶层规划、投资重点制造技术研发项目等举措，积极推动国防先进制造技术发展，增材制造、智能制造、先进设计、生物制造等领域都取得重要进展。

一、顶层战略规划制定推动国防先进制造技术创新

2016 年 2 月，美国商务部部长、总统行政办公室、国家科学与技术委员会等向国会联合提交了首份《国家制造创新网络计划年度报告和战略规划》报告，围绕确保美国在先进制造领域始终处于全球领先地位的愿景，列出了“国家制造创新网络”计划发展的战略目标：一是提升美国制造业的竞争力，支持更多美国本土制造产品的生产，培育美国在先进制造技术

研究和创新上的领导地位；二是促进创新技术尽快转化为规模化、经济和高效的本土制造能力；三是加速先进制造职能人才教育，培养制造业各领域所需的高技能人才，使其更加适应未来全球先进制造业的竞争环境；四是支持有助于创新机构稳定和可持续发展的商业模式，创建制造创新生态系统，最终实现稳定可持续发展。新任美国总统特朗普的思路与奥巴马政府实施的国家制造创新网络计划的宗旨如出一辙。在美国“国家制造创新网络”计划的实施中，国防主导和引领作用凸显，在 14 家制造创新机构中，国防部负责 8 家。

2016 年 4 月，美国国家科学与技术委员会发布《先进制造：联邦政府优先技术领域速览》报告，提出了 5 个应重点考虑的新兴制造技术领域——先进材料制造、推动生物制造发展的工程生物学、再生医学生物制造、先进生物制品制造和药品连续生产，表明先进材料制造仍是美国政府占领制造业制高点的首要杀手锏，而生物及医药制造将是包括国防部在内的美国政府未来一段时间的工作重点，是美国获取巨大效益、发展军民用颠覆性技术的主战场之一。

2016 年 10 月，俄罗斯积极推进创新发展战略，落实“国家技术创新”计划，初步提出了以创新为导向的“工业 4.0”计划，实现技术飞跃和科技创新。

二、增材制造技术发展促进应用范围扩大

增材制造技术继续呈现持续快速发展态势，应用范围不断扩展，在航天、航空、电子等国防领域取得多项突破性新进展。

（1）美国发布《增材制造联合路线图》。美国国防部 2016 年 11 月发布

的该路线图，为陆、海、空三军和国防后勤局联合发展增材制造技术提供基础与框架。其中重点关注4个共性技术领域：设计领域，消除传统计算机辅助设计/计算机辅助制造（CAD/CAM）软件的约束，打破设计增材制造零件的旧模式；材料领域，建立谱系化数据集和架构，开发基于模型的方法，加速材料的合格鉴定与认证；工艺领域，提升原位感知和反馈控制，开发新工艺能力以及标准；价值链领域，聚焦“数字链”，将增材制造与传统供应网络紧密结合。

（2）太空增材制造技术首次实现商业应用。2016年3月，美国航空航天局（NASA）和太空制造公司在国际空间站上安装了首台实用型“增材制造设备”，开始为国际空间站制造实用物品，为地面用户提供制造服务。太空增材制造技术能够在太空快速制造出在轨作业所需的零部件和工具，实现“即需即造”，避免等待航天发射带来的时间延误和火箭整流罩尺寸限制，解决未来载人深空探测任务按需和应急货物原位制造与供应问题。

（3）增材制造技术设备成为航空企业重要生产设施。为进一步扩大增材制造技术在航空发动机零部件生产中的应用范围，通用电气公司2016年2月在美国匹兹堡建立增材制造研发中心，10月收购德国Concept Laser公司（粉床选区熔化激光增材制造全球领先），12月收购瑞典Arcam公司76.15%的股份（粉末选区电子束增材制造全球领先）。目前，洛克希德·马丁公司拥有5个增材制造创新中心，旗下工厂的增材制造设备超过100台，还研发出世界上首台“多机器人增材/减材混合设备”。

（4）增材制造技术成功实现电子器件制造。NASA正在研究利用“气溶胶喷射打印”制造集成了各种电子器件的探测器组件，旨在满足对探测器组件日益小型化和紧凑型的需求，有助于大幅压缩电路板生产时间，提高电子组件性能以及与其他电子组件的相容性；雷声公司资助美国洛厄尔大学研究利用增材制造技术制造出雷达电子器件。

三、智能制造已成为全球制造业发展的风向标

智能制造发展在战略实施、企业布局、关键技术应用方面取得突破性进展，呈现出多样化发展态势。

（1）美国国防工业引领国家智能制造发展。美国主要通过“国家制造创新网络”计划聚焦智能制造发展。2016 年 6 月，美国国防部牵头组建“制造环境中的机器人”制造创新机构。至此，国防部和能源部已牵头组建 4 家以智能制造关键技术为主攻方向的制造创新机构，其他 3 家分别是“增材制造”“数字化制造与设计”“智能制造”，这些机构已成为推动整个国家智能制造发展的核心力量。

（2）通用电气公司加速智能工厂建设步伐。通用电气公司 2014 年提出“卓越工厂”建设模式，依据该模式进行智能工厂建设。2016 年 4 月，该公司在美国建成第 3 家智能工厂，8 月在加拿大启动建设第 4 家，未来拟建十余家。这些智能工厂可实现高度柔性生产，根据不同需求，在同一厂房内用相同生产线制造航空发动机、燃气轮机、风力发电机等不同类型产品。该公司还根据智能工厂建设经验，推出名为“卓越制造”的智能工厂软件整体解决方案，可使突发停工期缩短 10% ~20%，库存降低 20%，不同产品转产效率提升 20%。

（3）日本将机器人和物联网等作为向智能制造迈进的主要抓手。日本于 20 世纪末提出智能制造系统的全球合作计划，与美国、加拿大等国联合研发高技术智能生产系统；2015 年，日本政府发布《机器人新战略》，提出建立世界机器人创新基地，引领世界机器人产业发展等目标。2016 年 3 月，

日本山崎马扎克公司宣布拟新建一家“基于物联网”的智能制造工厂，这是其“iSMART”工厂概念下的第3家智能工厂，旨在通过采用柔性加工系统、机械手、机器人等智能制造装备，实现生产计划自动调整，快速响应需求变化。12月，基于日本制造业的现有基础，“工业价值链倡议”组织推出“工业价值链参考架构”，期望成为世界智能工厂的另一个标准。

（4）德国稳步推进“工业4.0”战略并积极推进数字化转型。2016年3月，在德国汉诺威博览会开幕式上，德联邦经济部长发布德国“数字战略2025”，规划了包括工业4.0在内的面向未来的10个行动步骤，以应对在数字化转型过程中面临的诸多挑战，缩短全社会在数字化建设和应用方面与美国的差距。以安贝格工厂、博世集团洪堡工厂等为代表的企业实践证明，在技术研发、质量控制特别是整体精益生产达到较高水平后，推进工业4.0方案已成为进一步提高竞争力的重要手段。目前，“工业4.0”已从德国课题变成了世界性课题，成为先进制造业发展的一个标杆。

四、新型设计理念与技术方法进入实际应用

军事强国积极推进先进设计技术发展，在设计方法与工具革新、强化系统工程应用、虚拟设计与仿真验证等领域取得重要进展。

（1）研发先进设计方法与工具，推动设计方法变革。美国“数字化制造与设计创新机构”成立以来，通过开发可进行零件信息、属性信息、制造和装配信息定义的工具，实现“基于模型的定义”（以三维产品模型为核心，将设计信息、制造要求等共同定义到该数字化模型中）。2016年，该机构进一步强调面向制造的设计，通过研发设计平台，实现无缝地完成零件设计、可制造性检测，并能实时生成加工轨迹，显著地减少研制过程中人

工输入参数和对个体知识的依赖，从而构建从设计到制造无缝贯通的“数字链”。4 月，美国国防高级研究计划局（DARPA）启动“变革性设计”项目，从材料科学、应用数学、数据分析及人工智能等技术领域，寻求具有创新设计概念的建议，开发新数学理论和算法、革命性的新型设计工具，解决“传统计算机辅助设计和物理建模难以满足当前产品性能和结构复杂度大幅提升”的问题。

（2）强化基于模型的系统工程的应用，满足武器装备系统研制需求。基于模型的系统工程（MBSE）用模型化的方法支持产品设计、分析、验证、确认等活动，对确保产品数据的准确性、一致性和可追溯性，降低研制风险具有重要作用。2016 年 4 月，美国航天工业协会发布 MBSE 应用白皮书《在早期需求阶段基于模型的系统工程协同使全生命周期受益》，指出 MBSE 方法在早期概念阶段的应用将使其效能最大化，并将延伸到后期开发、部署和维护等阶段。11 月，美国政府问责办公室发布《武器系统需求：产品研制周期的详细系统工程确保项目成功》报告，强调系统工程在项目早期定义和需求分析中的重要性。

（3）丰富虚拟仿真与验证手段，实现设计迭代周期与成本缩减。虚拟仿真与验证技术在产品样机生产之前对复杂产品与系统的结构、性能等方面进行分析计算与模拟，是实现武器装备产品结构设计优化、可靠性分析、功能验证的重要手段。2016 年 5 月，DARPA 发布“高效科学仿真加速计算”计划，旨在解决复杂流体动力学和等离子体仿真等复杂物理系统的描述问题，并开发新的混合计算架构，优化处理复杂偏微分方程的 CPU 的运算能力，使桌面计算机实现上万亿次甚至更高的超级计算能力。同月，NASA 喷气推进实验室展示了“原型太空”（ProtoSpace）增强现实工具，用于辅助“火星 2020”巡视探测器的设计，使设计活动的沉浸感和真实感不断增强，减少了设计迭代，使设计周期和成本大幅缩减。

五、生物制造成为新的研究热点方向

美欧将生物制造列为发展重点，生物制造的重要战略地位凸显；仿生制造、生物 3D 打印等生物制造技术取得诸多进展，生物制造即将迈入快速发展期。

（1）美欧高度重视生物制造，将其列入制造业规划的重点发展领域。美国 2016 年 4 月发布的《先进制造：联邦政府优先技术领域速览》报告，提出 5 个应重点发展的新兴制造技术领域，其中 4 个属于生物制造领域。12 月，美国国防部牵头组建“先进组织生物制造”创新机构，专注人体组织生物制造，研究方向包括高通量培养技术、生物 3D 打印、生物反应器、实时监测/感知及检测技术等。欧盟委员会发布的“地平线 2020”计划 2016—2017 年资助方案中，在“纳米技术、先进材料、生物技术、先进制造与加工”领域也规划了生物制造相关研究重点。

（2）生物 3D 打印技术研究活跃。2016 年 10 月，哈佛大学称其采用 3D 打印技术制作出首个带有集成传感器的心脏芯片，可以在一次或一段时间内记录多个器官的数据，重现生物器官的微观结构和功能；同月，美国西北大学通过“投影微立体光刻”3D 打印技术，开发出能够根据患者身体情况进行定制的可生物降解弹性支架；美国国家增材制造创新机构（现名“美国制造”）也在加强 3D 打印活细胞技术研究，旨在通过综合性修复和更换细胞及组织来制造新的皮肤或关键器官，挽救战场伤员生命。

（3）通过合成生物技术制造的材料结构性能卓越。2016 年 11 月，美国 Spidey Tek 公司通过基因工程的突破，利用带有蜘蛛基因的微生物制造出高强蜘蛛丝，其强度可达碳纤维的100倍，与常规3D打印材料混合使用，可显著提高3D打印零部件机械性能，采用该材料3D打印的无人机，具有质量小、强度高、载重能力大等性能优势；8月，美国马萨诸塞大学在美国海军资助下，通过对一种常见土壤细菌进行基因改造，创造出具有导电性的合成纳米线，其导电性比天然微生物纳米线导电性高2000倍，直径仅为1.5纳米，可用作传感器、晶体管、电容器的部件。

六、结束语

目前，国防先进制造技术是体现一个国家综合实力和科技发展水平的重要标志之一。这一领域技术密集度高，产业关联范围广，军民融合性强，辐射带动效应大，工业化和信息化融合程度深，处于装备制造产业链的高端，也是国家和平发展和国家安全的重要保障。美国等工业发达国家通过综合采取多种举措引领各自国家先进制造创新发展的做法和实践经验值得借鉴。

（中国航空制造技术研究院　关桥　李志强）

2016 年军用电子元器件领域科技发展综述

2016 年，军用电子元器件技术发展十分活跃，微电子、微/纳机电系统、光电子、真空电子、电能源、抗辐照加固等器件技术研发和应用均取得一系列突破和重要进展，将对未来军事电子装备发展产生重要影响。

一、微电子器件领域

2016 年，在高性能、多功能、低功耗和高集成度等需求的持续推动下，全球微电子器件技术快速发展，在产品研发应用、技术探索等方面取得重要进展，主要体现在以下方面：

一是微电子新技术研发取得重大突破，继续推进器件微细化和高性能。美国能源部劳伦斯·伯克利国家实验室利用碳纳米管作栅极、二硫化钼作沟道材料，成功研制出栅长 1 纳米的晶体管，有望延续摩尔定律。美国威斯康辛大学麦迪逊分校研制出高性能碳纳米管晶体管，性能首次超过硅/砷化镓晶体管。美国 Akhan 公司研制出可兼容 p 型与 n 型晶体管的金刚石 CMOS 工艺，并已制造出首个金刚石 PIN 二极管，消除了金刚石半导体商业化的最大障碍。俄罗斯莫斯科物理技术学院采用金刚石单晶作衬底制作出 MEMS 谐振器，谐振频率超过 20 吉赫，品质因数 Q 超过 2000，二者乘积创造了微波领域的新纪录。

二是类脑芯片、智能处理器研发稳步推进，有望实现认知、智能处理。美国国防高级研究计划局（DARPA）启动大数据处理用实时智能处理器研发，开发比标准处理器效率高 1000 倍的可扩展图像处理器，用于处理基本几何图像数据，帮助情报分析人员理解来自摄像机、社交媒体、传感器和科学仪器的海量数据流。在 DARPA 支持下，麻省理工学院研制出以神经网络形态芯片为架构、可进行深度学习的芯片，效能为普通移动图像处理器的 10 倍。美国空军实验室、IBM 公司等正利用类脑芯片开展视觉识别、深度学习、人工智能方面的研究。

三是宽禁带半导体器件应用加速，进一步提升电子信息装备性能。雷声公司利用氮化镓有源电扫描阵列对“爱国者”雷达天线进行升级，使之具有 360°全方位探测能力，在当前战斗机、无人机、巡航弹和弹道导弹等日益复杂的威胁环境中处于优势地位。采用氮化镓技术的下一代干扰机已进入工程研制阶段，将实现智能干扰，并使射频干扰功率提高 6 倍。此外，美国思索依德公司交付首个碳化硅智能功率模块，可满足多电飞机对新一代高密度功率转换器的要求，通用电气公司正在开发碳化硅电力电子器件，将有助于更好地管理车载电源。

四是先进芯片热管理取得重要进展，有望解决芯片散热难题。在 DARPA “芯片内/芯片间增强冷却”项目的支持下，洛克希德·马丁公司研制出芯片嵌入式微流体散热片，可应用于中央处理器、图形处理器、功率放大器、高性能计算芯片等集成电路，促进其朝更高集成度、更高性能、更低功耗方向发展，显著提高雷达、通信和电子战等装备的性能。

五是半导体新材料研发取得重大进展，有望催生新一代电子/光电器件。美国宾夕法尼亚大学采用“迁移增强包封生长工艺”，在国际上首次合成二维氮化镓材料，它具有电子迁移率高、击穿电压高、热导率大、抗辐射能力强、化学稳定性高等特点，将给电子元器件发展带来新的机遇。法国蒙彼利埃第一大学通过光谱学方法发现，六方氮化硼是一种间接带隙半导体，带隙宽度为5.955电子伏。

六是微电子工艺技术不断进步，将进一步提升材料和器件性能。美国研制出$\beta-Ga_2O_3$外延生长工艺技术，有助于推动氧化镓超高电压功率器件研发。美国北卡罗莱纳州立大学研发出可将新型功能材料异质集成到硅芯片上的技术，有望实现下一代智能器件和系统。美国海军研究实验室开发出石墨烯氮掺杂新技术，可调节石墨烯禁带宽度，提高材料稳定性。

二、微/纳机电系统器件领域

2016年，微/纳机电系统（MEMS/NEMS）产品与技术继续推陈出新。在微/纳机电系统产品领域，加速度计各项性能普遍获得提升，新型MEMS振荡器初步登上应用舞台，MEMS产品型谱进一步扩大，新品不断出现；在微/纳机电系统技术领域，军用技术朝超低功耗和超高精度两个方向持续发展，同时民用技术应用范围也在不断扩大，微/纳机电系统军用技术和民用技术的发展，都将有助于形成新的应用能力。

在产品方面，美国模拟器件公司、欧洲意法半导体公司等微/纳机电系统大公司均推出性能更加优异的加速计产品。例如：模拟器件公司推出的三轴MEMS加速度计采用线性加速MEMS内核，不但集成了精密校准、传感器滤波等功能，而且体积仅为现有产品的三分之一，重量、成本和功耗也进一步降低；意法半导体公司推出的两款新型加速度计，涵盖了（30°~6000°）/秒的大量程；零角速度电平灵敏度小于0.05°/（秒·℃），而且具有较高的稳定性，在实际应用中无需再做温度补偿，应用极为方便。与之相比，美国微芯公司、硅计时公司等推出的MEMS振荡器，在功耗、工作频率、稳定性、抗干扰性等方面已经全面超过石英振荡器，开始应用于手机和可穿戴式终端，随着成本的逐渐降低，有望成为振荡器的主流应用产品。与此同时，MEMS新产品不断出现，如美国模拟器件公司研制出体积仅为传统继电器体积5%的MEMS开关，美国应美盛公司和通用微机电系统公司生产出更加敏感的MEMS麦克风及指纹识别传感器。

在技术方面，军用技术和民用技术都有望带来新的应用能力。其中，DARPA是推动MEMS技术向军事高端应用的重要力量。在其推动之下，MEMS麦克风的功耗将大幅降低，以支持实现对广阔区域的持久监视；MEMS惯性测量技术的精度也将大幅提升，将带来不依赖GPS的定位、导航与授时能力。与军用技术相比，民用技术虽然技术水平不能与之相比，但新的应用形式同样给民用领域带来新的应用能力。美国德州仪器公司开发出的微光机电技术有可能改变视频应用形态，将虚拟现实、增强现实概念引入工业和社会生活；新的纳机电技术也将赋予电子元器件以自我修复能力；高灵敏、低功耗、低成本的MEMS振动传感器将支持实现对火山活动的不间断监测。

三、光电子器件领域

光电子领域持续在多功能小型化激光器、硅基光电集成、新型高效率光电传感器与探测器、基于单光子效应的实用化量子通信等核心技术方面取得标志性进展。

多功能、小型化激光器突破核心技术。英国利用石墨烯等离子体开发出波长可调谐太赫兹激光器，突破太赫兹激光器使用限制；美国首个超材料与激光器结合的太赫兹垂直腔表面发射激光器问世，有望在太赫兹波段输出高功率、高质量光束。

硅基光电集成技术取得突破性进展。法国首次实现激光器和调制器的硅基集成，极大提高通信带宽、器件密度和可靠性，突破通信速率瓶颈；英国在硅衬底上首次直接生长出量子点激光器，突破了光子学领域30多年没有可实用硅基光源的瓶颈，有望实现计算机芯片内、芯片间、芯片和电子系统间的超高速通信发展；美国研制出有利于制造全集成中红外器件的首个中红外波段硅基量子级联激光器。

多种新型光电传感器、探测器问世。德国研制出世界最小尺寸的纳米级光电探测器，可大量集成到半导体芯片中，实现更高传输速率；美国研制出新型六方氮化硼半导体中子探测器，探测效率打破纪录，达到51.4%；日本研发出首个可满足更高响应速率需求的波长可调谐全固态波长依赖型双极光电探测器。

新型器件促进量子通信实用化。以色列开发出可在室温工作的高效、紧凑型单光子源，有望推动量子技术的应用；美国研发出可在单光子级别实现光波转换的非线性纳米谐振腔，推动量子通信技术的应用。

四、真空电子器件领域

2016年，在雷达、通信、太赫兹和高功率微波等应用方向，真空电子器件实现了性能突破或技术创新。

雷达方面，美国研制出 233 吉赫行波管放大器，输出功率超过 79 瓦，将用于实现视频合成孔径雷达系统；加拿大正在开发连续波功率 1 千瓦的 W 波段分布作用速调管，法国正在开发用于导引头的 Ku 波段分布作用速调管，峰值功率 50 千瓦；美国和俄罗斯均在大力发展 S、C、X 波段的多注速调管，峰值功率数百千瓦，相对带宽大于 5%。

通信方面，美国、法国、德国等各自研制的 Ku、K 和 Ka 波段空间行波管均在获取或已经取得空间飞行资格，不久将用于新的通信卫星；美国研制出连续波功率 100 瓦的 E 波段行波管，将用于 100 吉比特/秒军用高速通信系统；日本正在研发高速通信用的 300 吉赫行波管，设计带宽将达到 30 吉赫。

太赫兹方面，美国研制出工作频率达到 1.03 太赫行波管放大器，具有 29 毫瓦功率和 5 吉赫带宽。

高功率微波方面，美国研制出 L 波段 1.5 吉瓦的相对论磁控管，可装备于 AGM－86 “战斧” 巡航导弹，实现对敌方的高功率微波干扰和打击；美国正在开展重入平面磁控管、磁旋管、超材料相对论返波振荡器等新概念器件的研制工作；美国、俄罗斯和以色列正利用共焦波导、螺旋波纹波导水冷线包磁体等新设计理念，研制 W 波段和 140 吉赫回旋行波管与回旋振荡管。

五、电能源领域

2016 年，太阳电池、锂离子电池、燃料电池、石墨烯电池性能均获得较大提升，主要体现在：

各种太阳电池效率创造新的纪录。美国与瑞士联合开发的双结Ⅲ－Ⅴ族/

硅基太阳电池转换效率达到29.8%，超过了晶体硅太阳电池29.4%的理论极限；瑞士成功试制出大面积钙钛矿太阳电池，效率达到22.1%，并有望通过与硅基太阳电池串联使效率突破30%；韩国研制的有机薄膜太阳电池厚度再创新低，仅为1微米，可环绕到普通铅笔上，发电量与厚3.5微米的超薄太阳电池相同；美国研制出可储电的金属氧化物太阳电池，有望改变太阳电池应用方式。

锂离子电池容量、充电速率及可靠性有望取得较大提升。新型硅负极、纤维素纳米垫隔离膜、共价有机框架等多种新型电极材料研制成功，可显著提高锂离子电池充电速度及电池容量；石墨烯与碳原子涂覆尖晶石镍颗粒构成的传感器，成功解决锂离子电池过热而爆炸的隐患；使用纳米线替代现有液体电解质，可使锂离子电池稳定充电次数提高100倍以上；锂离子电池应用领域再次扩大，首次用于国际空间站、美国航天服。此外，锌蓄电池、锂硫电池、镁电池等新型蓄电池技术不断成熟，有望取代锂离子电池。

新型燃料有望降低燃料电池成本。2016年，多种新型燃料电池出现，采用厨余垃圾制备的新型微生物燃料电池或可彻底改变发电方式；新型乙醇燃料电池有望2020年应用于汽车，成本可与电动汽车相当；采用酿造啤酒废水生产电池电极材料开创了新的电池材料使用思路。

石墨烯用于多种电池，有望引领电池革命。采用石墨烯包裹镁纳米晶体的新型氢燃料电池，可提高燃料电池效率；基于石墨烯的纸状电池，充电放电循环效率接近100%，可在-15℃环境工作，适合多种航空航天应用；首个石墨烯聚合材料电池、3D打印石墨烯电容器、基于二维金属材料的超级电容器问世，储电量显著提升，充电时间最低仅为数秒，加快了超低成本用电进程。

六、抗辐照加固器件领域

2016年，在高性能、低成本、高可靠性、低功耗和大功能密集度等需求的不断推动下，全球抗辐照加固技术持续稳步发展，新技术、新产品不断涌现，主要进展如下：

立方星研发带动宇航抗辐照微控制器技术不断发展。2016年，国外对宇航抗辐照微控制器的需求在立方星（CubeSat）等小型卫星的研发制造领域得到显著增长，抗辐照微控制器技术和产品研发得到不断推进。VORAGO Technologies公司发布行业内首个ARM架构抗辐照微控制器（MCU）VA10820。该系列微控制器提供了以目标为导向的最优化嵌入式解决方案，在降低系统研发复杂程度和功耗的同时，全面提升了系统的可靠性和使用寿命。美高森美公司推出最新空间系统管理产品LX7720。作为行业内首个高集成度抗辐照电机控制电路，LX7720极大地减轻了重量，节省了载荷空间，为对于空间和重量十分敏感的卫星制造企业提供了独特的解决方案。

宇航抗辐射高速总线技术不断发展，可靠性进一步提升。科巴姆（Cobham）公司的UT64CAN333x系列抗辐照CAN总线灵活数据传输率收发器产品获得美国国防后勤局QML V认证资格。该系列产品提供了可在差分CAN总线运行的物理层，适合应用于传感器检测、系统遥测和指挥控制等领域，为在空间航天器内构建重量轻、低功耗、高可靠性的底层网络创造了条件。Data Device公司推出+3.3伏抗辐照双冗余MIL－STD－1553总线收发/变压器。该器件将双冗余收发器和变压器集成封装在一起，可与现场可编程门阵列或客户定制的符合MIL－STD－1553总线协议的专用集成电路结合使用，能够抵御在执行关键空间任务时可能遇到的各种极端环境状况。

新型大容量非易失高可靠存储产品获美军方认证。Cobham 公司宣布其 64 兆比特内存容量的 UT8MR8M8 和 16 兆比特内存容量的 UT8MR2M8 两款非易失高可靠存储产品已获得美国国防后勤局 QML V 认证资格。两款产品在不占用总线资源的条件下便可实现灵活的系统配置，可有效抵抗单粒子瞬态（SET）效应，增强了系统在辐射环境中的可靠性。

新型抗辐照模拟/混合信号集成电路产品不断涌现，信号处理能力及可靠性均得到改善。德州仪器（TI）公司发布行业内首款空间应用抗辐照双倍数据速率（DDR）内存线性稳压器 TPS7H3301 – SP，在线性能量传输（LET）值高达 65 兆电子伏 · 厘米^{2}的环境中对单粒子效应（SEE）免疫，可为包括单板计算机、固态记录器和其他存储应用器件等在内的卫星有效载荷实施供电。此外，TPS7H3301 – SP 的尺寸比开关模式双倍数据速率稳压器缩小了 50%。模块化设备（Modular Devices）公司发布 *3696 系列宇航级抗辐照大功率 DC – DC 转换器，该系列转换器额定功率高达 500 瓦，可在空间极端环境下提供高可靠性电力。英特矽尔（Interil）公司推出两款全新 5 伏抗辐照防静电单电源供电多路复用器（Multiplexers），分别为 16 路 ISL71830SEH 和 32 路 ISL71831SEH。目前，这两款产品已应用于包括美国航空航天局（NASA）猎户座飞船飞行测试在内的许多卫星和太空探索任务中。e2v 公司和百富勒半导体（Peregrine Semiconductor）公司推出极低相位噪声 FRAC – N 锁相环（PLL）PE97640。该产品具有强大的抗噪功能和抗辐照性能，对单粒子闩锁免疫，可在强辐射宇宙环境中正常工作 10 年以上。英特矽尔公司发布行业内首个 36 伏抗辐照测量放大器，该放大器内集成有差分模拟/数字转换器（ADC）驱动，具备高性能 ISL70617SEH 差分输入、轨对轨输出，且拥有行业内最强大的底层传感器遥测数据信号处理能力，非常适合应用于卫星通信等领域。

新型高性能、低成本抗辐照现场可编程门阵列产品获认证。美高森美公司推出全新高可靠抗辐照二极管阵列 LX7710，其专为电源系统 ORing 架构、冗余电源、空间卫星制造和军用电源电子控制等应用而设计，确保系统在恶劣空间环境中工作的高可靠性。另外，该公司还推出了第四代基于 Flash 的现场可编程门阵列产品 RTG4™ PROTO，该器件采用低功耗 65 纳米制造工艺，其研制成功使太空系统原型的制作成为可能，并减少了新型抗辐照高速 FPGA 的原型制作及设计论证成本。目前，该产品已获得 MIL-STD-883 B 等级认证资格。

全新抗辐照氮化镓功率器件出现，性能及可靠性均有所提升。沃尔夫斯皮德（Wolfspeed）公司宣布其碳化硅基氮化镓功率晶体管已完成与 KCB 公司合作进行的可靠性测试，结果显示其完全符合美国航空航天局关于卫星及空间系统可靠性的 NASA EEE-INST-002 一级标准。有望生产出比传统行波管放大器或氮化镓器件更小、更轻、更高效、更可靠的固态功率放大器。

为满足空间战略需求，新型抗辐照光电传感器技术研发不断推进。雷声公司宣布，为满足美国日益增长的空间战略应用需求，将推进可实现超低噪声和高量子效率的大型碲镉汞（HgCdTe）红外焦平面阵列探测器的设计、材料制备和组装等技术的研发。e2v 公司也宣布与空中客车公司国防空间部签订合同，为新式气象卫星 METimage 设计、研发和提供可用于多光谱成像辐射计的新型定制化硅基互补金属氧化物半导体图像传感器。

全新抗辐照加固技术有望进一步提升宇航用晶体管的抗辐照性能。美国博通有限公司设计一种新式电荷转向抗门锁触发器辐照加固设计方案，可使电荷转向并远离器件关键敏感存储节点，能有效改善 16 纳米鳍式场效应晶体管抗软错误性能。佐治亚理工学院开发出一种以完全反相硅锗异质结作为低噪声放大器有源增益级并使功放晶体管单粒子瞬态效应得到极大缓解的新技术。该技术可使低噪声放大器在具备优良射频性能的同时拥有较强的抗辐照能力，空间应用潜力很大。

（工业和信息化部电子第一研究所 李耐和 张慧 李铁成 王巍）

2016 年军用建模仿真领域发展综述

军用仿真系统日益成为研究未来战争、设计未来装备、支撑战法评估、训法创新和装备论证的有效手段。随着军事创新和转型的加速推进，2016年军用建模与仿真技术领域通过不断应用先进技术和优化顶层架构深化推动仿真领域技术不断变革，武器装备试验鉴定领域应用实践不断深入，虚拟训练与军演领域广泛开展，促使仿真领域飞速发展，能力不断提升，仿真技术的军事应用不断深化。

一、建模与仿真支撑技术持续发展

以美国为代表的仿真技术优势国家，在紧缩开支、消减兵力、需求多样、威胁不确定、依靠创新保持优势等大背景下，建模与仿真技术高效、可重用、节约成本、安全可靠、推动创新等优势进一步凸显，对建模与仿真技术的依赖进一步加强，先进技术应用渗透到军事国防的各领域。

（一）开发运行速度更快的仿真编程语言

2016 年 8 月，美国麻省理工学院计算机科学和人工智能实验室的研究小组开发出具备自主处理切换能力的新编程语言。在实验中，采用这种语言编写的仿真程序运行速度比现有编程语言编写的仿真程序快几十甚至几百倍，且代码量仅为以往1/10。该语言不仅实现了精简代码和高效运行之间的完美平衡，还可应用于除物理仿真以外的领域，如机器学习、数据分析与优化、机器人等。

（二）不断推进高性能计算项目

当前的超级计算机面临着物理系统信息与二进制信息形式之间转换的瓶颈，美国国防高级研究计划局（DARPA）正在研究是否有更好的办法解决多尺度偏微分方程描述复杂物理系统的问题。2016 年 5 月，DARPA 发布了“高效科学仿真加速计算”（ACCESS）计划。该计划源于 2015 年发布的新型混合计算的概念，旨在开发新的混合计算架构，通过可扩展的方式模拟复杂系统，实现计算机上万亿次或更高的计算能力，更有效地应用于仿真计算应用。

2016 年 10 月，美军宣布投资 5310 万美元发展国防部高性能计算（HPC）或超级计算机技术，其中三项独立的合同分别授予两家超级计算机公司，用于美国国防部的高性能计算机现代化项目采购商用高性能计算系统。

（三）积极推动大数据、云计算等技术在仿真系统的应用

美国国防部试验资源管理中心（TRMC）披露了近年大数据技术在试验与鉴定应用中的进展。TRMC 已资助了三项采用商用大数据技术的工作。一是应用大数据分析软件支持联合攻击战斗机（JSF）作战试验工作，为 JSF 项目节省了 1000 万美元的经费；二是应用低成本开源大数据分析工具，便于对陆军试验数据进行分析与可视化；三是建立 TRMC 知识管理和大数据分析软件架构框架，指导国防部投资与集成工作。

北约持续推进基于云计算的主题思想及“建模仿真即服务”（MSaaS）的概念，以有效解决成本与可接入性问题，推动建模与仿真在北约及其盟国范围内的广泛应用；成立了由北约组织与国家的专家组成的 MSG－136 任务组，聚焦训练与决策支持等主要应用领域，提出了关于面向服务方法、分布式仿真工程与执行过程（DSEEP）、高层体系结构（HLA）标准未来迭代的扩展建议。

二、不断优化建模与仿真顶层架构

联合政府部门、军方、专业研究机构和工业部门等多方优势力量，致力于解决军用仿真系统从概念系统建模到仿真系统开发与应用中不断出现的各类关键问题，完成新标准新体系的制定与完善以及相应政策实施，应对未来复杂环境战场的挑战。

（一）发布建模与仿真参考架构

2016 年 5 月，美国国防部建模与仿真协调办公室（MSCO）公布“建模与仿真参考架构”（DMSRA）1.0 版。该架构可从仿真开发、全局标准和指导方法三个方面，帮助建模与仿真活动充分利用国防部信息技术、企业服务和云计算、面向服务架构等技术和服务的优势。DMSRA 下一步将持续推进云和面向服务架构在国防部建模与仿真的全局应用，解决组合性和校核、验证与确认（VV&A）等长期性技术问题。

（二）持续推进建模与仿真标准研究

建模与仿真标准可极大提高建模与仿真系统的重用性和互操作性，大幅降低成本。2016 年仿真互操作标准化组织（SISO）重点推进 HLA 新标准、人类行为标识语言、应用于建模与仿真的下一代技术、支持采办活动的建模与仿真标准配置、城市作战先进训练技术与真实仿真标准架构、网关描述语言、网关过滤语言、联合战役管理语言、仿真参考标识语言等系列标准的制定和审批。2016 年 9 月，SISO 与开放地理空间联盟举办了三维地理空间建模与仿真峰会，探讨了基于标准的互操作方案，以降低军事系统建模与仿真应用的难度。

2016 年 12 月，美国海军建模和仿真管理办公室（OPNAV N6M）为促进海军建模与仿真标准应用，通过明确支持的协议、技术与进程，推进应用一套通用标准，为国防部和建模与仿真产业群提供了建模与仿真标准开发与推广的新机会。海军成立了专门的项目组织机构对该标准的应用及以后的推广策略进行评估。

（三）美军发布校核、验证与确认有关文件

2016 年 3 月，美国作战试验鉴定局局长签发了一份题为《作战试验与实弹射击评估所用建模与仿真的验证指导》的备忘录。该局长表示，建模与仿真在作战试验中已发挥重要作用，建模与仿真采集的数据应该与作战试验或实弹射击试验采集的数据一样可信，应在《试验鉴定主计划》和《试验计划》中详细阐述建模与仿真的验证与确认工作，并尽可能引入严格的统计设计和分析技术。

2016 年 4 月，美国海军建模与仿真办公室对美国国防部 VV&A 政策（DoDI 5000. 61）进行了全面修订，并提交给国防建模与仿真协调办公室。修改内容主要包括：更新了建模与仿真 VV&A 分工和职责；要求 VV&A 活动与建模仿真及其相关数据的重要性、风险、影响相适应，以灵活满足特定的需求和目标；强调与建模仿真全生命周期管理紧密结合，并根据相关标准记录完整的文档；增加了网络作战建模与仿真 VV&A 工作内容；增加了实施流程和文档编制流程。

2016 年 6 月，美国空军发布新的空军指令 16－1001，替代了 1996 年 6 月 1 日发布的 AFI16－1001 版本，以更充分有效地落实国防部与空军的相关政策，指导空军建立建模与仿真 VV&A 活动的政策、程序和职责。

（四）集智研讨建模与仿真技术面临的重大挑战

近年来，美军和政府部门不断集聚多方力量和智慧，加大建模与仿真技术的研究力度，成立了各类建模与仿真研究组织，举办了多项研讨会，持续加大建模与仿真技术研究的投入，推动建模与仿真技术各类关键问题的解决，加快建模与仿真产业发展。

颇具影响力的会议有：建模与仿真领袖峰会，春季仿真多方研讨会（SpringSim 会议），SISO 建模与仿真研讨会，SISO 仿真创新研讨会，IEEE/ACM 分布式仿真和实时应用研讨会，澳大拉西亚仿真协会（SA）会议，跨军种/工业界训练、仿真与教育会议（I/ITSEC），等等。

2016 年 1 月召开的建模与仿真未来挑战研讨会，围绕概念建模、计算问题、模型不确定性和建模与仿真可重用性展开探讨，针对复杂工程系统建模与仿真面临的关键挑战达成共识，并于 9 月发布了有关《复杂系统建模需要关注的挑战》的会议报告。2016 年 3 月召开的“黑天鹅：用建模与仿真支撑国家优先目标”的领导者峰会上，深入分析了推动建模与仿真产业发展和进步的主要需求，明确了国会未来两年与优先目标相一致的行动计划。

三、仿真技术应用有效支撑武器装备试验评估

仿真技术应用已成为装备建设的有效手段，贯穿于武器装备的体系规划、发展论证、工程研制、试验鉴定与鉴定等多个方面。2016 年美国重点

通过发布试验与鉴定年度报告、应用新型半实物仿真系统、支撑导弹防御性能评估等手段，推进仿真技术在武器装备中的应用。

（一）美国国防部发布研制试验与鉴定年度报告

2016 年4 月，美国国防部研制试验与鉴定资源管理中心网站公布了2015 财年研制试验与鉴定年度报告。报告重点阐述了与重大防务采办项目（MDAP）有关的活动，包括 MDAP 是否满足研制试验与鉴定计划，试验与鉴定总计划（TEMP）和其他试验需求情况及应采取的应对措施，评估研制试验与鉴定的组织和能力等。单独章节介绍了 2015 财年 TRMC 活动，评估了 MDAP、重大自动化信息系统项目及国防部领导重点关注项目共 37 个项目实施情况。

TRMC 负责监督美国国防部的试验资源。在试验与鉴定核心投资计划内，先进的电子战试验与鉴定成为分析、投资和能力升级的一大焦点。联合任务环境试验能力（JMETC）计划以“联合环境试验路线图”为目标持续推进，包括建立和维护基础设施，提出当前和未来互操作性要求，以及网络空间试验与鉴定要求。TRMC 将根据联合攻击战斗机知识管理项目和分析试验与鉴定项目运行的数据，制定知识管理投资路线图，涉及试验与鉴定复杂组织体所需的概念、需求、技术、方法和体系结构等内容。TRMC 还将继续研究试验与鉴定基础设施的改进方案，重点开发网络安全试验能力和国家网络靶场。

TRMC 将开展重大靶场与试验设施基地的实体转变为实验室演示系统的可行性费效分析，形成试验和测量设备能力的租赁服务价值评估报告。为应对靶场侵蚀和采办项目试验需求能力问题，TRMC 完成了“试验靶场侵蚀审查”项目。该项目证实：电磁频谱、邻近陆地能量开发与使用、空域侵入是影响试验与评价基础设施重点关注问题。

（二）美国航空航天局建设新型导航半实物仿真系统

2016年，美国航空航天局（NASA）建立了更为先进的导航半实物仿真试验系统，具备X射线导航、脉冲星/伽玛射线导航、光学自主导航、星际飞行器间通信等仿真能力，成功研制了红外超频段动态模拟器原理样机，实现多种中长波红外超谱段目标和场景模拟。

（三）仿真系统应用支撑导弹防御性能评估

美国导弹防御局（MDA）定期通过地面试验帮助本机构和作战指挥官发展导弹防御理论、训练操作员、评估当前系统性能。2016年10月，MDA完成了一次地面试验，对弹道导弹防御系统的性能进行了评估。在为期12天的试验中，弹道导弹防御系统设定了各种各样的模拟威胁场景，评估了系统的实战响应过程与综合系统功能，为2017年底增加部署地面拦截弹的决策提供支撑。

MDA为“先进概念与性能评估”项目在2017财年申请预算1800万美元。该项目主要对先进技术概念进行建模、仿真和性能评估，并对政府、高校和工业界的技术概念进行独立评估。MDA将支持机载先进传感器、杀伤器的模块化开发体系架构试验床，以及事先和事后性能预测、评估等数字仿真和人在回路等试验设施的建设。

四、建模与仿真日益成为训练演习的重要手段

作战方案能否适用未来战争的需要，能否适应多方对手和威胁，作战训练能否适用未来作战需求并做到“战训一致”，都需要通过实兵实装演习才能验证。但受诸多因素制约，实兵实装演习并不能充分反映现实实际。因此，军用仿真系统就成为当前作战分析的决策依据与军事训练的

重要支撑手段。2016 年在军事训练和模拟军演方面建模与仿真应用得到不断深化。

（一）采用仿真手段进行多领域模拟军演

1. 美军举行“施里弗军演 2016”

美军于 2016 年 5 月 19 日至 26 日举行第十次“施里弗”军演。此次演习的目标：一是明确增强太空弹性的方法；二是探索如何向作战人员提供联合作战的最佳效果；三是检验如何在多疆域冲突中运用未来能力保护美国的太空安全。

在本次“施里弗”军演中，美军检验了太空信息系统、作战指挥系统和武器平台系统的协同配合，太空系统中的天基系统和地面系统的协同配合等。演习为有效实施太空威慑、组织太空作战行动、支持军兵种作战提供了有力的数据支撑，促使美军太空系统应用由战略决策层面向战役战术层面不断深化，为推动美国太空能力建设、提升联合作战能力以及强化太空威慑效应发挥了显著作用。

2. 美国陆军举行“联合挑战 16. 2”模拟军演

目前，陆军进行的一系列军演主要考虑两大因素：一是未来远征军面临的联合行动；二是未来军演在网络空间和电磁频谱领域的整合。2016 年美国陆军为提高全域联合作战能力，举行了“联合挑战 16. 2”模拟军演，其时间背景设定在 2025—2030 年。此次军演由 11 个作战实验室中心和陆军特种作战司令部组织实施，模拟国家或非国家实体面临的多种威胁。

3. 美国陆军举行“网络闪电战”模拟军演

2016 年 4 月 18 日至 29 日，美国陆军组织作战部队、网络战部队以及训练与条令、研发、采购等部门共同开展代号为“网络闪电战”的虚拟演习，旨在检验新作战概念，进一步明确陆军如何更好地应对网络与电磁威胁。

与往常的训练场景不同，此次演习要求参演部队的所有网络电磁作战行动均通过战术作战中心（TOC）进行交互，将TOC打造为一个各作战力量、各类专业人才进行战时交互的基本指挥所，其附属职能包括通信、网络防护、电子战以及频谱分析等。本次演习旨在提升参演作战部队对网络与电磁频谱态势的理解与分析能力，训练作战人员对威胁和紧急事件进行分类，判定威胁是网络攻击、敌对电磁干预或是友军误介入己方通信。参演的其他部门则要为指挥所交互的各个方面提供支持，帮助作战部队调整并推进演练。

（二）虚拟训练成为军事训练重要手段

作战训练需适应多层次、多方向、多样式战略战役战术训练需要，体现信息化条件下作战特点，准确描述战场环境和作战行动，实现“战训一致”。这就需要建立和完善综合化、网络化、多功能化的仿真训练系统及一体化虚拟演练环境。

目前基于仿真训练的市场中，集成实况—虚拟—构造（LVC）仿真训练系统占据主导地位。美国国防部下一代训练战略提出，集成LVC能力和提升驻地联合训练水平将作为衡量多样化联合作战部队的重要手段。在2016年I/ITSEC会议上，海军航空训练部门表示，高保真虚拟现实系统可以用更快的速度和更低的成本来填补训练的不足；美国企业界人士对美国军方将在未来几年中加大对虚拟现实训练系统的投资持乐观态度。

1. 积极推进实况—虚拟—构造训练能力建设

2016年1月，美国海军在内华达州法伦海军航空站建成基于LVC仿真训练的防空训练设施，并计划在2020年将其升级为综合训练设施。该中心包含3艘“宙斯盾”巡洋舰、2架E-2D“先进鹰眼”预警机和8架F-18战机的模拟器。这些模拟器全部联网，通过陆基网络共享机密数据，允许约35人同时在虚拟生成的训练环境中“操作”航空母舰。目前，美国海军能进行真实—构造训练（飞行员驾机升空对计算机生成的想定做出反应）和虚拟—构造训练（飞行员在模拟器中对计算机生成的想定做出反应），但空中的飞行员和模拟器中的飞行员在同一个生成环境中联合行动，即完全的LVC事件，还是一个现实的技术挑战。

美国海军的战术训练与趋势分析任务评估系统（PMATT - TA），采用基于网络的集中数据库，实现了与自动提供效果评估的P - 8“海神”和P - 3“猎户座”反潜机飞行训练系统的集成。2016年12月，美国海军与波音公司联手开展对该系统的测试。预计2017年10月底前将该系统纳入波音公司的P - 8“海神”训练软件基线升级工作中。

美国空军希望将虚拟和构造仿真嵌入到实战演习中，利用前沿技术实现对F - 35战机在受限复杂场景下的仿真应用。2016年美国空军研究实验室（AFRL）演示验证了安全实时虚拟与构造先进训练环境项目，力图使飞行员获得接近于真实的作战经验。该项目计划于2018年在F - 15E和F/A - 18战斗机上进行验证，但有关技术可能要到21世纪20年代中期才足够成熟，能应用于F - 35或其他第五代战斗机。AFRL和Cubic公司2017年将继续开展试验和开发安全实时虚拟与构造先进训练环境项目。2018年计划在内利斯空军基地开展3次为期两周的演示验证，届时美国海军也将参与。该演示验证计划于2018年3月份开展，将包括2架F - 15E和2架F/A - 18战机与一些虚拟和构造的敌机对抗。

美国军方积极探索基于实况—虚拟—构造的集成仿真（I - LVC）。这种集成旨在通过提供更加整体的训练环境，增加仿真的真实感。2016年爱荷华大学工程学院计算机辅助设计中心运行效能实验室与罗克韦尔·柯林斯公司持续推进I - LVC联合试验。运行效能实验室将L - 29喷气式飞机训练器与罗克韦尔·柯林斯公司 F/A－18、联合终端攻击控制器（JTAC）仿真器以及 NAVAIRF/A－18 训练装置集成在一起。

2016 年 6 月，罗克韦尔·柯林斯公司将分别位于法国、英国和美国的模拟器和真实飞机相联，使不同地点（地面、空中和海上）的作战人员实现同时训练，即实现了 LVC 仿真训练在关键场景下的互操作能力，使 LVC 仿真训练提高到一个新水平。

2. 人工智能应用于模拟训练

人工智能与空中作战能力的结合是一个革命性的飞跃。飞行员在空中作战中，综合运用身体、技能和直觉操纵战斗机高速完成所有动作。目前，战斗机飞行员需要以超过2400 千米/小时的速度在高空中飞行，一个细小的失误将带来高昂代价，每个瞬间的决断都至关重要。因此，引入人工智能技术显得尤为必要。

美国辛辛那提大学研发的“阿尔法”空战系统，与拥有丰富空战经验和战斗机专业知识的退役美国空军上校在高保真空战模拟器环境下进行了比拼，并获得了最终胜利。该开发任务是 AFRL“仿真、集成和建模高级框架”项目的一部分，采用基于模糊逻辑的人工智能技术改进假想敌算法。该应用程序以模拟空中作战任务为研究目标，专为无人作战飞行器设计。在模拟对抗试验中，ALPHA 在设置了飞行速度、转向、导弹性能、传感器等方面的多重阻碍下，多次击败其他领域专家。

（三）虚拟现实与模拟训练有机融合

仿真系统可视化技术实现了真实世界和虚拟世界的融合，并具有实时交互的特点，在陆、海、空、天多维一体的数字化战场上及模拟仿真训练中得到了广泛应用。

俄罗斯研发了用于控制无人机飞行的新型虚拟现实（VR）显示头盔，

Mass Virtual 公司研制了最新超视距空对空战斗 VR 模拟系统，Nexter 系统和 KMW 合资公司开发了 KMW + Nexter 防御系统（KNDS）。其中，KNDS 已将 Nexter FINDMP 数字沙盒（DSB）集成到 KMW 的快速建模地形数据库中，实现二维和三维地形在大桌面触摸屏上的显示，并应用于指挥训练、任务规划和预演。在水面舰艇方面，海军开发的水面训练高级虚拟环境（STAVE）项目，结合了虚拟现实技术、实践应用以及传统的教学方法来训练下一代海军将士。

（四）五代机训练中大量应用仿真手段

洛克希德·马丁公司研制的全任务仿真器（FMS）使 F－35 飞行员通过共享同一款飞行软件，获得与真实飞机非常接近的体验。FMS 能够生成全谱系、高逼真度的飞行与作战行动训练，采用 24 部高清投影仪创建 360°作战环境，为飞行员提供高度模拟的 F－35 能力。每个 FMS 还安装了最新版本的作战飞行程序，能够精准模拟 3 种 F－35 机型的能力和操作特征，通过模块化升级实现逐步成熟。

在利用仿真器能够开展的训练数量方面，F－35 的仿真训练任务超过了 50%，而 F－16 或 F/A－18 等型号飞机的仿真训练项数仅为 25%～40%。因此，相较于真实训练，通过利用仿真器，能够以更经济的方式开展更多的训练任务。

五、结束语

经过数十年的发展，各国已形成较为完整的仿真发展体系，军用建模与仿真技术已成为服务新的军事理论和作战思想的有效工具之一，军用仿真系统已成为军事训练的支撑手段、作战分析的决策依据、论证装备发展的量化工具、研制新型武器装备的工业流程。从 2016 年世界军用建模与仿真技术发展的趋势来看，世界主要军事国家在战略规划、作战分析、装备采办、军事训练、后勤保障、技术研发等领域对建模与仿真技术的依赖将进一步加强，建模与仿真技术将更广泛深入渗透到军事国防的各领域。

（北京仿真中心　熊新平　孙磊）
（中国航天科工集团第二研究院二〇八所　李莉）

2016 年试验鉴定领域发展综述

2016 年，外军持续加强试验鉴定顶层监管工作，推进试验评估法规政策改革，强化作战试验鉴定对装备作战效能和适用性考核的力度，进一步提升研制试验鉴定的作战真实性，同时加大可重复使用航天运载技术的试验与发射力度，推进先进技术不断发展成熟。

一、持续加强作战试验鉴定工作

2016 年 1 月，美国国防部作战试验鉴定局局长发布《作战试验鉴定局 2015 财年年度报告》，系统总结了上一财年作战试验鉴定工作及国防采办项目监管情况，着重强调增强试验科学严谨性、改善装备可靠性、更新《试验鉴定主计划》指南和加强网络安全作战试验等方面工作。

（一）推动科学试验方法的应用

近几年来，作战试验鉴定局始终致力于优化“实验设计”、测试设计与分析、统计方法等，确保作战试验能有效评估武器装备作战能力。目前，美新版国防部 5000. 02 指示《国防采办系统的运行》要求采用通用的试验鉴定方法，利用适当资源模拟作战环境，有效测试武器装备完成作战任务的能力。试验结果应在特定作战条件和威胁类型下得出，而不是在所有作战环境下得到平均结果，这样才能帮助作战人员了解武器装备在何种条件下才能发挥作用。这意味着，在试验之前要明确哪些数据需要分析，哪些系统性能需要评估，以帮助决策者确定在特定条件下需要进行多少试验才能得到准确结果。

（二）加强装备可靠性试验

国防部制定了相关政策法规以改善装备的可靠性。新版国防部5000.02指示要求项目须采用可靠性增长规划，不断评估其可靠性增长情况，使武器装备在初始作战试验鉴定中达标，并在决策点C向决策当局报告结果。另有数据表明，当项目中设立可靠性关键性能参数时，其可靠性达标的概率随之增加。上一财年中，国防部在开展初始作战试验鉴定或后续作战试验鉴定的34个项目中，对8个项目设定了可靠性关键性能参数，其中7个达到了可靠性标准要求，而在另外26个未设定可靠性关键性能参数的项目中，仅有11个达到了可靠性标准要求。这表明可以将可靠性关键性能参数纳入相关政策法规中，作为改善装备可靠性的手段之一。

（三）发布新版《试验鉴定主计划》指南

作战试验鉴定局发布《试验鉴定主计划》指南3.0版。指南采用新版国防部5000.02指示中《试验鉴定主计划》的组织结构，并提供了有关作战试验鉴定局的指导与案例。指南对作战鉴定框架构建、多阶段试验信息融合方法、可靠性试验计划以及网络安全等4项重点内容进行了修订。

（四）提升网络安全试验作战真实性

报告称，网络安全作战试验存在的网络攻击模拟不到位，演习和试验当局几乎不允许对系统与网络进行有侵入性的攻击，限制非网络部队开发利用相关信息等主要问题，严重影响了试验的规模和持续时间。为更好地模拟网络威胁，作战试验鉴定局联合太平洋司令部、北方司令部、战略司令部、网络司令部共同组建网络对抗部队，以提升对国防部各系统的侵入能力。

二、推进研制试验鉴定顶层监管

2016 年 3 月，美国国防部负责研制试验鉴定的助理国防部长帮办签发了《2015 财年研制试验鉴定年度报告》。美国国防部通过发布年度报告的方式，既对研制试验鉴定和试验资源建设进行分析评估，又系统梳理了存在的问题与不足，并提出相应的改进措施与建议。同时，通过对重大国防采办项目严格监管，使其试验鉴定工作进入良性发展。

（一）加强研制试验鉴定政策制定工作

一是推进“左移”倡议。研制试验鉴定办公室持续推进“左移”倡议，通过在武器系统进入生产阶段之前开展更为严格的研制试验鉴定，进一步掌握武器系统的性能、可靠性、互操作性和网络安全特性，提供更准确的决策支撑信息。二是制定发布研制试验鉴定程序指南。研制试验鉴定办公室发布《网络安全试验鉴定指南》，进一步完善了网络安全研制试验鉴定的程序，为首席研制试验官和试验鉴定机构进行试验规划和评估提供依据和参考。三是贯彻执行研制鉴定框架。根据新版国防部 5000.02 指示《国防采办系统的运行》要求，在里程碑 A 开始时就要制定研制鉴定方法，里程碑 B 开始时形成研制鉴定框架。

（二）推动试验鉴定资格认证与教育培训工作

一是开展试验鉴定资格认证和教育培训。美军试验鉴定队伍主要分布在采办队伍的试验鉴定职业领域、作战试验机构和重点靶场。鉴于采办队伍相对完善的培训体系和良好的培训效果，研制试验鉴定办公室与国防部其他业务局共同努力，确保将所有试验鉴定岗位都纳入采办队伍体系，从而提高岗位专业化水平。二是更新职业领域认证等级标准及相关课程内容。研制试验鉴定办公室联合国防采办大学，制定了试验鉴定职业领域Ⅰ、Ⅱ、Ⅲ三个等级的认证标准，同时由国防采办大学为等级认证提供相应的课程培训。三是推进试验鉴定关键领导岗位的资格认证与评审。根据《美国法典》和相关采办政策要求，首席研制试验官应成为所有重大国防采办项目和重大自动化信息系统项目的重要管理人员，并获得试验鉴定职业领域认证。

（三）统筹试验资源顶层规化

一是审查采办项目试验所需资源。通过审查，试验资源管理中心确定了未来需要研究和关注的领域，包括试验靶标和威胁系统的成本与可用性、威胁表征的逼真度、干扰系统全功率试验的限制等。二是评估试验鉴定管理机构资源能力。报告对研制试验鉴定办公室和牵头研制试验鉴定机构的资源充分性进行了评估。三是管理三大投资计划。试验资源管理中心主要负责管理中央试验鉴定投资计划、试验鉴定/科学技术计划和联合任务环境试验能力计划，旨在支持关键试验能力建设。

（四）推动先进试验技术应用

一是推动科学试验与分析技术和建模仿真技术的应用。为了推动科学试验与分析技术在试验鉴定工作中的应用而成立的“卓越中心”，为美军37个试验项目提供了科学和统计学专业知识，为项目的试验规划提供帮助支持，还开发了最佳实践、商业案例和从业人员教程等多项产品。二是引入大数据分析概念。为了进一步提升美军试验鉴定领域的知识管理能力，研制试验鉴定办公室正在尝试利用大数据分析技术，学习商业或政府部门的开发工具、技术及最佳实践，在系统全寿命周期内持续有效地更新知识库，同时加强试验鉴定数据的共享，提高知识管理能力。

（五）监管重大国防采办项目研制试验鉴定工作

研制试验鉴定办公室负责审批军种采办项目《试验鉴定主计划》中的研制试验鉴定部分。在重大里程碑决策点前，研制试验鉴定办公室对重大国防采办项目的状态和风险进行客观评估，为采办决策提供支撑。研制试验鉴定办公室分别向国防采办委员会和顶层一体化产品小组提出了 36 项和 35 项建议，为其决策提供了公正、客观、专业的技术支撑；完成了 21 项项目评估工作，与项目办公室紧密合作，协助其完成了 24 份《试验鉴定主计划》的制定。

三、发布政策性备忘录，指导试验鉴定活动开展

（一）发布关于建模与仿真验证指导的备忘录

2016 年 3 月 14 日，作战试验鉴定局局长迈克尔·吉尔莫向陆军试验鉴定司令部司令、海军作战试验鉴定部队司令、空军作战试验鉴定中心主任、海军陆战队作战试验鉴定部主任和联合互操作能力试验司令部司令，签发了一份题为《作战试验与实弹射击评估所用建模与仿真的验证指导》的备忘录。吉尔莫表示：某些情况下，建模与仿真在作战试验中已经并将继续发挥重要作用；建模与仿真采集的数据应该与作战试验或实弹射击试验采集的数据一样可信；应在《试验鉴定主计划》和《试验计划》中详细阐述建模与仿真的验证与确认工作，并尽可能引入严格的统计设计与分析技术。

一是明确“建模与仿真”和“验证”的含义。备忘录明确提出，“建

模与仿真”是指针对那些在鉴定作战效能、适用性、生存性和杀伤性中发挥重要作用的系统、实体或环境的模拟仿真，包括基于物理的计算机模型、基于效能的计算机模型、在回路中的软硬件和操作人员仿真、系统集成实验室、威胁环境模型、虚拟现实环境构建等。“验证”是指从模型预期用途的角度，确定模型或仿真及其相关数据以何种真实程度呈现现实世界的过程。

二是强调作战和实弹射击试验使用的建模与仿真数据要可信。备忘录要求，所有建模与仿真在实际用于作战试验之前都要经过确认，即将真实数据与模型预测进行严格比对，确定预测数据在预期作战范围的鉴定活动中能足够准确代表真实结果。

三是强调应采用科学严谨的统计分析方法。备忘录强调，对于仿真数据和真实数据，不能仅靠视觉上的对比就确定两者“足够接近”，应该引入严谨的统计学和分析原理。具体地讲，就是利用“实验设计”方法作为确定模型验证所需实验数据、确定模型反映现实世界真实程度的过程之一，对子系统、全系统、环境等每一个要素的建模与仿真进行充分的验证与统计分析，确保利用模型能完整呈现真实世界中的系统。

四是建议应在《试验鉴定主计划》与《试验计划》中详细描述验证与确认方法。备忘录建议，这两个计划除了描述建模与仿真的能力及其预期用途之外，还应重点关注验证对象、分析统计风险、验证的条件范围、验证数据的收集计划和验证方法等五个方面的内容。

（二）发布网络安全评估备忘录

美国国防部作战试验鉴定局于 2016 年 7 月向美军所有作战试验鉴定机构发布《网络安全作战试验鉴定重点与改进》备忘录，旨在指导各作战试验鉴定机构加强关键领域的网络安全试验手段与技术开发，进一步满足潜在威胁持续变化的需要。

一是明确需进一步加强的关键领域。备忘录要求各作战试验鉴定机构重点加强以下四个关键领域的网络安全试验鉴定工作：非互联网协议数据传输、工业控制系统、多谱网络威胁、定制化系统攻击。通过确定网络安全关键领域，明确了网络安全试验鉴定重点方向，为网络安全试验鉴定工作提供了指导依据。

二是需特别关注的问题。备忘录针对网络安全作战试验鉴定的准备与实施，要求各作战试验机构重点把握好以下五个方面问题：系统架构，所有试验计划中都应包括系统物理或逻辑架构的示意图或描述；端到端试验，该类试验的试验范围应该包括系统或体系内的所有设备、系统操作人员以及这些人员的培训、行为和口令；试验协调与保障，作战试验机构应从系统操作员和管理员处获得恰当的账户或口令，或延缓试验进度使红方能够寻找并伪造所需的账户或口令，以提高试验有效性；试验执行，试验团队应开发若干对抗能力（从“难以检测”到“易于检测”）用于对抗性评估，这将有助于国防部收集更多对抗能力信息，以对系统进行进一步保护和监测，并对复杂威胁做出有效应对；数据交付，要求所有试验数据必须在试验完成60天内提交到作战试验鉴定局，并汇报所有在试验中发现的、经过验证的脆弱性问题。

备忘录称，国防部和各军种均明确表示需要提高网络加固系统的研发能力，确保大多数关键系统的可生存性。目前，各作战试验机构正在进行技术交流与融合工作，上述网络安全问题是具有高优先级的重点工作。

四、研制试验鉴定“左移”倡议取得成效

2016年，是美军推行“左移”倡议的第4年。该计划由美国国防部研

制试验鉴定办公室提出，主要是在采办早期的研制试验阶段引入作战任务环境，将原先在装备采办后期才进行的互操作性、网络安全和可靠性等试验项目，提前至装备采办前期进行，目的是尽早发现并解决装备存在的缺陷，保证研制问题不会成为装备投产后的缺陷，更不会成为战场上的隐患。

（一）制定顶层法规政策，指导全军网络安全研制试验鉴定工作

美国国防部研制试验鉴定办公室通过改进网络安全试验鉴定程序、更新采办政策和指南，细化装备能力需求，及早发现装备的网络脆弱性，帮助项目和采办决策者更好地应对网络空间安全的风险。研制试验鉴定办公室正式发布《网络安全研制试验鉴定指南》，规范了重大国防采办项目的试验数据收集过程，进一步完善了网络安全研制试验鉴定程序，为全军试验鉴定部门进行网络安全试验规划和评估提供了依据和指导。

（二）提前开展互操作性试验，为作战试验提供支持

美新版国防部5000.02指示《国防采办系统的运行》将互操作性演示作为装备进入生产阶段的决策依据之一，因此研制试验鉴定办公室提出，将装备的互操作性研制试验鉴定提前至装备的工程制造与开发阶段，以在采办早期就获取相关数据，支持在初始作战试验鉴定中进行的互操作性认证。研制试验鉴定办公室联合国防部首席信息官修订了国防部8330.01指示《信息技术互操作性》中的互操作性研制试验鉴定内容。

（三）加强可靠性试验设计，检验从部件到体系级的可靠性问题

目前，“左移”倡议的重点是通过早期的研制试验，对可靠性风险进行评估，指导可靠性的顶层设计，确保项目办公室制定出有效的可靠性增长计划，帮助决策者判断装备部件、装备系统、装备体系在作战任务背景下能否满足可靠性要求，并不断推动可靠性试验的改进工作，使《试验鉴定主计划》中包含有效的可靠性增长计划。

（四）完善研制鉴定框架，为采办决策提供可信试验数据

“研制鉴定框架”是研制试验鉴定工作规划和制定《试验鉴定主计划》的基础，是“左移”倡议的一个重要部分。根据美新版国防部 5000.02 指示《国防采办系统的运行》要求，在装备开始论证时，就要制定研制鉴定方法，形成《试验鉴定主计划》草案，进入工程研制阶段前要形成全面的研制鉴定框架。未来，美军将进一步完善研制鉴定框架指导，并在《国防采办指南》中加以更新。

五、无人自主系统试验鉴定成为发展新方向

2016 年 6 月，美国国防科学委员会发布题为《自主性》的研究报告，主要研究了当前自主技术在军事领域的主要应用领域以及未来自主技术的应用前景，并从加速自主能力应用、推动自主技术向作战能力转化以及扩展自主系统技术应用领域 3 个方面提出了 26 项措施建议，旨在进一步维持美国的军事优势。

报告认为，针对自主系统的试验鉴定主要面临以下挑战：一是自主系统试验超出常规试验能力范畴；二是国防部当前的试验方法和流程并不适用于测试具有自学习和自适应能力的软件。报告提出两个建议。一是建立新的软件测试模式。作战试验鉴定局应当与研制试验鉴定办公室联合，借鉴商业成功案例，建立新的自学习和自适应软件测试模式。二是国防部试验鉴定机构应当建立覆盖自主系统全寿命周期的试验鉴定模式。这主要包括：广泛使用真实、综合的环境，对系统是否从研制阶段转入部署阶段进行评估和鉴定；为自主系统持续的“验证与确认”制定标准和指南；尽早开展试验，并在系统开发、试验和部署阶段反复开展如下活动，即构建、

试验、变更、修改、再试验、再变更……；开发用于评估自主系统功能的数据库，将经实测验证的和实验的结果纳入数据库；引入网络战、电子战等对抗环境；对系统全寿命周期的各项活动进行规划。此外，报告还强调，自主系统的试验鉴定过程中将产生大量数据，这些数据对于深入了解系统性能、后续系统性能改进以及新系统设计至关重要，必须进行恰当维护。

六、俄罗斯推进高超声速技术试验验证

2016 年 3 月 15 日，俄罗斯利用陆基发射装置对俄罗斯海军“锆石”新型高超声速巡航导弹进行了首次试射。该型导弹速度可达马赫数 5 ~ 6，射程约 402 千米，将配装于“基洛夫”级核动力巡洋舰和正在建造的第 5 代“哈斯基”级核潜艇。此外，“锆石”导弹还将配装“彼得大帝”号巡洋舰和“纳希莫夫海军上将”号巡洋舰，替代目前正在使用的射程为 628 千米的“花岗岩”超声速反舰导弹，其改装工作将于 2022 年完成。

2016 年，俄罗斯还进行了 Yu – 74 试验性高超声速滑翔飞行器试验。该滑翔飞行器由 RS – 18A（北约称 SS – 19“匕首”）洲际弹道导弹搭载，从位于奥伦堡州的杜巴罗夫斯基导弹基地发射，命中了俄罗斯远东勘察加东北部库拉导弹试验靶场的一个目标。此次试验的细节和 Yu – 74 滑翔飞行器的系统性能属于高度机密，尚未公开。据报道，未来 Yu – 74 滑翔飞行器将由俄罗斯最新的重型液体燃料洲际弹道导弹 RS – 28“萨尔马特”搭载。每枚“萨尔马特”导弹最多可搭载 24 个装载核弹头的 Yu – 74 滑翔飞行器，并能在 1 小时内命中约 10000 千米范围内的任一目标。专家称可装备核弹头、电子战应用软件或假目标模拟器的 Yu – 74 滑翔飞行器，能够确保“萨尔马特”导弹突破潜在对手已有的或未来的导弹防御系统，如北约导弹防

御系统和美“萨德”导弹防御系统，极大增强俄罗斯战略导弹部队的作战效率。专家还指出，正在发展的高超声速巡航导弹已进入最后阶段，新的高超声速巡航导弹在许多方面与 Yu－74 类似。2015 年 2 月，俄罗斯进行了 Yu－71 高超声速滑翔飞行器试验，因其未成功演示机动飞行能力，试验宣告失败。此次试验的 Yu－74 是 Yu－71 的改进型，同属俄罗斯“4202 工程”。该工程由俄罗斯机械制造工艺科学生产联合体负责，主要目的是发展一种导弹打击武器，以有效应对美国的导弹防御系统。

七、英国、加拿大等国强化试验鉴定作战真实性

2016 年 2 月，英国皇家空军在美国海军空战中心中国湖分部完成“硫磺石”2 导弹的作战评估试验。此次试验是英国皇家空军“狂风”GR4 多用途战斗机交付部队、宣布具备初始作战能力前的最后一次里程碑试验。试验中，英国皇家空军第 41 试验鉴定中队的 GR4 战斗机在不同作战场景下，向快速移动的小型车辆和复杂的静止目标发射了 11 枚“硫磺石”2 导弹。除 1 枚因发射距离极短处于导弹性能的极限边界，未能捕获目标外，其余 10 枚均命中目标。此次试验包括单射和齐射两类试验，采用了毫米波雷达、双模制导和第三方地基激光指示。试验检验了该导弹新型战斗部的性能、应对装甲和非装甲目标的能力，以及在高离轴角情况下的目标打击能力。其结果表明，该导弹的新型战斗部与推进系统符合钝感弹药要求，其防区外发射距离是已服役双模“硫磺石”导弹的 2 倍，具备更强的近距空中支援能力。

2016 年 11 月，加拿大希尔沃特皇家空军基地 12 联队的 1 架 CH－148“飓风”直升机与加拿大海军“温莎”号潜艇在新斯科舍海域联合开展反潜作战试验。这是 CH－148“飓风”直升机首次参与反潜作战任务，是该新

型飞机发展过程中的一个重要里程碑。试验中，CH－148“飓风”直升机利用被动声纳浮标对“温莎”号潜艇进行了探测跟踪，测试了其声纳浮标处理系统。该系统由于不产生任何有源噪声，使潜艇无法掌握直升机的位置，便于对潜艇进行跟踪。此次反潜作战试验将“温莎”号潜艇作为目标，主要是训练机组人员熟练操作设备，形成固定工作程序，为跟踪真正潜艇目标奠定基础。此外，这次反潜作战试验与“飓风”直升机正在进行的作战试验鉴定密切相关。其作战试验鉴定正在评估“飓风”直升机的作战效能，支持战术程序的开发以及验证训练大纲，以确保“飓风”直升机能够顺利移交一线飞行中队。在此次海上试验期间，“飓风”直升机还同“蒙特利尔”号潜艇共同开展了作战试验鉴定。

2016年6月18日至22日，以色列导弹防御组织联合美国导弹防御局和欧洲司令部开展了为期5天的“综合地面试验”，试验代号为IGT－16。试验中，以色列参与的防空反导系统包括“箭”－2和“箭”－3拦截弹及“大卫投石索”武器系统等，美国参与的防空反导系统包括“指挥/控制/通信系统”、“宙斯盾”舰和“标准”－3拦截弹、“末段高空区域防御”系统和“爱国者”导弹防御系统等。试验想定以真实作战任务为背景，以色列遭受多枚导弹和火箭攻击，以色列和美国利用防空反导系统成功摧毁来袭威胁目标。此次试验验证了美国有能力保护以色列，以及美国、以色列两国防空反导系统的互操作能力。“大卫投石索”武器系统最近正式交付给以色列空军，借此次试验之机，对其能力进行验证，也为形成作战能力提供了支撑。

（中国国防科技信息中心　杨俊岭　郑晓娜　刘义和）

ZHONG YAO

ZHUANTI FENXI

重要专题分析

生物科技将引领下一轮军事革命

纵观人类文明史，科技革命不断催生军事革命，进而深刻影响政治、经济、社会等广泛领域。当前，以信息化为核心的新军事革命取得重大进展，以生物科技为代表的新一轮科技革命正在孕育。生物科技与信息、纳米、认知的交叉融合，将对武器装备、作战空间、作战方式、战争形态等产生深刻影响，在助推信息化深入发展的同时，逐步引领信息化军事革命向生物化军事革命转变。

一、信息化军事革命发展态势的分析

军事革命是人类社会运动的一种特殊形式。纵观历史上的军事革命，可以看到这样一条铁律：人类文明每一次大的发展，都为军事革命奠定了坚实的社会基础。特别是在游牧社会向农业社会、农业社会向工业社会的转型期，相应地发生了全面军事革命，即冷兵器军事革命、热兵器军事革命和机械化军事革命。当前，世界文明正由工业社会向信息社会转变，信息化军事革命也因此正在蓬勃展开。

（一）信息化军事革命最晚将于本世纪中叶基本完成

从历次军事革命的发展过程看，新一轮军事革命总是呈现出较上一轮加速发展的态势。金属化军事革命大概经历了1500年，火药化军事革命大概经历了500年，机械化军事革命大概经历了200年。信息化军事革命从20世纪80年代肇始至今，已进行了约30年。一般认为，代表新技术形态的武器装备的大致攻守平衡、适应性的军事体制编制调整标志着一轮军事革命基本完成。当前，以美军为代表的信息化军事革命已逐步进入攻守大致平衡、体制编制调整阶段。专家预测，信息化军事革命最晚将在本世纪中叶基本完成。

（二）信息化军事革命发展完善存在新的需求

1. 完善战争认知系统的需求

战争体系在宏观上可分为作战行动的实践系统与进行战场感知、判断和决策的认知系统。随着军事信息化步伐的加快，以电磁脉冲武器等为代表的信息破坏武器的发展日益迅猛，夺取信息优势、保护战场信息获取、保持信息流畅的信息安全重要性日益凸显。与此同时，对实时海量信息处理、迅速形成决策优势的要求越来越高。以计算机网络技术为基础的信息技术本身已不能完全满足这一要求，迫切需求新的技术来完善信息化战争的认知系统。

2. 拓展更新军事要素的需求

信息化时代之前，数千年战争形态都属于物质、能量主导型战争，机械化战争使物质、能量主导型战争达到最高水平。信息化战争增加了信息要素，物质和能量要素都要受信息要素的主导，属于信息主导型的战争。随着信息化深入发展，对智能特别是人的智能的发挥、利用提出了新的要求，战斗力构成要素将再次拓展，增加智能要素。在未来，物质、能量和信息要素将受智能要素的主导，出现智能主导型战争。生命科学，尤其是脑科学将是智能主导型战争的科技支撑。

3. 拓展作战空间的需求

物质形态包括固态、液态、气态，以物理学为代表的物质科学对自然界的认识始于固体，继而液体和气体，终于真空。无独有偶，物质科学的发展及军事应用，使战争由陆地依次拓展到海洋、天空。信息科技的发展及军事应用，使战争进一步向太空、深空、电磁空间延伸，并使战场空间趋于极限。战场空间的进一步拓展，须从空间的哲学概念中寻求新的突破。从哲学的层面看，空间可分为物质空间、信息空间和认知空间。信息化战争之前的传统作战在物质空间进行，信息化战争将战场空间由物质空间拓展到信息空间。目前，认知空间还没有成为战场，但随着生物科学的革命性突破，记忆、学习、决策、情绪、意志、精神、智慧等认知空间将成为新的战场空间。

4. 提升作战效能的需求

对作战效能的更高追求将促进信息化军事革命向智能化发展。只有当军事系统真正达到智能化状态时，才能实现对战争时空和进程的高效、精确控制，最大限度地发挥信息化战争的军事效能。目前，信息化战争的智能水平尚处于计算机辅助决策和精确制导武器结合的初“智”阶段，必将向以脑科学、认知神经科学等为代表的生物科技寻“招”，实现作战效能的智能化融合与革命性跃升。

（三）信息化军事革命存在自身的瓶颈

1. 物之理的问题

基于物质科学原理的武器正接近其极限，基于并整合武器系统、引发信息化军事革命的微电子技术也正日益逼近其空间、能耗和散热等物理极限，突破此类极限，一部分已无可能，另一部分虽可提高较小幅度，但效应甚微，且费用太高、效费比太低。

2. 生之理的问题

信息化战争条件下，复杂的单兵装置、面临的极端作业环境以及高强度的作业负荷日益挑战军人的生理极限，作业能力的突破及高位维持必须期待更新的技术。

3. 心之理的问题

信息技术将导致未来战场信息海量释放，“战争迷雾”不减反增，作战指挥人员脑信息负荷超载的问题急需新的技术解决途径。意识干预等新作战样式的出现，将使认知和心理成为战场的一部分，甚至是决战决胜的核心部分。

4. 伦之理的问题

信息技术只能附着在物质能量技术革命带来的竞毁观念和相应属性的武器系统上，不可能超越人类已延续数千年火器致伤的“暴恶”范畴，而人道战则以其“趋慈”理念呼唤新的战争样式和新的武器研制技术。总之，战争中的人性复杂性和技术复杂性叠加，使战争工具和军事对抗行为越来越复杂，掌控不断异化的战争体系，驾驭战争的复杂性，需要在更高层面上重构体系，需要新质、新机理的技术突破。

二、生物科技引领下一轮军事革命的预判

目前，越来越多的事实表明，生物科技引领的新一轮科技革命正在加速酝酿。生物科技在融入并影响信息化军事革命的同时，将引领下一轮新的军事革命，加速“机械化、信息化”向“生物化”转变，并引发整个战

争形态的深刻演变。

（一）生物科技夯实下一轮军事革命社会基础

军事革命是人类社会文明形态转换的突变典型。生物科技的迅猛发展，正推动人类社会迈入生物社会，为下一轮军事革命奠定了社会基础。

1. 生物科技已成为21世纪的科技制高点

生命科学已成为自然科学中发展最快、影响最大的学科之一。从文献计量看，生命科学是研究最密集的领域，SCI数据库中生命科学文献占所有科技文献量的50.29%（数量指标），被引频次占65.9%（质量指标）。从重大成就看，1998—2010年度*Science*（科学）评选的150项重大科技进步中生命科学领域占83项。从科学数据的产出量看，仅生命科学重大突破和生物技术持续创新就极大地带动了信息科技、材料科技、纳米科技等领域的发展，并催生了化学生物学、物理生物学、数学生物学、系统生物学、生物信息学、生物材料学、社会生物学等一大批新兴交叉学科群。专家预测，新一轮科技革命可能在物质科学、生命科学等学科及其交叉领域开辟出新的空间，以新生物学革命为主要特征。

2. 生物科技塑造人类未来新型经济形态

人类社会的经济形态，经过游牧经济、农业经济、工业经济、信息经济等阶段，正逐渐向生物经济阶段过渡。近一阶段，全球生物经济总量5年翻一番，增长率为25%～30%，是世界经济增长率的10倍，生物产业已成为增长最快的经济领域。世界经济合作与发展组织（OECD）的报告认为，到2020年生物经济规模将达到15万亿美元，超过以信息技术为基础的信息经济规模，成为世界上最强大的经济力量；到2030年人类将进入生物经济时代，生物产业将成为21世纪的支柱产业。

3. 生物科技是解决全球重大问题的突破口

生物科技深刻影响国计民生的方方面面，影响和制约人类生存与发展的农业、医药卫生、人口、资源、环境、能源等问题的解决。生物科技正逐步成为人类解决资源、能源、生态、环境等全球重大问题的根本技术途径。生物医药科技将推动第四次医学革命，有效防治重大传染病和慢性疾病，提高人类健康水平，延长寿命；农业生物科技正推动第六次农业革命、第二次绿色革命，是解决世界粮食危机的根本途径；工业生物科技将推进第三次化学工业革命。

（二）生物科技提供下一轮军事革命的核心科技动力

历次军事革命浪潮都是由引领时代发展的革命性技术群始而发动并持续推进的，而此技术群中的带头学科，总是起着最关键、最重要的引擎作用。生物科技也不例外，将影响到军事领域的各个方面。

1. 生物科技锻造非对称优势，拓展战略威慑领域

非对称作战优势即未来战争优势。美军在《2020 年联合构想》中指出：非对称手段出现的可能性也许是美国即将面临的最重要的危险。未来随着人类基因组计划、人类蛋白质组计划、生物信息学、认知神经科学等突破，各种全新样式的生物技术化武器装备，如意识干预武器、脑控武器、“分子点穴”等，将突破现有战略威慑空间，逐步独立于海、陆、空、天、网、电传统领域，形成对现有作战平台的非对称优势，在未来战争中显示出超强战略威慑能力。

2. 生物科技提供新技术引擎，突破武器物理极限

生物世界是万千物质系统中进化程度最高、复杂度最广、效能最优、适应性最佳、可控性最强、能耗效能比最低的独特体系。因此，仿生技术一直是创新武器装备研发“奇思妙想”的源泉，从最复杂、最精华的生物

系统中获得新原理、新规律和新认识，始终是武器装备源头创新的强大技术原动力。如：生物计算技术将突破传统计算机存储空间、能耗和散热等物理极限10个以上数量级，引发军用计算机革命；生物效应与原理研究已实质性促进主动拒止武器、强声武器、脑控武器等新概念武器的研发，部分已陆续装备部队并发挥显著作用。未来，调控作战人员决策、行动等战斗能力的主导性基因或蛋白质将成为打击靶标，微观世界的“点穴”打击将成为可能。

3. 生物科技打造“超级士兵”系统，突破生理心理极限

生物科技的发展将实现人类数千年以求、战场救护急盼的“人工造血”“器官再生”“体外克隆”“合成生物”等梦想。军事医学将从传统救死扶伤的伤病医学，向未来打造“超人”“超能战士”的能力医学不断突破。生物科技将突破传统生命禁区，保障人员规模化上天、入地、潜海，为深空、深海、极地长期驻守建立完整生命支撑系统与基地，革命性开拓人类生存、军队行动的物理空间，使浩淼的海洋、广阔的天空、遥远的星球为人类新的家园、国家新的疆域。

4. 生物科技推动战争生物化，重塑战场形态

动物脑控技术将使高技术“动物部队”走向战场，完成人员、装备无法实施的低空、城区、地下通道、港口、深海等侦察、战场感知等特殊任务；脑—机接口技术将使机器人军团成为可能；生物能将成为继物理能、化学能和信息能之后的新型军事能量。生物科技使得认识脑、利用脑、控制脑成为可能，意识干预、脑控武器等将使大脑成为继陆、海、空、天、电、网之后新的作战空间。生物科技将催生新型“制生权”“制脑权”等生物作战理论。

三、从战略高度应对下一轮军事革命的建议

（一）以史为鉴，紧握“天机”

历史证明，科技革命、武器革新、军事革命是现代大国的强国必由之路。只有“军事技术的王者”才能成就“国家的王者”！发展中国家的图强之择，尤其是王兴之策，只有抢先发展“发展中”的军事技术！我国只有未雨绸缪，力拔生物化军事革命头筹，方能实现辟新径、越强敌、领未来的强国强军目标。

（二）着眼引领，企划大略

着眼引领中华民族伟大复兴、引领全球下一轮军事变革的总体战略目标，着力实施“生物化新军事变革战略”（可简称“生物化战略”），战略部署概括为“三步走”：第一步，进行生物化整体设计与布局；第二步，以生物化全面提升信息化，补齐信息化的短板与空白，形成信息化和生物化复合发展的格局；第三步，以生物化引领信息化，推行新的军事变革。

（三）珠联璧合，突破“天堑”

数千年的武器发展基本都是在物质科学的理论指导、技术支撑下进行的，因此，武器装备需求拟定、工程研发的专业队伍，其职业背景清一色是物质科学、工程技术，鲜有生物科技人员，国内外均如此。而随着现代科技的迅猛发展，各领域自身日益精深、分工日益精细，彼此间如同“天堑”，生物科技与其他领域之间更是如此。因此，在实施上述战略时，我们必须下大力突破领域间的“天堑”，推进战略研究力量与生物科技力量“思维碰撞”，勾画出人类有史以来首幅“生物化军事革命”的战略蓝图。

（注：原文发表于《国防参考》2014 年第 5 期）

（中央军事委员会科学技术委员会　贺福初院士）

国外天地一体化信息网络发展现状与趋势

2016 年以来，以美国为代表的西方国家在信息技术发展方面有了长足的进步，尤其是卫星通信与协同能力、星地一体化传输、协同作战等方面。在打击“伊斯兰国”的行动中，美军利用商业和军用卫星，构建了完善的天地一体化信息网络，将战场装备和人员有机地融合在一起，极大地提升了作战能力，为打击“伊斯兰国”恐怖主义奠定了坚实的基础。由此看出，在维护和拓展国家核心安全利益时，天地一体化信息网络对作战能力的提升、维护国家利益具有重大作用。

一、美军卫星通信发展现状

美军为实施其全球战略，已建成以 37 颗军事高轨通信卫星为主体，以全球 9 个地面电信港为依托，以铱星低轨移动通信星座等商用卫星为补充的天地一体化信息网络系统，形成宽带、窄带和安全顽存相结合的军事卫星通信系统体系，并逐步演进为全球信息栅格（GIG）的重要组成部分。美军卫星通信系统发展历程如图 1 所示。

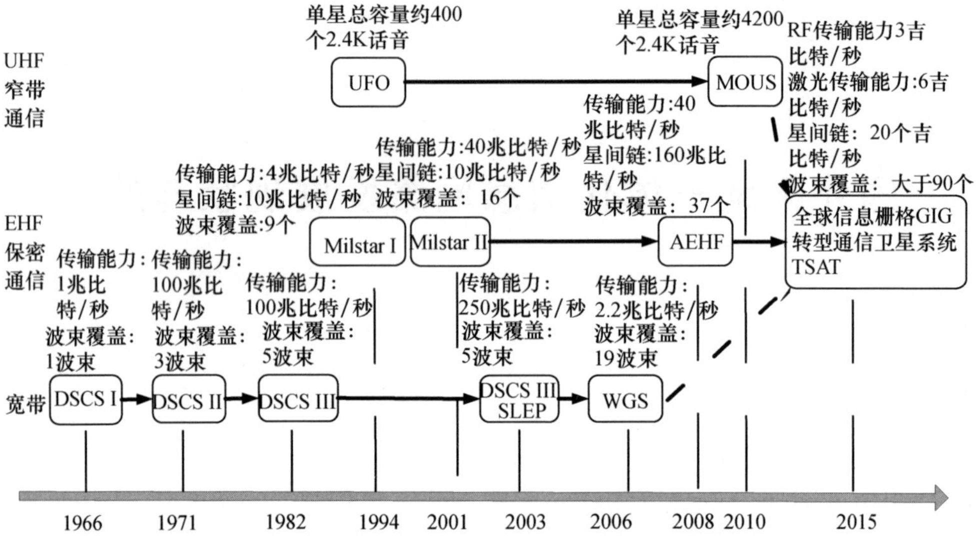

图 1　美军卫星通信系统发展历程

前期，美军宽带、窄带、安全顽存等卫星通信系统自成体系、独立发展。20 世纪 90 年代，美军为实现全球分布网络的互联互通，提出了全球信息栅格的概念，并设计转型通信体系（TCA），采用天网地网式体系结构，通过标准 GIG 接口与地基网络无缝互联。TCA 的空间段由转型卫星通信系统（TSAT）组成，能够直接或非直接联接 WGS、MUOS、AEHF 等卫星通信系统。

美军规划的转型卫星通信系统（TSAT）由 5 颗 GEO 卫星组成，星上搭载 IP 交换载荷，星间采用高速激光通信技术，系统支持 20～50 条激光链路，单条链路传输速率为 10～40 吉比特/秒，支持天基、机载情报、监视、侦察数据传输。

二、民商天基信息网络发展现状

伴随信息技术快速发展，天基信息网络在民用、商业领域的建设和应用快速发展，在重点建设高轨宽带卫星通信系统的同时，一些应用互联网技术、价格低廉的中低轨卫星信息网络呈现出蓬勃发展态势。

1979 年，国际海事卫星组织启动 Inmarsat 卫星网络建设，目前已构建了由 8 颗高轨海事卫星和 22 个地面关口站组成的天地一体网络，并实现与移动通信网、地面互联网互联，可为海、陆、空用户提供全球化、全天候、全天时、全方位通信服务，承担全球民航空中交通管制、船舶海上交通管制的大部分通信保障。

铱星系统（Iridium）由美国摩托罗拉公司于 1987 年提出，1998 年完成一代系统建设，耗资 57 亿美元。铱星一代系统主要为手持机移动电话用户提供全球无缝个人通信业务，包括 72 颗通信卫星（66 颗组网卫星和 6 颗在轨备用卫星），分布在高度 780 千米的 6 个轨道面，基本速率为 2.4 千比特/秒。由于市场定位不准、销售渠道不畅和周期长、成本高等原因，铱星系统发展历经不少波折。经公司重组和商业模式调整，在金融机构和美军的支持下，2007 年启动铱星下一代系统（Iridium Next）建设，2015 年开始发射卫星，计划 2017 年完成部署，预计耗资约 29 亿美元。Iridium Next 升级改造为宽带信息网络，星上搭载通信、气候变化监视、多光谱对地成像等多种载荷，具备星间链路和星上 IP 交换功能，L 频段下行业务速率可达1.5兆比特/秒，Ka 频段业务速率可达 30 兆比特/秒。

O3b（Other 3 billion）是一家全球卫星互联网接入服务商，其目标是为全球尚未接入互联网的“另外 30 亿”人口提供网络服务，主要为电信运营商及互联网服务商提供高速、低资费、低延时的移动互联服务。目前，O3b已部署12颗卫星，轨道高度为8062千米，采用弯管式透明转发体制，使用Ka频段，单星70个波束，单波束速率为1.6吉比特/秒，传输时延150毫秒，为用户提供与4G相媲美的“最后一千米”解决方案。

OneWeb是近些年发展起来的一家美国卫星互联网公司，目标是为传统互联网布设成本相对昂贵的地区提供高速宽带接入服务。OneWeb系统计划部署720颗低轨卫星组网，分布于18个轨道面，轨道高度1200千米，采用Ku频段，单星传输能力大于6吉比特/秒，用户接入速率可达50兆比特/秒，系统总容量约5太字节。单颗卫星质量约为150千克，采用民用级电子设备和规模化流水线生产，单星成本低于100万美元。OneWeb系统主要提供应急通信、低延时空中宽带接入、车辆网接入、乡村覆盖和家庭、学校、健康中心接入等服务。OneWeb互联网星座需融资25亿~30亿美元，主要通过与产业链利益相关方合作的方式解决资金问题。

美国SpaceX公司提出了STEAM卫星互联网计划，共需部署不少于4257颗小卫星，运行在43个混合轨道面，采用Ku频段、Ka频段，主要提供空间宽带Wi－Fi接入服务，计划2017年发射2颗试验星，2020年投入运营。卫星质量约386千克，工作寿命5~7年。每颗卫星提供的下行通信容量为17~23吉比特/秒，系统可为每位用户提供最高容量达1吉比特/秒的宽带服务。SpaceX公司注重卫星星座低成本建设与运营，采取火箭回收技术降低卫星发射和卫星补位费用。

美国谷歌公司提出了天空互联网计划（Project Loon）。空间节点为18~25千米高空的热气球，最大生存期为100~200天，每个热气球携带eNodeB基站组件，使用2.4吉赫、5.8吉赫ISM频段，目标是为郊区及偏远地区提供互联网接入服务，接入速率达到4G LTE水平。

欧盟提出了一体化卫星通信倡议 ISICOM，网络核心结构由 3 颗 GEO 卫星组成，支持 GEO、LEO、UAV 混合组网，空间节点集成通信、导航和地球观测载荷，支持移动广播、宽带接入、低延迟接入等通信服务，支持数据中继、Ad - Hoc 组网等网络能力，提供卫星导航、地球观测、空中交管等服务。

三、主要发展趋势

从国外卫星通信系统和天基信息网络发展来看，目前已经由分立的卫星通信系统过渡到天地异构网络互联互通，正在向天地一体的卫星互联网方向发展。一方面，在科学技术创新驱动下，天基网络的容量快速增大、速率显著提高、服务不断拓展、成本明显降低，正在颠覆传统的电信行业概念，引领产业创新和商业模式创新；另一方面，需求和市场牵引天基网络走向泛在，规模越来越大、应用越来越广，各类运营公司层出不穷，天基、地面网络优势结合互补，各类应用渗透到陆、海、空天各个角落和人们生活的方方面面。

(一) 天地多网系深度融合

深入开展天网地网一体化设计与融合实践，地面网络 IP 路由、移动互联等技术应用到天基信息网络，地面网络高性能、大数据量、高处理能力与天基网络广域覆盖等优势相互结合，天基信息网、地面互联网和移动互联网形成有机整体。

(二) 高中低轨卫星混合组网

GEO、MEO、LEO 等组网方案不断涌现，不同轨道卫星实现混合组网，通信调度和业务保障更加便捷，差异化、个性化服务能力明显增强，更好地适应区域增强、快速响应、立体作战等应用需求。

（三）微小卫星、模块化卫星成为热点

部署成百上千颗低轨微小卫星构成星座网络，卫星使用非宇航级的商业现货组件，采用模块化接口设计，实现批量制造生产，3D 打印技术开始应用到卫星制造，火箭实现回收再用，大大降低卫星成本，缩短研制建设周期。

（中国电子科技集团公司　吴曼青院士）

智能化战争正加速到来

2014年11月，美国颁发新的《国防创新倡议》，正式推出“第三次抵消战略”。该战略围绕抵消中俄非对称制衡实力，瞄准打造智能化作战体系，旨在整合军地和盟国创新资源，发展颠覆性前沿技术，以提高国防投入的“溢出效应”，抢占未来发展制高点，掌控大国竞争主导权，巩固美国的全球霸主地位。在美国国防部长卡特、副部长沃克和肯德尔“核心三人组”的领导和国防高级研究计划局、净评估办公室、战略能力办公室“三驾马车”的合力推动下，该战略力度之大、进展之快超乎寻常。随着该战略的推进，信息化战争将加速向智能化形态演化。

一、新一轮军事革命的方向是智能化战争

从新一轮产业革命看，正在兴起的物联网、机器人、VR/AR（虚拟现实/增强现实）、无人驾驶汽车、可穿戴设备等产业无一不以人工智能技术为支柱。由此，可以判断，下一个战争形态将是智能化战争。

智能化战争孕育于信息化战争之中。智能化战争取代信息化战争有其

必然性：一是信息调动物质、能量，而智能调动物质、能量、信息，智能相比信息具有优势；二是武器装备从迁移、延伸人的体能、技能进一步向智能迈进，人与武器结合从“由远向近”走向“自主”“让人走开”，这将成为今后战争演化的基本趋势；三是随着信息化战争的发展，空间多维、力量多元、样式多样、节奏加快趋势突出，指挥员有效指挥战争面临智能不足的“瓶颈”，迫切需要机器智能这一“指挥外脑”提供支撑。未来智能化要素将渗透到作战体系各力量、各环节，最终实现作战平台无人化、智能化，并分布式部署于全战场纵深、融合于作战体系的每一作战单元和作战要素，指挥决策智能化将达成人机协作和人不在回路的作战行动。

二、“第三次抵消战略”发展方向是打造智能化作战体系

“第三次抵消战略”将带来以智能军队、自主化装备和无人化战争为标志的军事大变革，网络、太空、深海等领域的新型作战力量将迎来大发展。

2025 年前，美国将围绕构建“全球监视打击体系”，以升级水下、网络、空天、全球快速打击和导弹防御作战系统为重点，突出发展无人化、隐身化、远程化作战平台和网络攻击、高超声速、定向能武器，提升“全球公域”介入能力，确保可信的“拒止”和“惩罚”威慑。其装备技术发展主要动向：一是发展网电一体的网络空间感知、进攻、防御和控制系统，打造网络空间全谱优势；二是发展太空快速响应、态势感知和控制系统，以及天基信息系统防护和替代技术，确保天基信息支援能力；三是发展水下无人侦察和打击装备，构建机动与固定、侦察与打击结合的广域水下无人区域监控系统，抵消主要对手近海作战优势；四是发展高低搭配、有人无人编组，远程、隐身、高超打击结合的空中主宰和打击体系，形成优势制空、压制防空和纵深打击

能力；五是发展高超声速巡航导弹、助推滑翔导弹、高超声速飞机和轨道飞行器，打造1小时内打遍全球能力；六是发展电磁导轨炮、定向能和超高速射弹等新型低成本防空反导系统，抵消主要对手在弹道导弹和巡航导弹方面的非对称优势，提升美军整体防御能力；七是探索发展人工智能、生物、纳米、量子、超材料、增材制造，以及VR/AR等颠覆性前沿技术，谋求能够对对手进行技术突袭的新兴战略能力，确保未来几十年的技术优势。这一阶段，美军无人系统在数量上将逐步超过有人系统，但绝大多数为微小型系统，智能化程度相对较低；自主无人系统将成为美军前沿作战的重要力量；无形、无人、隐身、轻型等力量将成为美军事干预的主要手段。

2035年前，美国将通过发展智能化作战平台、信息系统和决策支持系统，以及定向能、高超声速、仿生、基因、纳米等新型武器，初步建成智能化作战体系，对主要对手形成新的军事“代差”。在这一阶段，美军无人系统的投资将超过有人系统，无人系统无论在规模上还是作战上，都将居于主导地位。

2050年前，美国在强人工智能、通用量子计算、可控核聚变、纳米机器人、再生、创生、脑联网等技术方面可能取得突破，智能化作战体系将发展到高级阶段。这一阶段，作战平台、信息系统、指挥控制可能全面实现智能化甚至无人化，更多样的仿生、基因、纳米等新型武器可能走上战场，作战空间进一步向生物空间、纳米空间、智能空间拓展。对于优势一方来说，真正的“机器人战争”可能到来。

三、对智能化战争基本特点和建设规律的思考

智能化战争与信息化战争相比，突出表现为“六变”“三不变”。

“六变”：一是技术基础变了。信息化战争的支撑技术主要为精确制导、传感器、信息处理、数据链、网络、隐身等技术。智能化战争植根于充分发展的信息技术和新一轮科技革命和产业革命，支撑其发展的将是一个不断发展的技术群。“第三次抵消战略”拟重点发展的颠覆性前沿技术与目前国际上公认的新一轮科技和产业革命的重要技术领域高度吻合，主要有作战平台自主无人、自主协同，认知电子战，网络战，信息系统智能化，基于VR/AR的作战模拟，智能制造，指挥控制人机协作，强人工智能，人体机能增强改良，量子信息技术，生物计算，通用量子计算，高效能量存储转化，可控核聚变，再生，创生，脑联网，以及定向能、高超声速、金属氢、仿生、脑控、纳米武器等技术。二是作战空间拓展融合。智能化战争，获取网络空间优势成为在其他领域成功实施军事行动的先决条件，“舆论攻击”和“思想围剿”将全时域、无孔不入；太空、临近空间将成为谋求军事优势的战略制高点，敌对大国围绕太空、临近空间控制权的争夺将趋于激烈；由于水下特别是深海能提供一个相对安全的避难所，深海战正变得越来越重要；随着新一轮科技革命的发展、智能化作战体系建设的推进，基因、仿生、纳米、强人工智能武器等将逐步成为新的作战工具，这些武器将给军事领域带来重大影响；各作战空间之间的融合也将更趋紧密。三是力量体系变了。无人化作战力量，由“多对一”“一对一”遥控到“一控多”“多控多”“有人无人编组”，再到“自主协同”“自主行动”；由情报、监视与侦察（ISR）等辅助性任务到“侦打一体”，再到多样化任务；由战区前沿、个别空间到全纵深、全空间，将逐步成为主要作战力量。外骨骼等人体增强改良技术的运用将大大提升特种作战地位，高超声速、定向能、网络武器的大规模使用将使战争节奏进一步加快。仿生、基因、纳米武器的使用将使攻击更加防不胜防。四是编制体制变了。编制体制最重要的功能是实现人与武器装备的有效结合，以形成强大的战斗力。随着无人化作战力量的发展，人与武器装备的结合将发生重大变化，军队编制体制势必相应调整，以充分利用人与武器各自的优势。五是制胜机理发生嬗变。信息时代，信息优势为制胜的主导因素，整体联动为制胜的基本形式，精确释能为制胜的基本方式，体系破击为制胜的根本途径。智能时代与信息时代相比，制胜机理发生了3个方面的显著变化：第一方面是制胜方式从“击溃”转向“歼灭”；第二方面是制胜关键要素从“信息优势”转向“智能优势”、从信息域转到认知域；第三方面是制胜技术原理从“切断敌信息链路”转到“歼灭敌力量手段”。六是作战理论变了。先进技术只有与创造性的运用方式相结合才能发挥其革命性效应。美国国防部正在全面探索和创新符合未来作战需求的新作战概念，以增强装备技术的作战效应，如将“全球一体化作战”提升为国家军事战略核心举措，将“空海一体战”调整为“全球公域介入与机动联合”概念，提出“全球监视和打击”概念、“作战云”和“水下作战”等概念。

“三不变”：一是战争决定因素仍然是人。技术可以辅助作战，但战争终究是人类发起的，决定战争的根本因素仍然是人，只不过未来将人与武器逐步分离，人由战争前沿退向后方，战争决胜因素更多取决于人的战前设计。二是非对称制衡仍然有效。智能时代，在新一轮科技革命推动下，军事技术将呈现大范围、群体性突破的“井喷”态势，为以较小代价、巧妙方式克制强国军事冒险提供了更多选择。三是战争暴力特性仍未改变。无人化是智能化战争的典型特征，对于优势一方，意味着较少伤亡或“零伤亡”；对于弱势一方，则往往意味着“生灵涂炭”“满目疮痍”，战争仍然是流血的政治。

“第三次抵消战略”充分展示了美军超常规、超传统的新型发展方式，突出表现为6个“更加强调”。一是更加强调前瞻设计，时间段上盯住未来25年乃至更远时期，把打造未来军队、设计未来战争作为战略基点，敢于超越现有技术、现有力量、现有规则；二是更加强调拓展新型领域，军事建设向一些全新领域延伸，军事力量向新的科技领域发展，形成新手段、新优势；三是更加强调与盟友的跨国合作，美国与多个国家建立了防务科研合作关系，充分利用盟友资源，谋求以联合技术创新分担研发成本和风险；四是更加强调应用商用技术，打破政府主导的国防工业部门局限，吸纳各领域商业技术，使军事力量承载人类最新科技成果；五是更加强调战略规划效益，在国防部长统一组织领导下，通过改进“更优购买力计划”、改革采办体制、完善战略分析工具，使概念提出1年左右时间就能形成实施规划，进展之快前所未有；六是更加强调人才建设，为引入利用民间优秀人才搭建“绿色通道”，优化现役人员“走出去”机制，积极利用人工智能、大数据等技术改善人力资源管理系统。美军的上述做法在一定程度上反映了军队建设的一些发展趋势。

（海军某研究所　陈国社）

美国国防科技创新实践

从微波炉到互联网，在整个科技创新体系中，军事领域前沿研究一直扮演着引领者的角色，而在当前全球化、商业化的背景下，军事研究不再是创新的必然来源，商用技术的发展成为驱动军事变革的另一重要力量。融合商用领域的创新因素，汇集政府机构、军工企业、大学、商业公司的创新思路和创新成果，正成为新一轮军事技术发展的推动力。军事项目也更多地兼顾军民融合发展，成为引领整个技术发展的引擎。

一、依靠商用创新的力量

美国国防高级研究计划局（DARPA）在推动军事创新中发挥了巨大作用，成为举世闻名的军事创新机构。除 DARPA 外，近年来，美国国防部为适应新形势，陆续建立了新的机构以推动军事领域的创新发展。

2012 年 8 月，美国国防部设立了战略能力办公室，主要使命是“应对高端威胁，提供颠覆性能力”，重点关注近期的作战需求，通过系统集成和作战概念创新，快速发展和部署新的作战能力。成立几年来，战略能力办公室已经启动了15个项目。

战略能力办公室主任罗珀指出，商用技术正在改变一切。未来可能改变整个国家安全态势的技术将有可能不再由政府主导开发，美国国防部无法控制潮流和技术更迭。随着技术更迭的步伐急剧加快，国防部应该瞄准商业领域以实现更快的发展。

战略能力办公室推动国防科技创新的主要途径包括3种。一是改变系统的用途，如将“标准”-6远程防空/末端低层拦截导弹用于打击水面目标；二是将系统集成为协同编组，如正在研发的“武库飞机”将与F-35等隐身战斗机编组，在防区外充当前线战斗机的“武器重载卡车”，为前线战斗机提供火力和支援；第三就是融合先进的商用技术，通过商用技术改变“游戏规则”。这3种方式中，战略能力办公室认为，融合商用技术对美国国防部而言最具挑战性，因为当国防部准备好采用第一代系统时，商业界也许已出现了第三代系统，所以必须改变采办流程，美国国防部必须放宽其采购限制，允许更快速地集成日益先进的商用技术。

罗珀指出，美国的军事优势过去主要来自政府主导研制的性能卓越的飞机、坦克及其他武器，而未来的优势将来自商业部门并将更多地基于软件而非硬件。电子战和网络行动将会是受益最多的领域，它们会成为未来战争的前沿。

为了进一步利用商业力量促进国防科技创新，2015年7月，美国国防部在硅谷地区设立了国防创新试验小组（DIUx），负责加强国防部与硅谷高科技企业的合作，寻求技术创新的突破点和潜在机遇，是国防部在硅谷地区的“前哨”。其任务就是根据需求发展军民两用技术，提高国防部从高科技获取创新前沿技术的能力，保持美军的技术优势。

DIUx由负责研究和工程的助理国防部长直接领导，充当国防部采办官员和高科技企业之间的“经纪人”角色，加强国防部和高科技企业在前沿知识和创新技术方面的交流，寻求发展突破性新兴技术。与DARPA注重内部研发不同，DIUx更注重外部创新，将发现的新技术与作战部队联系起来。迄今为止，DIUx已与500家（位）创新企业、公司和企业家、管理者进行了洽谈，确定了22个试点项目，其中5个项目已经开始实施。

除硅谷外，美国国防部还依托麻省理工学院的创新力量，在波士顿设立第二个DIUx。

此外，2016年3月2日，美国国防部宣布成立国防创新咨询委员会。委员会由谷歌母公司阿尔法贝特公司的执行总裁埃里克·施密特担任主席，旨在从硅谷企业创新实践经验出发，改造国防部创新思维，为国防部在创新实践方面提供最佳方案和建议，着眼于硅谷企业擅长的领域，如原型机快速制造、迭代产品研发、商业决策中的复杂数据应用、移动数据与云计算的应用以及组织内的信息共享，主要聚焦于科技创新领域。

这些国防创新机构的设立，将加大对商业领域创新活力的利用，加快美国军事技术创新。

二、兼顾军民的发展模式

随着经济和民用市场的发展，美国国防政策的制定和技术基础的研发也正更多地考虑军民融合发展，在电磁频谱领域表现尤甚。

2014年，美国国防部公布了新版的《电磁频谱战略》。战略指出，电磁频谱已成为当前军事行动的先决条件。从“沙漠风暴”到伊拉克战争，现代战争对频谱的需求不断增加。电磁环境日益拥塞，频谱竞争更加激烈。当前电磁频谱不仅受到战场上敌方的挑战，也受到来自国际和国内民用领域的持续竞争。美国国防部过去依赖的是一个以国家安全为唯一诉求的电磁频谱战略，但随着商用频谱的不断扩展，国防部必须改变对频谱资源的管理模式，在考虑军事应用的同时要兼顾经济和民生。同时要更加重视频谱共享，提高频谱资源的使用效率，不能再将频谱分配作为一种零和博弈，对某个频谱不能是要么拥有，要么放弃，而是要像商业用户一样，更加重视频谱共享或者对频谱进行压缩使用。

DARPA 近期开展的“雷达与通信共享频谱接入”（SSPARC）项目就是致力于研究雷达与通信系统在 S 频段内的共享，旨在实现该频段内频谱的军军共享和军民共享。2016 年，DARPA 开展名为“频谱协同挑战赛”（SC2）的大型挑战赛，以多种方式优化频谱的使用，解决当前频谱使用中为各种应用分配固定频率而导致效率低下的问题，确保数量呈指数增长的军用和民用无线设备能够充分使用日益拥塞的电磁频谱。

商用创新是军事创新的重要力量，但并不一定能完全满足军事需求，美国军方也意识到加强军事创新技术研究的必要性，并通过军事研发项目推动民用技术的发展。例如，F－22 推动了航空技术的发展，“阿利·伯克”级驱逐舰推动了海上技术的发展。过去几十年间，美国军方发起了诸多革命性的电子技术研究项目，不仅有力地推动了电子战、雷达和通信的发展，也促进了整个电子行业的发展。20 世纪 80 年代，美国国防部领导进行了“微波和毫米波单片集成电路”（MIMIC）项目的研发，对整个军用和民用电子系统都产生了深远的影响。

2012 年，美国空军研究实验室启动了“电子战先进部件”（ACE）项目的研发，该项目以推动电子战技术发展为主要目标，旨在为未来电子战系统研发最先进的电子和光学部件，重点涉及集成光子电路（IPC）、电子战毫米波信号源与接收器组件（MMW）、可重构和自适应的射频电子设备

（RARE）以及光子源的异构集成（HIPS）等方面。

ACE项目是专门针对电子战系统发展的关键技术专项投资，其对军事电子发展的推动力量，远非通过商用市场和通用科技项目发展所能企及的。美国军方将ACE同当年的MIMIC项目相媲美，认为其会对整个军事装备、国防工业乃至商用电子系统产生深远的影响。

三、探寻技术创新的源头

为了寻求军事技术“代差”优势，美国加快实施“第三次抵消战略”，力求研发创新技术。在DARPA等机构的大力推动下，涌现了一系列引人注目的颠覆性技术，包括机器人、人工智能、基因组学和生物工程、定向能等。

DARPA将人工智能视作是实现美“第三次抵消战略”的主要途径之一，正在大力研发人工智能技术。人工智能在军事领域应用广泛，除指挥决策外，人工智能水平的提升对武器装备、作战支援、军事训练、后勤保障等多个领域，都将产生广泛而深刻的影响。在人工智能的应用研发上，基于人工智能的新型电子战系统尤其引人注目。DARPA已经开展了“自适应电子战行为学习”（BLADE）、“自适应雷达对抗”（ARC）、“极端射频频谱条件下的通信”（CommEx）等认知电子战项目，力求利用人工智能方法来对抗新出现的、未知的威胁。

DARPA指出，由人工智能驱动的认知电子战系统将为美军提供一种途径以对抗功能日益强大的俄罗斯与中国雷达。当前包括F-22和F-35在内的战斗机都采用的是预置了敌方雷达信号的数据库并使用相应的对抗策略。如果战机遇到此前未曾见过的信号，则将此标识为未知威胁。当前，新型雷达利用软件可以形成新的雷达波形，这令美军很容易受到攻击。DARPA 希望研制基于人工智能的新型电子战系统，在机组人员遇到敌方新的地空导弹系统或战斗机雷达时，能够在战场实时自适应对抗所遇到的新的雷达威胁。

因此，认知电子战被认为是 F－35 上最重要的技术。美军寄希望于认知电子战这一新兴技术赋予 F－35 新的能力，能发现难以探测的新型防空系统，并创造压制敌防空系统的新方法。虽然 F－35 电子战装备的细节不得而知，但与 F－35 项目相关的科学家、项目观察员以及军方高层都表示，电子战对 F－35 的发展以及面对未来最先进的威胁时的生存能力至关重要。认知电子战将是 F－35 先进战机上最重要的特性。

关于机器人，其技术的核心不是机器，而是“人”，也就是人工智能。随着高新技术的发展和军事安全领域的需要，各种类型的机器人大量被应用于军事领域，将引发战争形态以及军事理论和体制编制的变革，也会带来战争伦理问题。

四、研发“游戏规则”的改变者

定向能武器被认为可以从根本上改变高端战争，是美国实施“第三次抵消战略”的关键。

过去几年，美国国防部已在激光武器、轨道炮和高功率微波等定向能武器的发展上取得了显著进步。2014 年美国海军成功对“庞塞”号上集成的激光武器进行了部署试验，当前正考虑在“阿利·伯克”级驱逐舰上部署一部激光武器；美国陆军已投资研制对抗火箭、大炮、迫击炮、无人机、低空飞机和直升机的战术激光武器；美国空军正开展在 AC－130 上集成激光武器的研究，另外其“反电子高功率微波先进导弹项目”（CHAMP）项目设计用于干扰、欺骗或破坏敌方的电子系统，已完成初步试验，正进行下一步的应用研究。

这些项目一定程度上都反映了定向能武器的最新发展，表明定向能正从实验室走向战场。整体而言，美国在定向能武器发展方面已经具有一定技术优势，定性能武器很可能成为“游戏规则”的改变者。

五、结束语

创新是军事变革的精髓，国防技术创新研究是保持一国军事能力优势的关键所在，在战略性、基础性、前瞻性技术研发上发挥着重大作用，是未来战争“游戏规则”的改变者。在技术高速发展、军民融合发展的今天，创新的地位更加突出。创新的来源、创新的途径、创新的投入、创新的转换正发生着深刻的变化，必将对未来战场产生深远的影响。

（中国电子科技集团公司第二十九研究所　朱松）
（中国电子科技集团公司发展战略研究中心　方芳）

面向未来战争的美军作战概念与新型装备

美国通过未来战争设计、作战概念创新、对手体系弱点分析等方式，不断寻求新的军事需求，牵引军事技术发展，以抵消潜在对手的战略及战术优势。针对未来空、海战的特点，美军开展了多种作战概念研究和新型装备研发，主要涉及协同作战、分布式网络化作战以及无人装备。

一、大力加强协同作战研究

未来战场中将不再有单一平台的作战，有人战机/无人机、水面有人/无人舰艇以及水下有人/无人装备将彼此协同。协同又分为多个层级，包括平台内部传感器间协同、武器协同，平台间传感器和武器的协同，平台间协同又包括有人平台间协同、无人平台间协同以及有人与无人平台间协同。通过平台内部及平台间的传感器协同，各作战单元不但可以共享传感器信息，还可以相互验证，提高信息可靠性，并根据各平台的装备优势及瞬时位置，确定最佳射击诸元。舰—舰传感器的协同可以部分抵消海平面视距的限制，舰—机探测系统的协同可以扩展雷达探测范围，及早发现目标，为武器系统提供更长的反应时间。舰—舰、舰—机武器系统的协同可以增强防空导弹效能、提升编队作战以及抗击多目标的能力。针对上述协同作战领域，美军开展了多项研究。

（一）舰—舰协同探测研究

美国海军研究办公室开展了“协同网络化雷达”（CNR）项目研究。每部舰载“宙斯盾”雷达不再发射多频率脉冲，而是仅在单个频率上发射单个长脉冲，然后所有雷达接收并处理本舰及他舰脉冲，对多种雷达发射信号进行组合分析处理。结果表明，多部雷达协同后，不仅可保证探测效果，还可通过多个舰船平台原始数据与航迹数据的融合，探测到单个平台无法探测到的隐身目标。但缺点是大量数据共享极大地增加了通信带宽的需求。

（二）海军综合火控与防空系统

美国海军综合火控与防空（NIFC－CA）系统旨在基于“协同交战能力”（CEC）提供的数据链技术，实现航空母舰驱护编队、预警机、战斗机、电子战飞机等作战平台的传感器、武器的网络化协同。系统基于多平台的协同探测、指控、制导等，实现传感器网、火控网、武器网的三网合一，构建编队内分布式探测—跟踪—火控—打击的防空拦截链，扩展单舰防御范围，实现编队协同作战和超视距防空作战能力，对未来海上编队作战样式将产生重大影响。未来，系统还计划集成“舰载无人空中监视与打击系统”（UCLASS）等。2015 年 3 月，NIFC－CA 系统正式部署“罗斯福”号航空母舰打击群，实现初始作战能力，标志着美国海军网络化编队协同防空作战体系更趋完善。

（三）拒止环境下协同作战

2014 年 4 月 29 日，美军启动拒止环境下协同作战（CODE）项目，旨在增强无人机在强电子干扰、通信能力较弱以及其他拒止环境中针对远距离高机动目标执行侦察、攻击任务的能力和编队协同能力。通过算法和软件，CODE 项目将显著增强无人机的自主协同能力，使目前一人甚至多人操作一架无人机的现状转变为一人同时操纵6 架以上无人机。多架装备不同载荷、配备 CODE 技术的无人机将根据预先建立的作战规则，协同探测、跟踪、识别并攻击目标，也可根据需要，调用其他配备 CODE 技术的无人机参战。

二、拓展分布式网络化作战概念

分布式作战是以网络化协同为基础，将传感器、武器系统分散到多个作战单元上，大大降低单作战平台的成本，失去战斗力的作战单元可由其他平台迅速补缺，进一步巩固战斗力，加强战斗灵活性。美军基于网络中心战理念，强调构建“探测—火控—打击—评估”的分布式杀伤链，实现陆、海、空、天、网络的跨域协同，近几年密集性推出多个分布式作战项目。

（一）空战体系集成技术与试验

针对下一代空中作战需求，美国国防高级研究计划局（DARPA）于2014 年提出空战体系集成技术与试验（SoSITE）计划（图 1），采用先进算法、软件和电子技术，开发分布式空中作战体系架构，实现平台中心战（集武器、传感器、任务系统于一体）到分布式网络中心战的转型，将“探测—指控—打击”空中作战杀伤链的各职能分布在多种有人和无人平台组成的混合编队中，以维持美军在对抗环境中的空中优势。

（二）分布式灵活反潜

反潜战是现代海战的重要作战形式。分布式灵活反潜（DASH）项目的

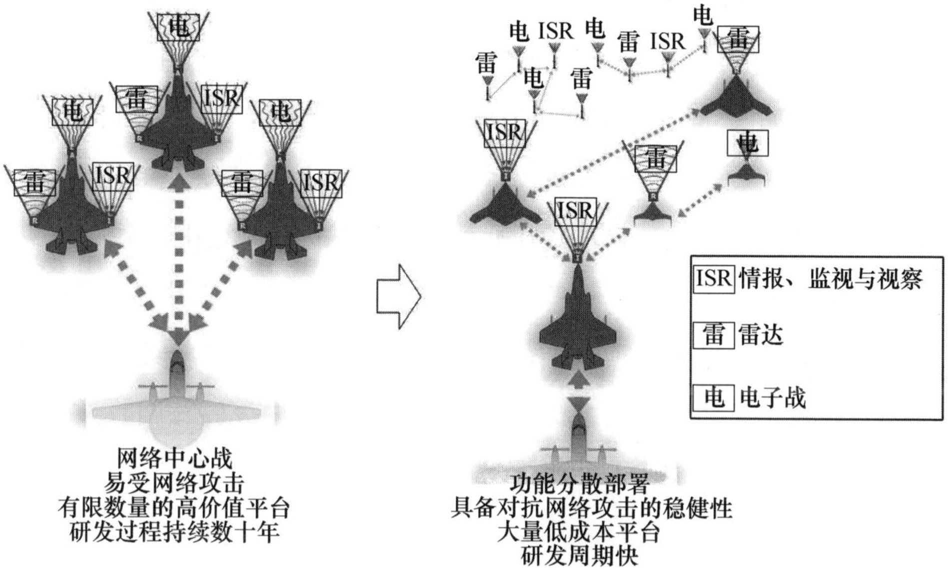

图 1　SoSITE 分布式空中作战体系概念

目的是研发先进的远程感知无人系统并部署在深海，将其作为“海中卫星”，其噪声低、数量灵活可调、具备宽广视场、可协同工作，能够发现并跟踪大片海域内的潜艇。2013 年 2 月，DASH 项目开发出两个原型系统：固定在深海底部的被动声纳节点和机动式主动声纳无人潜航器，前者用于探测，后者可对目标进行跟踪。

（三）分布式作战管理

分布式作战管理（DBM）指的是有人机与无人机间的协同，F－35、F－22这样的“主机”将利用多架分布的小型无人“僚机”扩大并增强作战能力，由飞行员管理和决策小型无人机的作战样式与协同策略，在增强大型作战平台威力范围的同时，还可保护高成本、数量有限的“主机”免受攻击。

（四）无人机蜂群作战

2016 年 3 月 24 日，启动“小精灵”（Gremlins）项目第一阶段研究。该项目设想从防区外的 C－130 运输机上投放“小精灵”无人机群，并在任务完成后回收未被击落的无人机，系统可在 24 小时内再次执行任务。“小精灵”无人机具备协同和分布式作战能力，可在对抗空域中重复使用达 20 次，装备监视、侦察和电子战等各种载荷，可摧毁或瘫痪敌方的通信、防空导弹和战区网络系统。项目不但能提高对抗环境下的任务效能，还能显著降低作战成本，其涉及的关键技术包括无人机集群投放和回收技术及集成理念、机体设计、精确飞行控制、导航及位置保持技术等。

三、继续推进无人装备研发

2016 年，美国国防部长在访谈中提到，“福特”级之后的同级别航空母舰可能不再使用有人驾驶飞机。尽管该设想实现的时间尚不能考证，但足以说明美军未来将大力加强无人装备建设。装备无人化有诸多优势：一是装备本身不再受人体生理极限的限制；二是可节省成本，同时保护生命财产安全。

（一）反潜战持续跟踪无人艇

2016 年 5 月，美国海军开始测试反潜战持续跟踪无人艇（ACTUV）在不依靠人力的情况下在海上航行并避开其他舰船或障碍物的能力。ACTUV 主要为应对安静型柴电潜艇而设计，突出无人驾驶、海上续航时间长、自动探测跟踪 3 项功能，集成导航雷达、自动识别系统、军用改进型舰壳声纳和光电设备等，但不配备武器。ACTUV 作战半径达 3000 千米，一旦成熟，可能部署在新加坡、冲绳、菲律宾等美军前沿基地。

（二）战术应用侦察节点

如图2所示，为了弥补现有装备的不足，保持美军对任何地点移动目标的监视与侦察能力，2013年DARPA启动了战术应用侦察节点（TERN）项目，发展能在非航空母舰类舰船上放飞、操作和回收的无人机，而且其作战能力要与“捕食者”中空长航时无人机相当。

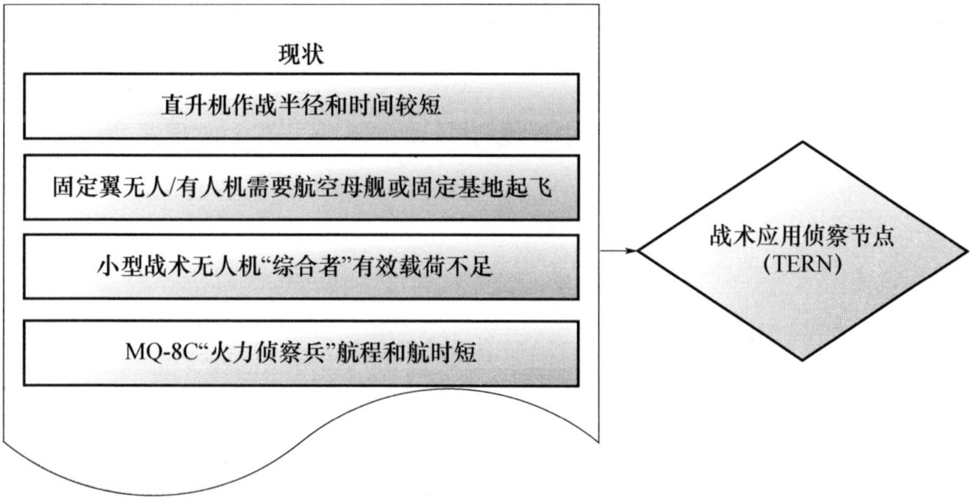

图2　TERN的研制必要性

TERN旨在研发载重量约272千克、作战半径达1670千米的无人机，要求无人机可在恶劣海况中的小型舰艇上起降。搭载TERN的水面舰艇可对全球95%陆地和73%海洋的重点区域进行持续不间断的高强度监视与侦察，可大大加强战时美军对“时敏”目标的侦察与打击能力。

（三）水下无人机母舰

目前，无人机和潜航器等装备多围绕在有人舰队周围活动，无人机容易引起敌方注意而暴露己方位置。为此，2013年DARPA提出“海德拉”（Hydra）项目。“海德拉”本身是一艘较大的无人潜艇，其内部可容纳数架小型武装无人机和无人潜艇，可由战舰、潜艇或大型运输机提前数月部署至水下，并可根据需要被激活，然后发射无人装备跟踪或打击敌方目标。区别于美国此前提出的“深海浮沉有效载荷”（UFP），“海德拉”具备动力系统，可在海下自由转移。由于可在水下发射无人机，“海德拉”也被外界称为“水下航母”。“海德拉”可使美军实现对亚太海域的全面监控，并可有效追踪水面舰艇和潜艇，发动名副其实的“空海一体”作战行动。

（中国电子科技集团公司第十四研究所　薛慧）

美国国防部推进颠覆性技术发展的脉络

美国国防部“第三次抵消战略”的主旨是发展颠覆性技术，维持并获取新的绝对军事优势。颠覆性技术指支撑颠覆性军事能力形成的技术或技术方案，涵盖了技术带来的组织和作战结构上的变革。近两年来，美国系统强化颠覆性技术发展，但一直秘密进行，2016 年逐步披露了一些情况，反映出它们推进颠覆性技术发展的总体脉络，即重点支撑6 类能力发展，远中近 3 条线路并行推进，注重民用技术向军用转化。

一、发展背景

2014 年，美国国防部发起“第三次抵消战略”。这个战略并不是传统上用以规划未来作战能力的文件，而是“对期望在未来若干年所具备的能力属性的大体勾勒”，即通过发展先进技术获得所需能力。“第一次抵消战略”是面对 1953 年朝鲜战争后的财政危机和苏联威胁，美国提出以核技术优势抵消苏军压倒性常规军力优势的“新面貌”战略。20 世纪七八十年代，美国通过“第二次抵消战略”，率先建立了以精确打击武器、侦察卫星、隐身飞机为代表的先进装备体系，形成延续至今30年的绝对军事优势。

美国国防部认为，随着先进技术的全球扩散，“军事技术能力的对称性日益增强。潜在对手正在急起直追，逐步蚕食美军冷战结束以来独有的常规优势”；中俄两个大国军力迅速增长，威胁越来越大，美国必须利用自身创新传统和实力，再行“抵消战略”，争取用10年左右时间，形成新一代绝对军事优势。

二、围绕6类重点能力规划技术发展

配合“第三次抵消战略”，美国国防部于2014年12月启动“远期研究与发展规划”论证，研判2030年前显著影响军事力量对比的新颖系统概念和新兴技术，明确需考虑的关键技术和未来系统，以供装备发展选择；规定从太空、水下、制空和空中打击、防空反导、其他技术性概念5个方面征集相对成熟的军用技术、快速成熟的新兴技术、在研或即将应用的民用技术。

这是一项机密工作，美国2017财年国防预算申请透漏，论证还在进行中，至少2018年才能完成，但大方向已确定，即发展支撑6类能力的颠覆性技术：一是“反介入/区域拒止”能力，重点发展对陆、对海和空空武器技术与概念，用以改进现役和在研武器系统，如发展武库机为核心的防区外打击能力；二是精确防御能力，以保护关键作战装备和军事设施，如把舰用“超高速炮弹”集成于陆军大口径榴弹炮，使这类火力压制装备具有精确防空能力；三是水下战能力，如发展新兴水下预置系统，增强水下威慑和出奇制胜能力；四是人机编组、协同决策能力，以将传统的复杂系统分解成多个协同行动的系统，如由战斗机发射微型无人机，大型舰艇与无人艇集群编队等，形成全新的作战能力；五是网络空间战与电子战能力，如发展认知系统，实时对抗网络和电磁频谱领域意想不到的威胁，形成压倒性优势；六是概念与技术验证能力，如加强兵棋推演，探索新兴作战概念、技术和能力。

智能技术被确定为支撑上述能力发展的核心共性基础技术，美国国防部正在组织开展自主学习、人机协同决策、助人行动、有人无人作战编组、网络化半自主武器等6方面的研究。

美国国防部依据上述规划，确定从2017财年开始，5年内投资180亿美元，其中2017财年36亿美元，重点支持3个方面：一是利用新型概念和技术升级改造现役装备，形成迅速列装的新能力；二是发展可立即进入快速研制阶段的装备；三是发展可能对常规作战能力产生长远重大影响的技术概念。

三、近中远3条线路推进技术发展和应用

“第三次抵消战略”并不像过去那样期望领先对手一个固定的周期，而是希望一方面能够快速形成优势军事能力，另一方面能推动军事能力长远迭代式进步。为此采取近中远3条线路推进技术的发展和应用。

（一）近期，主要由国防部战略能力办公室组织，利用现有装备和技术快速创新

国防部战略能力办公室（SCO）成立于2012年，由常务副部长直接领导，职责是挖掘现有装备和技术潜力，以较低成本快速形成“改变游戏规则”的近期解决方案，用三五年时间，填补现役系统和下一代技术之间的空白，为制定和实施长远解决方案赢得“喘息之机”。重点方向分为两个方面。

一是改变现役装备的功能，将其用途扩展到完全不同的领域或其他军

种。例如，改造舰载 SM－6 防空反导导弹，通过改变其软件，成功验证了该导弹的远程反舰能力，有望很快成为海军反舰武器。还比如，将空军 F－15 战斗机的雷达改为陆用，与舰用超高速火炮配套，形成能够防御高强度打击的前沿基地防空系统。

二是改变装备与系统的组合方式，构建创新性“协同编组系统”。例如，将大型轰炸机和隐身战斗机编组，前者作为武器发射平台，留在敌人防区外；后者突入防区，作为侦察和目指平台，引导轰炸机实施远程密集打击，预计2020财年前完成试验，拓展空军打击能力。还比如，正在开展空中和海上“集群”编组试验，即战斗机和无人机群编组、主战舰艇和无人艇群编组，担负搜索、侦察、作战任务，一旦验证成功，可以迅速形成全新的作战能力。

（二）远期，主要由国防高级研究计划局组织，开展高风险、高回报“下一代技术”和“有长期巨大潜力技术”研发

DARPA 是美国国防部颠覆性技术研发的核心管理机构，跨越当前挑战，对事关国家安全的新兴技术予以先期关键投资，预测并创造未来选项，是 DARPA 一贯的核心使命，也契合了“第三次抵消战略”的技术发展宗旨。DARPA 新“抵消”战略中的基本定位是，选择和验证具有彻底颠覆性意义的技术和技术方案，特别是发展基础性支撑技术，既保障适时迅速形成军事优势，又保障军事能力长期不断迭代式进步，重点方向也分为两个方面。

一是“应对潜在对手的下一代技术”。在海、陆、空、天等传统领域，以及网络和生物等新兴领域，DARPA 创新的重点是“解构现有复杂系统”，即探索用多样小型平台的组合替代昂贵大型平台，实现较单一平台战损轻、成本低、升级快、战力强的目标。重中之重是，创意、研发、验证网络化平台组合及其作战能力。正在通过“体系集成技术与试验”等项目，开展

“制空体系”和“制海体系”研究，同时开展认知通信、认知电子战、网络对抗等新兴技术研究。

二是支持长期持续发展的基础技术。主旨是探索全新且尚未成形的前沿技术，预判并发掘军事应用前景。DARPA 认为，量子信息、人工智能、光学应用等领域快速发展，虽然军事应用前景难以准确预测，但可以从中发现培养“未来抵消能力的种子”，长远的颠覆性潜力巨大，从而被作为研究的重点。例如，设立“宏观量子通信”项目，探索利用纠缠对中单个光子实现绝对安全的量子通信；设立“与计算机沟通”项目，探索人与计算机之间快速流畅直观的沟通技术。

（三）各军种科研系统近中远兼顾，促进各领域创新性概念和关键技术向实战转化

各军种科研系统是美国推进国防科技持续发展的中坚力量，也是国防部“远期研究与发展规划”论证和实施的主体，它们面向本军种需求，加快推进在研技术的转化，创新作战概念，发展新兴技术。

近期，配合 SCO 的概念研究和原型验证，并将经过验证的概念和原型转化为型号。陆、海、空三军还设有类似 SCO 的机构——快速能力办公室，谋划和推进本军种近期优势能力发展。

中远期，一是按照国防部基础科技发展的统一规划，联合推进面向各类先进平台、关键系统、主要技术领域的基础性技术发展；二是落实“远期研究与发展规划”，创新作战概念、技术方案、发展前沿技术并加快技术的成熟。海军重点开展自主无人系统、电磁频谱战、分布式作战、网络攻防等方面的研究；空军重点开展自主学习系统、人机合作、人机编组、武器半自主技术等方面的研究；陆军重点开展轻型步兵的地面机动、轻型侦察车辆、机动防护火力等方面的研究。

四、特别注重民用先进技术向军用转化

“第三次抵消战略”秉持一个基本理念，即“重视创新就必须对所有潜在的技术优势源头持开放态度”，将利用民用技术，发展颠覆性军事能力，作为发展既定方针，同时也作为降低研发采购成本的关键措施，并侧重从3个方面加以落实。

（一）绕过自身既有科研系统，直接抓新兴技术源头

美国国防部近两年先后在硅谷、波士顿和奥斯汀等商业创新中心成立“国防创新试验小组”，直接联系高科技商业企业，建立新的伙伴关系，从源头上寻求颠覆性技术。2016财年授予商业企业12份合同，总价值约3630万美元，开展高速无人机、无人水面艇、网络防御技术等研发。

（二）采用或转化民用核心技术，发展新型装备

SCO将“采用民用支撑技术”作为核心措施，取得了一批实用性成果。例如，为解决空地制导武器在GPS失效区无法使用的问题，利用普通智能手机传感器研制成不依赖GPS的制导套件，已被空军用于升级37000多枚制导武器；利用媒体的大数据分析和深度学习技术，成功研制信息通用作战图（iCOP）原型，为2016年美菲“肩并肩”联合军演所采用。DARPA将普通平板电脑加密，用于近距离空中支援。

（三）紧盯世界范围内前沿科技新进展新成就，捕捉颠覆性技术种子

美国国防部设立专门计划和机构，系统扫瞄国内外前沿技术进展，公开发布扫描结果，供科研系统和相关决策系统参考。

（中国船舶重工集团公司第七一四研究所　马晓晨　孙兴村）

美军“第三次抵消战略”着力发展的前沿技术

前沿技术领域率先突破，历来是美军谋求对敌军事优势的一个重要途径。作为“第三次抵消战略”的核心工作，美国国防部已完成新一轮“远期研究与发展规划”的制订，选定能催生出新的作战概念、尚处于探索研究中的前沿技术是其重要内容。根据美军目前的研发状况，初步判断：脑科学、量子技术、纳米技术和4D打印技术等，有可能成为美军技术创新应用、综合军事能力进一步提升的重要增长点。

一、脑科学研究：提供装备操控、智能决策和人员控制的新途径

人类对自然界的探索研究和开发利用已达到很高水平，但对自身精神层面的认识还很不充分，这决定了脑科学研究将长期处于人类科技发展非常前沿的位置。美国政府2013年启动的“脑科学计划”旨在发展先进神经技术并全面解析脑功能。脑科学研究的军事价值主要体现在“脑控”“仿脑”以及“控脑”3个方面。

“脑控”是指通过大脑实现对外界物体或设备的直接控制，减少或替代

人的肢体操作活动。2015 年 9 月，美国国防高级研究计划局（DARPA）在其未来技术论坛上演示了具有感知能力的革命性假肢，已瘫痪 10 多年的实验者通过大脑中植入的微电极阵列，实现假肢的每只手指能够单独感知物体，向大脑反馈感觉信息。这种从控制运动系统到控制感知系统的进步，将有利于未来精细化的脑控操作。理论上推测，脑控研究突破后，作战人员将能通过“意念”对武器装备进行操作控制，极大提高操控的灵活性和敏捷性，使人与装备融合成一个有机的整体。

“仿脑”是指借鉴人脑构造方式和运行机理，开发出全新的信息处理系统和更加复杂、智能化的武器装备，甚至研发出智能无人系统。美国已研制出第二代类脑计算芯片“真北”。与第一代相比，神经元和突触数量提高了 4 个数量级，每秒可执行 460 亿次突触运算，总功耗降至 1/100，仅 70 毫瓦。仿脑技术将使未来信息系统借鉴人脑信息处理方式，实现模糊识别、逻辑推理、自主决策等功能，将彻底颠覆传统计算机结构，计算效率和速度将迎来飞跃。

“控脑”主要是指利用外界干预技术手段（如电磁波、药物等），实现对人的神经活动、思维能力等的干扰甚至控制。通过控脑技术，对己方人员，可大幅提升认知与作业能力，降低由于心理障碍、睡眠障碍、脑疲劳等对认知功能造成的负面影响，提高、延长指战员的有效作战时间；对敌方人员，可导致出现幻觉、精神混乱甚至做出违背己方利益的行动。2014 年 7 月，美国科学家通过刺激大脑“屏状核”首次实现人意识的关闭，展示了精准调控特定脑区功能神经环路的可行性，未来有望开发出干扰甚至控制意识的全新装备。

但也有人认为，脑科学技术的发展和应用，存在着重大安全隐患。如智能系统的无限制使用，会突破人对战争控制能力的底线，引发一系列伦理问题。2015 年 1 月，英国物理学家史蒂芬·霍金、美国太空探索技术公司首席执行官埃隆·马斯克以及众多著名科学家、企业家，曾联合发表一封公开信，强烈呼吁人们重视人工智能安全问题，强调“人工智能系统必须按照人的要求来工作”，以及避免未来脑科学研究领域的不确定性等。

二、量子技术：探索目标探测的新概念

量子技术是量子物理与信息技术相结合发展起来的新兴学科，是孕育原理创新的重大前沿技术之一。美国新美国安全中心技术与国家安全项目主任菲茨杰拉德认为，量子技术是“下下一代”技术，将对军事安全产生深远影响。在量子技术研发经费投入方面，美国占全球的 1/4。美国空军科学顾问委员会发布报告认为，在量子信息技术中，量子通信、量子计算和量子感知等技术对美军具有重要意义。

量子通信是利用量子力学基本原理或量子特性进行信息传输的一种新型通信技术。目前，量子通信主要有量子密钥传输和量子隐形传态两种实现方式。量子密钥传输技术相对较成熟，并已有实际应用，但传输距离有限仍是制约其广泛实用化的主要问题。美国国防部已经建立了全球第一个量子通信网络，并计划通过卫星建立全球量子通信网络。量子隐形传态目前距实际应用还很遥远，仍面临着纠缠光源获取困难、传输成功率尚不能满足实用要求等许多问题。量子通信具有天然的安全性。量子保密通信技术将构建当前技术条件下不可窃听、不可破译、崭新的安全通信体系，甚至实现通信的绝对安全。

量子计算是应用量子力学原理，借助量子态的叠加特性，实现高速并行运算的一种新计算模式。美国战略与预算评估中心研究员马克·甘茨格

认为，量子计算是未来美国相对于对手能够更快评估战场态势并做出反应的重要手段。美国国家航空航天局（NASA）、谷歌公司、洛克希德·马丁公司等都购买并在本国安装了加拿大 D－Wave 公司提供的量子计算机，正在开展相关研究。目前，这种量子计算机的运算能力已突破1000 量子比特，并于 2016 年初安装在美国洛斯·阿拉莫斯国家实验室。量子计算机可能会在 2045 年出现，届时将对更先进的人工智能系统崛起产生重大影响。量子计算技术将实现理论上不受限制的大规模并行计算，使海量数据的实时分析和判断成为可能，进一步提高对战场态势的全面掌握和决策能力。

量子探测是利用量子纠缠和叠加特性，对物体进行测量或成像。目前，量子雷达的隐身目标探测能力已经得到验证。2012 年 12 月，美国罗切斯特大学光学研究所利用量子雷达，成功对隐身飞机有源雷达干扰机进行了抗干扰试验，这是世界上首次应用量子理论研制成功的量子雷达系统。这种反隐身技术的原理与量子密钥分发技术类似，在干扰机试图改变量子特性时就会暴露自己的位置。量子雷达利用量子纠缠来提高灵敏度，可在高背景噪声中识别微小信号，有望解决传统雷达在复杂环境下难以探测小目标问题，增强对隐身目标探测能力。

三、纳米技术：挖掘特异材料设计和微小型装备研制的新潜力

纳米技术是在原子或分子的微观层次上（0.1～100 纳米）研究物质的特性和相互作用及其应用的技术。1994 年，美国兰德公司在对未来技术进行研究后就认为，微纳米技术将是“未来驱动军事作战领域革命”的关键技术。2016 财年美国政府投入 15 亿美元支持多部门参与国家纳米技术计划。

纳米技术通过设计某种微结构单元及其排列规则，可获得自然界没有的特异性能材料，提高装备性能。DARPA 国防科学办公室主管斯蒂芬妮·汤普金斯预测，到 2045 年，人们可从原子或分子水平构建物质，获得以前无法实现的功能。2015 年 10 月，美国波音公司研发出具有独特微晶格结构的超轻多孔纳米金属材料，质量仅为聚苯乙烯塑料泡沫的 1%，且耐压性、柔韧性极强，在航空、航天、能源等领域展示了良好的应用前景。DARPA 正在通过“原子到产品”项目，解决当前纳米材料在制成毫米级或厘米级产品时，易失去微尺度下呈现出的优异性能问题，开发将纳米级部件与微米级产品进行集成的制造工艺，一旦成功，将可能创建全新类别的材料。

利用纳米技术还可实现器件的小型化，有效解决武器装备搭载的电子设备逐渐增多与装备轻小型化间的矛盾，使未来武器装备实现微型化、轻量化。微机电系统是利用纳米技术制造出的几厘米以下乃至更小的微型装置。基于纳米粒子的量子效应来设计纳米量子器件，可缩小集成电路尺寸、研制单原子单分子器件，实现信息采集和处理能力的突破。美军正在发展的“智能尘埃”，集成了微型传感器、通信设备以及标准 CMOS 电路，具有能耗低、体积小（量级低于立方毫米）、易部署、隐蔽性强等显著优点，能够组成无线传感器网络，秘密执行大范围侦察监视任务。

四、4D 打印技术：实现武器装备的环境自适应

4D 打印是在 3D 打印的基础上增加了一个变化维度，使制造出的物体形状或性能可随环境因素的变化（如水、时间、压力、温度等）而改变。4D 打印在材料中引入了可编程能力，将类似变形机器人的能力直接嵌入到材料中，且无需高能耗、易出故障的机电装置。利用 4D 打印技术，可以先

打印极其简单的结构，然后通过外部刺激转变成具有复杂功能的结构和系统。2013年2月，美国麻省理工学院首次展示了4D打印技术概念。目前，4D打印技术还处于概念研究阶段。

利用4D打印技术可提高装备性能。美国弗吉尼亚理工大学的DREAMS实验室验证了可自我转动的飞机襟翼原型。2015年，NASA完成了可变性机翼的最初飞行测试。这种机翼通过自适应柔性后缘来控制飞行表面，测试飞机的飞行实验控制表面转动角度可以从－2°到30°。如果以空气动力学条件的变化作为外部刺激，就可以利用4D打印技术制造出自适应机翼，降低燃料成本，减轻机身重量，提高飞行性能，并减少飞机在起飞和降落时的噪声。

利用4D打印技术可制造自我修复材料。美国海军正在研究一种自修复材料，主要由微观聚合物微球组成，聚合物微球内填满油状液体。如果以战车刮伤为刺激条件，设计出一款随着时间推移在形态和体积上发生自我调整、形成自修复的战车外壳，就可以防止战车锈蚀。

利用4D打印技术可制造出保证信息安全用于信息存储的瞬态电子器件。DARPA正在开展瞬态电子器件的基础研究，其原理特点：一是可瞬态分解，器件在接收到触发指令后的数十秒内迅速溶解、腐蚀或升华；二是器件在分解后彻底消失，肉眼不可见；三是与商用现货器件具有相同的性能，并在接收到触发分解指令前保持性能不变。利用瞬态电子器件制造出微型传感器，用于战场广域分布式传感和通信，可按要求分解到周围环境中，无需对每一个器件进行跟踪和回收，避免因个别传感器被敌方发现而导致的数据泄露和网络入侵等问题，保证战场情报资源的安全。瞬态电子器件和系统一经触发立即分解，敌方无法对其进行反向设计和仿制，美军也就无需担心伊朗截获和复制美军RQ－170无人机等情况的再次出现。

在科学技术发展的现阶段，许多重大科技创新成果均出现在学科交叉领域。美军一直将多学科交叉会聚视为思想理念更新和技术创新的源动力，凭借各专业技术领域的渗透融合，激发创新概念，有效促进新型武器装备的不断涌现。

（中国国防科技信息中心　姬寒珊　李业惠）

DARPA 展示日前沿技术项目分析

2016 年5 月11 日，美国国防高级研究计划局（DARPA）在五角大楼举办了“2016 展示日”活动，向军方和国防科技界展出了当前 DARPA 重点支持的10 大技术领域的77 个技术项目，此次展出汇集了当前美国军事领域最前沿的技术以及最领先的科研实力，是美国国防部有史以来规模最大、覆盖技术领域最全面的一次军工科技防务展。DARPA 展示日以一种开放的姿态展出了一批在研项目，在按计划持续推进的同时不断寻求新的合作力量与技术突破，同时也展出了极具发展潜力却未成型的萌芽技术和新概念，延续着 DARPA 创新的灵魂。

一、基本情况

2016 年5 月11 日，DARPA 举办了“2016 展示日”活动。负责研究与工程的助理国防部长兼国防部首席技术官韦尔比代表国防部出席，DARPA 的6 大技术办公室全部参加。活动中，DARPA 面向国防部、军种、防务企业、科研院所、高校、私营公司等，按照陆战、海战、航空、航天、网络空间、生物技术等10个领域，集中展示了已经或即将取得创新技术成果的77个技术项目。此前，DARPA曾于2014年5月举办过一次展示日活动，由DARPA信息创新办公室主办，面向国防部官员和防务承包商，主要围绕网络、大数据、语言翻译等领域展示了100多个项目。本届展示日活动与上届相比，在参展规模、涉及领域、开放程度等方面均有显著提升。

从这两次活动来看，DARPA举办“展示日”的主要目的包括：一是增进公众对DARPA的全面认知。展示日活动通过展出一批DARPA当前正在推进的高新项目，使公众能够系统认识DARPA所关注的重点领域和取得的技术成果，以及这些项目对国防、社会、经济、生活等方方面面产生的深刻影响。有官员称：“如果人们很想知道‘明天’将是什么样子，那么就应该来看看DARPA‘今天’在做什么。”二是加速技术成果转化。展示日活动作为大型公开平台，参展对象来源十分广泛，横跨官、产、学、研、用各个部门，这就为DARPA与多机构建立密切沟通合作关系、寻求商业化应用策略和途径、实现技术成果快速转化提供了良好机遇。三是激发创新和招募人才。展示日活动吸引了大量精英学者与技术专家，这些人员能够结合自身知识背景，就感兴趣的项目与DARPA相关负责人进行思想交流碰撞、激发创新火花。同时，展示日活动也可能成为DARPA招募和储备具有敏锐科学嗅觉、深厚技术功底和出色组织管理能力人才的有效途径，为DARPA保持内部活力源泉提供智力保证。

二、关注重点

此次展示日活动上，从DARPA向公众展示的77个技术成果来看，DARPA关注的重点方向主要包括以下几个方面：

（一）复杂武器系统模块化、分布式、兼容性新技术

DARPA 认为，陆、海、空、天、电等领域的武器系统日益复杂，带来使用维护困难、新技术难以快速嵌入等很多弊端。为此，DARPA 积极探索采用模块化、分布式、兼容性等新技术途径构建复杂武器系统。例如，DARPA 展出的“系统之系统集成技术与实验”项目，采用灵活的开放式系统架构，把各种空战能力分布于大量可互操作的有人/无人平台，实现快速、经济地将相应能力增加或替换到航空系统中；“深海浮沉载荷”项目旨在开发一种由多个节点组成的分布式无人系统，平时可长期潜伏水下，战时接到远程指令后能快速投入作战；“机组座舱自动化系统”项目利用可安装于座舱内的通用型、可拆卸的自动化驾驶系统，为飞机提供高度自动化能力，同时提高任务完成质量。

（二）大数据分析技术

随着全球信息爆炸的加速，掌握和利用海量数据将成为未来作战中赢得先机的重要因素。从此次展示项目来看，DARPA 正在积极研发各种大数据分析手段，为用户提供强大的大数据信息处理工具，直接支撑作战人员“从数据到决策”。例如，“洞察”项目致力开发新的自主学习技术和预测算法，以提高情报分析员从现有的各类传感器和海量数据源中提取情报信息的能力；“下一代搜索技术”项目目标是开发一种面向特定领域的信息搜索技术，挖掘网络中的深层次信息，彻底变革特定域内容的发现、组织整理和表示方式；“X 数据”项目旨在开发分析大量非结构化数据的计算技术和软件工具，实现海量数据更有效地融合、分析和分发，使作战效果最大化。

（三）可信信息系统技术

在当前网络化大背景下，信息系统安全问题日益突显。从此次展示项目来看，DARPA 正致力开发各类可信信息系统技术，增强主动、实时抵御

网络攻击的能力，确保关键决策所需信息的可信性与完整性。例如，“网络大挑战”项目通过举行网络挑战赛，推进自动化网络安全分析与漏洞修复技术的研发，增强主动、实时抵御网络攻击的能力；“高可信网络军事系统”项目采用全新的、基于形式化的方法，从可执行的形式化描述中半自动地合成满足功能描述和安全可靠属性的代码，构建具备高保证能力的网络空间军事系统。

（四）人体机能增强技术

人员是军事系统中最有价值但却是最脆弱的一环，DARPA 为此多年来都将维持、恢复与增强作战人员的机能作为技术优先发展方向。从此次展示项目来看，DARPA 正在积极发展调控人体节律和快速恢复体力、认知能力的创新技术，基于认知神经科学技术提升学习记忆能力的新手段，以及革命性医疗新技术方法等。例如，“电子处方”项目探索通过人体器官功能的神经调节来帮助患者自愈，有望从根本上取代对传统药物治疗的依赖，变革疾病诊疗方式；“革命性假肢”项目面向肢体伤残者开发与人体有机结合的全功能假肢技术，可使伤残人员尽可能恢复正常状态；“恢复主动记忆”项目通过植入式神经接口技术修复脑损伤、克服失忆来改善人们的记忆功能，并能够加速其学习各类知识与技能的进程。

（五）微纳材料设计与制造技术

在材料设计与制造领域，从微观尺度寻求新突破正成为 DARPA 关注的新方向。从此次展示项目来看，DARPA 积极探索在微纳层面研究材料结构与力学、电学、光学等性能的关联性，寻求突破高性能、多功能新材料设计与制造，缩短材料研发周期并降低成本。例如，“从原子到产品”项目旨在开发新材料的集成组合方法，使制成的材料、组件和系统仍能保持其纳米尺寸的材料特性，并降低微器件制造成本；“具有可控微结构架构的材料”项目通过优化设计材料微结构，不仅能够制造出硬如钢铁、轻如塑料的超级材料，还可以开发出同时具有多种特性的“全能”材料。

（六）基础理论应用研究

长期以来，DARPA 一直重视在基础学科层面挖掘分析技术深层次的机理本质，寻求新的技术增长点。从此次展示项目来看，DARPA 重点从数学、物理等基础研究入手解决技术根源问题，通过开发全新算法和建模工具等手段，实现军用系统效能提升。例如，“量子辅助传感与读出”项目利用原子和类原子的量子特性，开发下一代磁场、力学和时间感知量子传感器，可大幅提高授时精度；“快速轻型自主”项目通过开发新算法以提高机载运算效率，扩大无人机的感知范围，使小型无人机在设障环境中能够执行自主导航飞行任务。

（中国国防科技信息中心　荆象新　锁兴文　刘宝林）

美国网络空间安全领域的科技发展策略

信息时代，网络空间已成为深刻影响人类社会发展、国家安全和人民福祉的一个重要的生存环境，日益受到世界各国的重视。2011 年 12 月，美国国家科学技术委员会公布了《可信网络空间——联邦网络安全研发战略规划》（以下简称《规划》），针对网络系统面临的现实问题和挑战，确定了以军方科研力量为先导，引领国家网络空间安全领域科技整体发展的方针，并提出了系列保障手段。2016 年 2 月，美国公布第二版《规划》，进一步出台了大幅度降低私营部门准入门槛、鼓励社会力量积极参与等举措。美国政府在实施《规划》过程中，迄今所采用的策略、所取得的成绩，均令世人瞩目。

一、以军方部门为核心构建骨干科研体系

网络空间安全领域科研风险高、难度大，需要长期、稳定的政策和投资支持。为此，美国安排了大量军方或有军方背景的科研机构承担高风险项目，引领网络空间科技发展。在实施《规划》的主要机构中，就包括了美国国防高级研究计划局（DARPA）、国家安全局、陆军研究实验室、海军

研究实验室、空军研究实验室、国防部网络空间科学与技术共同利益体6家军方机构和组织，情报高级研究计划局和国家核安全处两家政府机构也均有很深的军方背景。此外，国土安全部、国家标准技术研究院和国家科学基金会等部门也参与了该《规划》。从工作量和投入上看，军方科研机构和组织无论是承担项目数量还是经费均占一半以上。不仅如此，美国政府还专门设立了网络空间安全和信息保障跨部门工作组、网络空间行动研究和工程跨部门工作组、网络空间安全和信息保障研发高级指导组3个部际工作组，以推动各方科研力量密切协调，聚焦共同主题，开展跨部门合作。

通过实施《规划》，各科研机构可以有侧重地发挥各自优势，形成高效科研体系。在科研攻关方面，DARPA主抓高风险前沿探索，三军研究实验室重点承担高难度技术攻关；能源部和国土安全部重点针对关键基础设施安全保障开展应用研究；国家科学基金会主要调动社会学术力量开展基础科研。在成果转化方面，国土安全部侧重科研成果市场化；商务部侧重把成果转化为标准和工具；国防部和能源部等侧重在本领域应用科研成果。为此，各部门都制定了相应的专项计划。例如，国防部出台“网络空间转化实践倡议”，促进科研成果转化为军事作战能力；国土安全部启动“转化实践计划”，向企业推荐网络空间安全成果，并要求在两至三年内完成商业化；商务部利用成果制定了加密、数据安全和关键基础设施等方面的标准；能源部实施“能源输送系统网络空间安全计划”，以便把科研成果尽快应用于设计弹性能源输送系统。

二、以适当科研合作方式、灵活科研机制带动社会广泛参与

网络空间安全领域技术发展富有活力，也有广泛应用前景。美国在

《规划》实施过程中，注意建立各种适宜的科研合作方式和灵活的科研机制，以军方和政府有限投入，带动社会整体参与。

在选取科研合作方式上，陆军组织学术界、工业界和政府研究人员成立“网络空间安全合作研究联盟”，重点聚焦于探索网络空间风险评估、威胁检测和敏捷反应能力；空军则向硅谷派驻联络官以加强同学术界、产业界的联系；国防部实施“网络空间应用研究和先进发展计划”，借以整合研究项目，推动跨实验室合作，并在硅谷设立国防创新实验室。此外，美国还利用与澳大利亚、加拿大、新西兰、英国之间既有的“军事研发谅解备忘录”，开展网络空间安全领域的国际科技合作。上述各项举措，不仅提升了社会科研合作热度，还走出国门扩大了合作覆盖范围。

在建立灵活科研机制上，DARPA 实施“网络空间快车道计划”，仅 2012 财年就有 77 个周期短、潜力大的小型项目获得资助；国家安全局制定、推出的“应用研究原型计划”，定额地投资能在 3 个月内完成原型机演示验证的项目；国家科学基金会在“安全与可信网络空间计划”实施中，不仅设置了为期 5 年的 1000 万美元大项目，还安排了为期 18 个月的 15 万美元“幼苗项目”。这些项目重点鼓励计算机科学家和社会科学家之间的有效合作，推动跨学科研究不断创新，仅 2013 财年就安排了移动目标防御体系结构、隐私与安全用户定制系统，以及网络空间犯罪漏洞评估等多个项目。上述投入也为小型创新型企业提供了更多参与项目的机会，起到在更大范围发动社会科研力量的作用。

从效果上看，上述策略有效激励了整个社会力量的参与，充分发挥了促进网络空间安全领域科技创新的积极作用。从 2014 年投资情况看，军方的投入只占到美国全部网络空间安全科研投入总额的 21%，能源部占 6%，其他政府部门占 8%，总计不超过 35%；但其拉动作用却很突出——拉动大学和企业界的投入分别为23%和42%，总计高达65%。

三、以重大科研主题聚焦解决关键技术突破

在《规划》实施过程中，当需要确定科研主题时，美国总会强调根本性、革命性、长远性三原则。所谓根本性，即网络空间安全领域带有普遍意义的共性、关键性问题；革命性，即突破以往研究思路、强调“改变游戏规则”潜力；长远性，即只确定终极目标，并不限定具体实现途径，鼓励尝试多种创新实现方法。

根据上述原则，美国在《规划》中确定了4大“改变游戏规则”的科研主题。一是把安全要求融入系统设计。重点是发展能够减少漏洞、有效对抗攻击的软件系统开发工具、程序设计语言和支撑环境。二是提供按安全可信程度分级的网络空间。即告知用户可用空间的信任级别，以便正确了解并接受所定制空间的安全水平及存在的风险。三是发展“移动目标”技术。重点是借鉴生物免疫系统的分布式处理、病原体模式识别、多层保护、分散控制、多样性等原理，研究形成解决网络安全问题的创新方法，增加潜在敌人攻击的难度和成本。四是强化经济激励导向。即探索网络安全成本风险分析方法，采用科学的评价指标和程序，量化网络安全措施的经济效益，鼓励人们积极采用改进的网络安全技术。

在4大科研主题的牵引下，近几年来，美国各有关科研力量聚焦于制约网络安全科技发展的难点和热点问题，开展技术攻关，取得了关键技术的明显突破。例如，DARPA已开发出多样性编译器技术，有望缓解同一攻击破坏多台计算机的威胁；陆军研究实验室在监管复杂异构网络上取得进展，演示验证了解决网络失信问题的技术；空军研究实验室开发出同步规避攻

击的主动再配置技术；情报高级研究计划局研究出抑制不明来源软件漏洞的技术，可抑制1万行程序中两类75%的漏洞，未来能力将提升到能抑制500万行代码中10类90%的漏洞；能源部开发的“数字蚂蚁”不仅能发现威胁踪迹，还可主动聚集到网络受损处应对敌方攻击，目前已部署到多个网络平台的2万个节点。

同时，美国特别重视加强基础研究，启动多个项目重点投入网络空间安全知识体系、度量方法、模型与算法等关键基础研究领域。陆军2013年启动了“多学科大学研究项目”，为发展自适应抗网络攻击系统提供知识储备；空军启动为期5年的“网络空间安全建模、构成与测量科学”的跨学科大学研究倡议；海军进行僵尸网络理论和模型研究，相关成果已被美联邦调查局用于追踪僵尸网络。

当前，世界范围内，网络空间安全领域的一场科技发展博弈正在激烈进行。这是通过发展科技、实现关键技术突破，借以掌握未来战略主动权的一场意义深远的斗争。自2011年以来，美国在争夺网络空间优势强烈欲望驱使下，先后推出两个版本的《规划》文件，从5年来的贯彻实施情况看，为其优势争夺提供技术支撑的成效相当明显。新版《规划》现已成为奥巴马颁布的《美国国家网络空间行动规划》——一项旨在全面扩大网络空间国家整体优势战略规划的主要组成部分，预计在推动网络空间安全科技发展方面将会继续发挥重要作用。

（中国国防科技信息中心　孙宇军　赵睿涛　李璜　范笑铮）

日本防卫技术战略及发展动向初步分析

2016 年 8 月 31 日，日本防卫省发布了首份《防卫技术战略》，并同期发布《2016 年防卫技术中长期展望》《无人装备研究开发构想》《装备获取战略规划》等文件，规划了未来一定时期日本防卫技术与武器装备的发展方向和重点，反映了日本谋求防卫技术优势地位、通过技术创新带动防卫能力整体提升的战略图谋，值得高度关注。

一、出台背景

安倍上台以来，日本全面加速国家“正常化”步伐，积极推动国家安全战略调整，相继出台防卫技术相关战略文件，将先进技术能力视为维护国家安全、“夺回强大日本”的重要支柱。

（一）适应技术的时代发展特征

《防卫技术战略》认为，科学技术突飞猛进，军用技术与民用技术之间界限日趋模糊，并逐步向军民两用方向发展，军民融合程度更深，各国普遍重视通过二者相互促进实现技术创新。科学技术具有多重适应性，不同技术领域广泛交叉融合，基于某种目的研发的成果也可应用于其他方面。

（二）应对严峻的周边安全环境

《防卫技术战略》强调，日本周边安全环境日趋严峻，朝鲜不断开展核与导弹研发试验，中国急速扩大在东海、南海等海空域的活动范围，俄罗斯持续推进军事现代化，且军事活动日益活跃。日本未来面临的各种问题和不确定、不稳定因素更加突出，尤其是在防卫预算紧缩的形势下，需要遴选并强化对国家安全至关重要的技术能力。

（三）确保日本的技术优势地位

日本2013年发布的《国家安全保障战略》明确提出高技术是国防实力的基础。同年颁布的国家《科技创新综合战略》确立了“技术创新能力世界第一”的目标。《防卫技术战略》再次提出，要确保领先一步的技术优势，增强日防卫能力，防止技术突袭。

二、主要内容

此次发布的4份文件中，《防卫技术战略》是日本防卫技术发展的顶层战略文件，明确了未来20年防卫技术发展的战略目标和举措；《2016年防卫技术中长期展望》对过去10年防卫技术发展进行了评估，规划了未来20年需要重点建设的军事能力、重点发展的技术方向以及重点培育的萌芽技术；《无人装备研究开发构想》是无人装备及技术未来20年发展路线图；《装备获取战略规划》明确了未来10年要重点采办的12类防卫装备及其全寿命费用估算。

（一）《防卫技术战略》

主要内容包括政策制定背景、战略定位及目标、需要关注的重大问题、具体实施举措等。其中，战略目标是确保技术优势地位，高效研制先进防卫装备。具体举措为：一是准确掌握包括民用技术在内的科技情报；二是发掘并培育具有军事应用潜力的先进技术；三是完善知识产权管理制度，加强技术安全管控。

（二）《2016 年防卫技术中长期展望》

主要内容包括中长期技术评估的目的、未来技术发展方向、未来应开展的相关工作等，明确了未来的军事能力、技术方向及萌芽技术。

（1）13 项军事能力。警戒监视，信息收集与共享，力量投送，指挥控制与通信，海空优势，岛屿作战，弹道导弹防御，特种作战防御，空间进入、利用与控制，网络空间防御，大规模灾害预防与控制，国际维和，模拟仿真能力。

（2）18 个技术领域。地面移动机器人，无人机，无人舰艇，单兵装备，核生化爆防护，医疗，精确制导，未来车辆，未来舰船，战斗机，垂直起降飞行器，情报搜集和侦察，电子战防御，网络空间，指挥控制与通信及电子攻击，综合评估，太空，后勤保障。

（3）21 项萌芽技术。储能，太赫兹，电磁超导推进，生物传感器，纳米材料，先进碳材料，超材料，声纳水下成像，量子加密，脑机接口，新能源，人工智能，微机电系统，量子测量与传感，超燃冲压发动机，大容量激光毫米波通信，电磁波推进，脉冲爆震发动机，能量无线传输，变形飞行器，触觉传感器。

（三）《无人装备研究开发构想》

聚焦无人机技术，明确了未来技术发展方向、需要开展的工作、研发成果的应用等，提出要以推动无人机成为未来 15 ~ 20 年主要防卫装备为目标，围绕机身、动力、自主、人工智能、指挥系统及通信、传感器、电子战等技术开展研究。

（四）《装备获取战略规划》

列出了12类重点装备的采办计划，包括“标准”－3 Block ⅡA拦截导弹，中程地空导弹（改型），“全球鹰”无人机，AAV7系列水陆两栖车，新型护卫舰，UH－X直升机，“鱼鹰”倾转旋翼机，SH－60反潜直升机，P－1固定翼巡逻机，C－2运输机，F－35A战斗机，未来战斗机。

三、主要特点

（一）建立了较为完整的防卫技术战略规划体系，有效指导和牵引防卫技术的创新发展

日本防卫省首次发布《防卫技术战略》等文件，填补了日本防卫技术领域顶层战略的空白，标志着日本在防卫技术领域已经建立了由防卫技术发展战略、中长期发展规划、技术发展路线图构成的战略规划体系，为防卫能力发展提供技术支撑。这些文件依据《国家安全保障战略》《防卫计划大纲》《中期防卫力量发展计划》等顶层战略文件制定，是日本防卫战略在技术领域的具体落实。此外，《防卫技术战略》与日本内阁2016年通过的《科学技术创新综合战略》以及《第5期科学技术基本计划》等国家科学技术顶层战略规划相衔接，确保防卫技术军民融合发展。

（二）运用面向未来、基于能力、层层细化的技术导出方法，科学确定军事能力和技术发展需求

为确保技术发展方向与作战需求的一致性，《2016年防卫技术中长期展望》采取了“军事能力→建设目标→支撑功能→技术领域→关键技术和萌芽技术”的技术导出方法，确定应在未来20年需要发展的技术领域和方向

重点。首先，依据《国家安全保障战略》等文件，适应当前周边安全环境变化、世界科技发展态势，导出未来需要重点发展的13种军事能力。其次，明确每类军事能力建设目标，并将军事能力分解为若干支撑功能。例如，在指挥控制与通信能力方面，提出了强化岛屿的基础通信网络及部队间的数据链接功能的发展目标，并将该能力进一步分解为信息共享、情况判断及电子攻击防御3项支撑功能。最后，综合考虑技术发展的自主性和可能性，导出支撑军事能力和各项功能的关键技术及萌芽技术。

（三）立足世界国防科技发展规律和日本防卫需求，明确技术发展方向、发展重点和发展策略

《防卫技术战略》等文件的主要内容，既适应日本的国情军情，也体现了当前及未来世界国防科技发展的基本规律，具有鲜明的时代特征。在体系布局上，日本确定的18个技术领域，与美国国防部2017财年重点投资的17个技术领域[①]（占国防科技预算的75%），覆盖范围大致相当。在发展重点上，结合日本防卫需求，重点支持信息、无人、先进平台、作战支援保障等方向。其中：信息领域重点发展情报监视侦察技术、网络空间攻防技术、指挥控制与通信技术等；无人领域重点发展仿生技术、自主技术等；先进平台领域重点发展高隐身、高机动和跨域平台技术等；作战支援保障领域重点发展单兵辅助装备技术、核生化爆防护技术等。在发展策略上，更加注重发挥本国民用技术的优势，对于民间已积极推进的技术领域，军方采用持续参与的方式推进军事应用；对于核心技术领域，立足自主研发，在有限的资源内予以优先支持。

---

① 包括先进电子器件、空中平台、自主能力、生物医学、反简易爆炸装置、反大规模杀伤性武器、网络空间安全、电子战、动力与能源、工程弹性系统、地面和海上平台、人体工效系统、指挥控制通信计算机与情报、材料与制造、传感器与信号处理、空间、武器技术等。

（四）通过加强科技情报、人才培养和技术管控，夯实技术创新发展的基础

《防卫技术战略》着眼把握技术态势，培育先进技术，防止技术外泄等方面提出了若干措施。一是重视科技情报，引导发展路径。在内容上，重点关注国内外军民两用技术、处于萌芽阶段的尖端技术等防卫技术动向，进行技术对比、预测与遴选。在手段上，与国家安全保障委员会和综合科学技术创新委员会等机构合作开展情报搜集，并灵活采用派遣海外调查员或外包给调查公司等方式。二是注重培养具有技术鉴别力的人才。未来将重点培养能够从海量科技情报中甄别具有巨大军事应用潜力的民用技术，预测未来技术发展趋势的高水平技术鉴别人才。三是加强技术管理，防止技术外泄。《防卫技术战略》提出，防卫省应建立知识产权管理制度，评估防卫技术出口对国家安全的影响，防止技术外泄动摇日本技术优势地位，暴露日本国防实力。

四、影响分析

（一）有效牵引日本未来防卫技术体系化、融合化发展，增强整体技术实力

此次日本出台《防卫技术战略》及相关文件，在军事导向上注重与《国家安全保障战略》《防卫计划大纲》的承接，在技术导向上注重与国家《科学技术创新综合战略》《第 5 期科学技术基本计划》的对接，在经济导向上注重与《防卫生产、技术基础战略》的融合，反映了日本将防卫技术根植于国家科技总体布局的体系化设计思路，反映了日本集举国之力推动防卫技术创新发展的理念，将对提升日本防卫技术乃至整体科技实力具有很大的推动和促进作用。

（二）将大幅提升日本军事实力，推动自卫队向“构筑联合机动防卫力量”方向转变

此次发布的系列文件，集中体现了日本以技术优势谋求军事优势的发展思路，对其作战能力的影响主要体现在以下几个方面：一是瞄准未来战争形态，显著提升智能化、网络化、无人化作战能力。《无人装备研究开发构想》明确提出未来15～20年无人机将成为日本的主要装备，并通过智能化网络化提升网络空间新兴作战能力。二是瞄准空海主战场，显著提升主战装备和拦截武器能力。《2016年防卫技术中长期展望》将主战装备升级换代作为未来发展重要方向之一，并明确提出15年后的导弹拦截能力将要能对抗大范围、密集发射的远程导弹。三是瞄准夺岛作战，显著提升两栖装备和支援装备建设。《2016年防卫技术中长期展望》列举的舰船系统技术、倾转旋翼技术、后方支援技术都明确以争议岛屿为应用背景，反映了日本对岛屿争夺的重视。

（三）强化了日本防卫技术的发展模式，将进一步提升科技领域军民融合与国际合作的深度与广度

长期以来，日本在防卫技术领域形成了“以民掩军”的发展模式。此次公开发布《防卫技术战略》及相关文件，将有助于日本企业界加深对日防卫技术发展的了解，推动相关领域的研发竞争，进一步提升防卫技术领域军民融合的深度与广度。此外，近年来日本一直在寻求政治与军事方面的独立，谋求国家“正常化”。2014年日本破除“出口三原则”，2015年构建对外军事技术合作的专门机构，《防卫技术战略》明确要求以积极姿态开展国际联合研发，旨在以军事技术合作为抓手，强化地区军事外交，深化和拓展盟友关系，争取更大的国际话语权，提升自身防卫能力。

（中国国防科技信息中心　朱斌　王磊　任玮　姬寒珊　荆象新）

美国国防科技部门促进军民协同创新的做法及借鉴

加强国防科技协同创新是推进军民融合深度发展的重点。《国民经济和社会发展第十三个五年规划纲要》提出要建立国防科技协同创新机制。为借鉴美国国防科技协同创新经验，本文以美国国防科技组织管理的两个代表性机构——美国航空航天局（NASA）和美国国防高级研究计划局（DARPA）为例，总结分析美国国防科技部门组织军民协同创新的方式和特点。

一、美国国防科技军民协同创新的组织方式

NASA 和 DARPA 组织实施国防科技项目可以分为获取需求、转化为科技项目、选择项目承担单位、项目管理、项目成果应用5 个阶段。美国国防科技项目的组织管理方式体现了军民融合协同创新的特点。

（一）“自上而下”与“自下而上”结合确定科技计划和项目

国防科技项目的确定要经历以下两个阶段：

1. 获取任务需求，确定科技计划

NASA 和 DARPA 的科研任务主要来源于以下 3 种途径。

（1）上级指定需求。NASA 和 DARPA 均承担上级交办任务，NASA 在行政上直属总统管理，具体政策由白宫科技政策办公室和国家安全委员会共同制定，DARPA 主要承担国防部的重大研究任务，以及部分白宫科技政策办公室发起的科技计划。此外，美国国会在审批财政开支过程中，会对 NASA 和 DARPA 指定一些研究任务或叫停其研究计划。

（2）自主凝练需求。NASA 在实施上级部署战略的过程中会吸纳社会需求，NASA 应用工程组通过与工业界保持密切联系来寻求具有广泛意义又可以应用航天技术成果来解决的问题，外部机构对这些问题解决方案的需求是 NASA 很多项目的来源。DARPA 通过借助专业机构和广泛调研来凝练任务需求。DARPA 下属的国防科学研究委员会（由全美最顶尖的20～30 位科学家和工程师，以及约20 位项目经理组成）每年 7 月都会召开持续约一个月的理事会夏季会议，采用头脑风暴的方式进行讨论和辩论，最终形成若干最重要的研究方向，会后成立工作组对确定的研究方向进行细化后再拆解成技术群。另外，DARPA 的项目经理还会通过定期与国防部官员会面、调研军事机构、研究最新的军事行动战例、与军外涉及国家安全的部门研讨等方式了解军事需求，并到科研一线寻找新的研究计划。

（3）向社会征集获取需求。NASA 除了承担上级指定的任务外，也承担少量的商业任务，以满足社会需求。DARPA 会采取举办工业日或开放日活动、发布公告的方式向外部公开征集项目，当外部提交的项目建议符合 DARPA 的项目定位和当前阶段研究需求时，DARPA 会考虑予以资助。

2. 对任务需求进行分解，转化为系列科技项目

NASA 和 DARPA 在确定科研任务需求后，需要经过分解、研讨等方式将其转化为能够实现任务目标的一系列科技项目。NASA 接到上级的任务部署后，会根据实际需求对任务进行拆解，进而确定具体的研究项目。DARPA 的项目经理会对需求信息进行分析研讨、概念验证，最终形成完成研究计划的技术发展构想。技术构想获得 DARPA 正副局长、技术办公室主任等肯定后，项目办公室便发布公告征集技术解决方案。

（二）面向全社会选择项目承担单位，并采取动态调整、目标导向方式管理项目

尽管 NASA 拥有自己的研究中心，而 DARPA 则全部依靠外部机构完成科技项目，但两者对科技项目的管理基本类似。

1. 通过招标和直接资助方式面向全社会选择项目承担者

（1）通过项目招标选择研发团队。NASA 的大部分研发任务对外招标，只有约 20% 的项目交由下属 10 个研究中心完成。NASA 总部主要通过发布公告征求研究方案，采用同行评议程序进行评选。NASA 下属研究中心也可以申请公告的研究项目，其提交的研究提案需经过同样的同行评议程序。DARPA 向所有潜在参与者发布公告进行项目招标，然后对来自全国乃至全世界的执行概要（简要的方案说明书）进行筛选，对于获选方案，会通知提案人呈交白皮书（更详细的方案），新的方案通过审查后会要求提交更为具体的建议书，由相关科学审查团队和审查官员组织严格的论证，并针对每份建议书制定书面评价报告，最后中标的提案将获得合同。

（2）直接资助。NASA 除了直接资助下属研究中心外，每年都会将部分研究项目直接交给高校承担并提供资助。DARPA 项目经理每年参加大量学术会议和活动，一方面了解和掌握技术发展动态，另一方面寻找有能力的研发人员直接给予资助。

除上述两种常用方式外，DARPA 还通过科学计量方法分析发现研发团队。DARPA 拥有自己的大数据搜索工具，如果发现两位科学家同时在攻克同一课题，但采取的技术路线不同，会对他们分别给予资助，从而防止其今后潜在的重复研究，以及反复的经费申请。

2. 采取分阶段资助、动态调整方式进行项目管理

NASA 和 DARPA 对项目实施采取分阶段评估和资助的方式，并建立了项目实施调整和淘汰机制。NASA 设有独立计划评估办公室，在项目的各个阶段（包括项目的形成、批准和执行等阶段）开展独立评估，对项目是否符合 NASA 的愿景和目标、项目执行是否符合计划等进行评估，以决定项目是否进入下一阶段。如基础和应用研究计划每 3 年进行一次项目执行评估，其他研究计划则每两年进行一次项目执行评估。

DARPA 项目启动后，管理团队会为每个项目制定一系列技术成果“里程碑”，作为项目在各个研究阶段是否达到预期目标的评估标准。项目经费按照“通过/不通过”的里程碑节点分阶段划拨，只有完成当前阶段工作并取得预期成果的项目才会获得继续资助。DARPA 在项目实施中，项目经理还会不断会见全国各知名研究人员，了解最新研究进展，从外部吸纳更好的解决方案和更有效的信息，只要新的技术方案的水平超过现有方案，更有利于项目目标的实现，就会取消原来的项目。DARPA 每年有 20% 左右的技术方案被取代，有些项目会被末位淘汰。

3. 根据项目确立的目标进行项目验收

由于在确定项目之初就在招标公告、合同、协议等文件中明确了项目的目标，因此项目验收就以是否达到预期目标为标准。NASA 由独立计划评估办公室进行评估，DARPA 则由项目管理办公室的支撑机构，以及 DARPA 的咨询专家提出评审建议，项目经理做出评审决定。

（三）从创新链条各环节推动科技成果转化

NASA 和 DARPA 从科研立项到成果商业化各环节均考虑技术应用，确保开发出的技术成果应用到军事和国民经济中去。

1. 项目立项时将技术向军民转化纳入考虑范围

NASA 和 DARPA 在科技项目立项时，均会考虑科技项目完成后在军民方面的应用。NASA 在科技项目策划阶段就要探索项目成果商业化的方法和途径，识别出项目开发和运营阶段的主要商业机会。DARPA 在项目设想阶段也需要考虑未来需求，并制定技术转化计划，还可能会开展一些互补性的研发项目为技术商业化提供支撑。DARPA 聘请了各军种、国家地理情报局、国防信息系统局和国家安全局派驻作战联络员到 DARPA 局长办公室工作，作战联络员根据各军种的实际问题配合 DARPA 制定技术研发计划，使技术更好地满足军种需求。

2. 引入技术需求方参与项目研发，确保研发方向正确

NASA 项目实施中，参与人员除 NASA 的技术人员外，还包括要求该项目的政府机构或工业企业的人员，这样的任务安排机制为后期的技术应用奠定了良好的基础。DARPA 在研究团队组织上，同一个项目的研究人员可能来自军方、企业、研究机构、大学和政府部门，这样可以依靠大学解决基本的科学问题、研究机构和企业解决应用与发展问题，并通过与军方、政府等需求方沟通了解产品的潜在需求，锁定性能，不断完善产品。

3. 采取多种方式转移项目成果，促进成果走向军民应用

（1）与军方建立人员交流和合作机制，向需求方推介技术成果。NASA 有很多与军方合作的项目，其研究中心常常与军方基地共处一地，一方面方便与军方交流和为军方服务，另一方面军方也能及时了解 NASA 研究情况以促进技术成果在军方应用。DARPA 与军方建立了互派联络员和请军官实习机制，加强双方了解，促进新技术向军方转化。

（2）建立技术转移网络，为技术转移提供服务。美国政府在国家和区域层面、管理部门、政府研究机构均建立了技术转移机构，形成了全国技术转移网络。美国国会授权NASA负责管理联邦政府资助的科技成果的转移工作，与国防部、能源部等联邦政府部门合作建立了全美技术转移网络，参与资助了国家技术转移中心和6个区域技术转移中心。此外，NASA总部及下属研究中心、DARPA自身也建立了负责技术转移的服务机构。

（3）通过各种方式公开项目成果，向社会开放技术信息。NASA和DARPA采取了建立开放的项目成果及转化应用数据库、出版项目研究情况和成果、召开项目交流会等方式公开项目成果，将技术信息扩散到最广泛的群体，不遗余力地推动项目成果转化。

4. 支持企业利用项目成果创新创业，推动技术商业化

由于大部分科技成果还需要进一步开发才能应用，为此，NASA和DARPA采取了多项举措。一是支持外界开发利用项目成果。NASA设立了创新伙伴计划，提供种子经费吸引研究机构参与NASA关键技术的开发，引导工业界、学术界、政府机构和国家实验室共同投资和合作来催熟技术，推动NASA的技术向社会转移。DARPA对于一些军民两用但一时难以在军方应用的新技术，会资助一些高技术企业或者初创企业对技术进行改进，将项目成果转化为商品投入市场，待技术和时机成熟后再促使国防部采办。二是根据市场需求对技术进一步开发。为促进技术成果应用，NASA会对技术成果应用潜力和企业需求进行分析，并根据企业需求进行二次开发。三是设立孵化器培育新兴企业。NASA的技术转移网络包括9个孵化器，有的由NASA资助，有的由NASA与当地政府、大学等共建，主要培育可能会用到NASA技术的新兴企业，通过提供商业和技术支持服务提高参与公司的成功率。

二、对推进我国国防科技协同创新的启示

当前，我国正在实施军民融合发展战略，在推进国防科技协同创新的过程中，以下方面值得注意。

（一）充分利用全社会科研力量，提高国防科技创新水平

国防科技创新体系是国家创新体系的重要组成部分，既应该在国家创新发展过程中发挥引领带动作用，又需要依托并植根于国家创新体系，互相促进，协同发展。当前，我国国防科技创新体系引领国家创新能力提升的作用尚不明显，而国家创新体系支撑国防科技创新发展的广度和深度也远远不够，应打破障碍，加快两个体系的融合发展。建议相关管理部门在组织国防科技计划过程中，放宽视野、充分引入竞争机制，将任务需求通过脱密处理、分解为系列科技项目，采取公开招标为主、直接资助为辅的方式，面向全社会寻求最好的研发人才、最佳的技术来源，从而提高国防科技创新能力和水平。

（二）建立项目实施的动态调整机制，提高国防科技创新效率

科研不是工程建设，具有较大的不确定性。为了减少不确定性带来的风险，NASA 和 DARPA 在项目实施管理中采取了分阶段评估和资助的方式，及时停止没有取得进展的项目，以避免科研资金浪费。尤其是 DARPA，科技项目初期方案选定和资助对象确定后，项目依旧是开放的，随时吸纳更新的技术方案和更有效的技术信息，确保科技项目以最快的方式推进。

为提高国防科技创新效率，宜摒弃将科技项目当工程项目管理的传统做法，逐步采取分阶段资助、动态调整的方式管理科技项目，定期评估并

及时调整，甚至淘汰没有发展潜力的项目。另外，部分项目可考虑引入竞争机制，同一个项目选择资助两个研发团队，以降低项目选择风险、促进研究团队之间的竞争。

（三）围绕军民需求将技术应用纳入国防科技创新全过程管理，确保科技成果供需对接

国防科技成果适应军民需求是其能够转化运用的前提，为了确保科技成果“供需对接”，可采取以下做法：一是从军民技术需求出发确定科研任务。在确定任务需求时，采取“自上而下”与“自下而上”相结合的方式，建立面向军方、各管理部门、社会等方面调研需求的机制，着重考虑军方需求，兼顾民用需求，力争效益最大化。将这些需求作为研究方向，既确保国家战略得到有效贯彻，又确保科技计划符合发展实际和现实需求得到满足。二是以需求为着力点，将成果应用贯穿科技项目始终。从项目立项开始就对预期技术的军民融合进行铺垫，在考虑使技术满足军方需求的同时，考虑技术的商业化可能性并制定技术应用方案。项目团队选择过程中，可要求用户方参与，既使得项目成果能够更好满足需求，又使得用户更加熟悉技术，从而便于技术转化运用。项目实施过程中，如有需要，还可针对技术成果应用需求开展一些具有互补性的研发项目，为技术商业化提供支撑。

（四）建立国防科技成果转化的服务体系，推动科技成果军民应用

科技成果不同于一般的商品，具有信息不对称程度高、交易流程复杂、外部性强等特点，需要专门的服务体系来促进其应用，国防科技成果也应向全社会转化。

首先，建立国防科技成果公开的服务体系，向社会开放技术信息。可采取项目成果信息数据库、网站、公开出版等方式向社会公布成果信息，并提供便捷的技术获取服务，确保技术信息能够得到广泛传播。

其次，建立科技成果转移的技术转移网络，为技术转移提供服务。在国家、科研管理部门、地区和研究机构等层面建立专业的技术转移服务机构，形成全国技术转移网络，为政府科技成果向社会转移提供服务。

再次，部分技术成果转化还需要提供进一步开发和应用服务支持。在促进技术成果转化过程中，除了为企业应用技术成果提供服务、资助和科研资源支持外，对于尚不成熟的技术，还需要研究机构自身或资助企业进行二次开发，使其符合市场应用需求。

（国务院发展研究中心技术经济研究部　戴建军　张亚峰）

美军军民融合信息网络体系建设分析

美国作为军民融合战略的实践先驱，在军民融合领域进行了深入的探索，为美军先进技术及装备研发、战场作战行动等提供了坚实的基础，而信息网络作为美军现代化的灵魂，通过军民融合的一系列举措更是强化了信息网络的性能。当前，我国正在大力推进军民融合和创新的国家战略，通过对美国军民融合政策、技术和应用的分析与研判，有助于构建中国特色的军民融合信息网络体系。

一、政策层面支撑，建立顶层军民融合信息网络框架

早在20世纪90年代，美国颁布《国防转轨战略》和《国防科学技术战略》，标志着军民融合战略在美正式实施。根据美国国防高级研究计划局（DARPA）在军民融合领域的经验，美国国会技术评估局将军民融合定义为：把国防工业基础、民用科技和工业基础相结合，从而形成统一的美国国家科技和工业基础的过程，这一定义诠释了美国近25年来军民融合发展的基调。

当前，美国已经形成了完善的实施和推进军民融合发展的上层领导机构，以总统、国会、国家科学技术委员会、国防部、技术转移办公室等牵头，参与制定美国国家军民融合战略并通过其直属单位推进实施。通过实施军民融合战略，能够有效地降低美军的技术研发投入，防止重复投资，同时能够吸引优秀的民口人才和技术为军服务，并将部分军用技术民用化以创造价值，一举多得。

在信息网络领域，美国通过科索沃、伊拉克等现代战争深刻认识到，未来战场中信息网络的能力将能够直接影响到战争的成败。近5年来，美国通过上层政策加紧推进军民融合信息网络建设，全面革新军用信息网络技术和应用。2011年，美国国家科学技术委员会发布《可信网络空间：联邦网络安全研发战略规划》，赋予政府和军方能够统筹运用国防部、能源部等军民力量展开网络信息系统的突破性研究的权利；2012年，国防部发布《云计算战略》，首次明确提出打破军民界限，将成熟的云计算技术应用于军队，建设强大的军用信息网，用于情报搜集、战场指挥等；2014年，奥巴马签署命令实施《国家网络安全保护法》，明确将军用信息网络和军民融合纳入国家法律体系；2015年，国防部发布新版《网络空间战略》，再次提出要借助非军方力量提升网络攻防能力，以实现最大限度的军民融合网络信息共享；2017年，美国新任总统特朗普表示要重塑美军战斗力，包括增强网络安全以应对日益复杂的国际态势。

可以看出，美国近年来关于军民融合信息网络的战略文件，强调将政府、民营机构、军队、私营企业、学术精英等各种力量整合起来，实现多要素的体系融合，支撑美国网络信息领域军民融合的顶层设计。

二、技术层面融合，突破军民融合信息网络应用瓶颈

美军是较早将军民融合理念用于突破关键技术、作战装备瓶颈的国家。以 DARPA 的成功经验来看，军用技术成功转化应用至民口并创造出重大价值的例子不胜枚举，如超级计算机、互联网、GPS、纳米技术、汽车燃料电池等；相对应地，美军也从民口吸纳了众多先进技术转化至军用，以解决军事化应用面临的诸多问题，如分布式计算、3D 打印等。截至 2016 年 6 月的统计数据显示，美国军费开支中有一半左右直接或间接用于非军方单位的技术研发、信息服务等，从一个侧面展示了军民融合在美国军方的重要地位。

作为战场灵魂的军用信息网络，自然也是美军军民融合战略的重点发展目标。对军用信息网络而言，其庞大的架构、复杂的应用环境以及高昂的研发及应用成本，限制了先进技术及装备的应用。从需求上看，军用信息网络由于面临战场强干扰、电磁压制、网络病毒等手段的攻击，相对民用信息网络具有更高的安全和连通性需求。而民用信息网络通过多年的积累，在应用规模、终端数量、传输速率等方面具有优势，众多关键技术可以转化应用于军用信息网络，从而降低新技术军用化成本，提升军用网络的性能。在 2016 年美军发动对“伊斯兰国”武力打击的作战行动中，美军借助谷歌、亚马逊提供的网络智能机器学习、大数据分析等技术，通过强大的情报网络和信息网络对敌重点目标进行了精准分析和打击，突破性地解决了斩首行动中对敌目标判决的精准性问题；同年，美军将民用的第五代移动通信系统的载波聚合、无线异构融合技术引入军用，解决军用多类型终端和系统的互联互通和高速率传输问题，为美军未来高速率数据链系

统提供了关键技术解决方案。

因此，通过技术层面的军民融合，美军显著降低了军用信息网络的研发成本，利用民口先进技术解决其军用化瓶颈问题，为军民融合网络应用奠定基础。

三、应用层面协同，推动军民融合信息网络实用化进程

美军十分重视军民融合信息网络的应用和推广，通过 DARPA 以及 2015 年成立的美国国防创新试验小组（The Defense Innovation Unit Experimental, DIUx），建立军民融合的应用桥梁。DARPA 作为传统的军民融合渠道，在军民融合信息网络关键技术研发和战场应用部署方面具有强大的优势，其主要实施形式包括委托研发（采购）和军转民授权两种方式。

首先，DARPA 搜集和研判美军构建信息化网络的关键难点和需求，通过与民营企业和高校等签订项目合作协议的方式，进行专项技术的研发合作，美国的海、陆、空三军都曾为此制定过专门的合作战略。比较典型的成功案例包括与 BAE 系统公司签订“认知电子战系统”和“深海导航定位系统”的项目合同等。

其次，DARPA 允许部分军用技术脱密后转为民用，或允许民众在非战时使用军用设施和装备，以均摊研发经费、降低重复科研的比例。GPS 作为比较典型的军转民案例，在推进美军军民融合信息网络应用中起到关键作用。美军规划的第三代 GPS 系统，充分考虑了军民融合信息网络的需求，首次实现了军民信道分离，并允许不同类型的卫星之间组网协同，必要的时候甚至能够实现在轨编程，以达到更高精度的导航和数据传输需求。

除了依靠 DARPA 在传统模式下进行军民融合信息网络的应用层面合

作，美国新组建的DIUx则搭建了美国国防部与众多新型创新企业和人才的桥梁。通过这一机构，美国国防部将在理念阶段参与新技术和创新的讨论和投资，甚至直接指导相关企业或单位参与美国军方项目的建议和设想，通过创新投融资方式，DIUx负责将美国国防部的具体业务或技术需求，与创新企业主体之间进行精准对接。

2016年5月，国防部长卡特宣布建立DIUx2.0。新升级的DIUx机构可以直接向国防部长办公室进行汇报，使其拥有了更高的权力级别，并拥有自己独立的合同权和经费预算权，拥有新的扁平化、合伙制的领导组织架构。DIUx2.0建立后，首推的项目就是第五代移动通信系统的军民融合应用。考虑到越来越多的无人作战单元、信息化装备逐步列装，传统的美军信息网络在承载多终端、高速率传输时面临着巨大的压力，因此DIUx2.0成立了军民对接、成果转化和风险投资3个小组，致力于解决军用信息网和第五代移动通信系统关键技术难点的军民融合问题。通过对这些技术的快速投资响应，DIUx2.0能够更加迅速使美国民间的巨大技术优势在几个星期内或者几个月内就转化到战场上，而不是过去的几年时间。

可以看出，通过DARPA和DIUx2.0等政府和军方主导的机构，美国重视军民融合信息网络应用的快速推广，将民口先进成熟的技术通过投资、融资等新形式快速融入军队，从而达到建设先进军民融合信息网络的目标。

四、对我国军民融合信息网络建设的启发

当前，我国把军民融合发展上升为国家战略，是一项长期的系统工程。中央政治局于2016年3月25日审议通过了《关于经济建设和国防建设融合发展的意见》；2017年1月22日，中央决定设立中央军民融合发展委员会，

引领中国特色军民融合的体系架构的建设。我国周边局势复杂，军队训练、作战、执行任务对信息网络要求极高，因而借助军民融合这一契机构建强大的信息网络体系和应用系统势在必行。根据军民融合的方式，从军为民用、民为军用和军民共建3个层次，能够较好地诠释我国军民融合信息网络的建设需求。

（1）军为民用。美军很好地诠释了GPS系统的军为民用含义。从我国的实际情况来看，以北斗卫星导航系统为代表的一批装备和技术，也具有极高的军民融合应用潜质和必要。通过将军用先进技术转移至民用，有助于强化民用网络的安全性，构建军民融合网络互联互通的可信桥梁，降低民用技术的门槛和费用，实现跨越式发展。

（2）民为军用。近年来，经济效益驱动下的部分民用技术逐渐引领了信息网络的发展，如大数据、区块链、物理层安全等金融和信息领域的技术，在先进性方面具有超越军用技术的潜质，能够更好地提升军用信息网络的安全性和性能。将优秀民用技术通过专利授权、转化开发等形式引入军用，能够提升我国军用信息网络的安全性，增加敌对势力对抗难度，防止重复经费投入，具有极好的效果。

（3）军民共建。军民融合信息网络的构建是一个复杂的系统化过程，需要国家、军队和地方携手共进，多方面协同。例如，在人才培养、建设军民融合管理和服务机构、关键技术研发和先进技术培育等方面，通过军民共建来实现价值和效益的最大化，是构建军民融合信息网络的捷径。

（电子科技大学　胡苏　唐万斌）

世界军事智能科技发展态势

人类自诞生以来，对增强自我、解放自我的追求永远没有停止过。机械的发展日益复杂精密，尺度跨度越来越大、自由度越来越多，超过了人类的操控能力；信息化的发展导致了“信息爆炸”，信息海量产生、急剧扩散、真假混杂，远超过了人类自身的处理极限。机械化、信息化要继续发展，自动化、自主化、智能化是必然的方向，智能科技将成为下一轮科技革命的核心和关键。

2016 年 3 月，由美国谷歌开发的 AlphaGo 在与世界围棋冠军李世石对弈中获胜；2017 年 1 月，又在与中日韩 60 余名世界顶级围棋手对弈中获得全胜，预示智能时代已经到来。2016 年 6 月，美国国防高级研究计划局（DARPA）的智能空战系统在模拟空战中击败具有丰富经验的空军上校飞行员，标志着军事智能化的大幕已经拉开。军事智能科技即将转入大规模突破和爆发性应用阶段，对军事各领域发展带来一场革命。

一、智能指挥决策系统洞悉局势、能谋善策，“虚拟作战参谋”将走上战场

孙子兵法指出，“夫未战而庙算胜者，得算多也”。充分掌握战场态势，准确做出判断决策，是赢得战争的先决条件。机器智能与人类智能共同组成混合智能，在实施指挥决策过程中充分发挥各自优势，两者相生相长，可以实现指挥决策效能的倍增。

未来战场上大量充斥高隐身目标、高超声速目标、隐真示假目标，战场态势瞬息万变，对抗性电磁环境和网络空间威胁变幻莫测，亟需运用智能科技的“慧眼”拨开战场迷雾，洞察战场态势。DARPA“对抗环境下的目标识别与适应”（TRACE）项目采用机器学习算法，从数以万计的雷达图像中有效识别坦克、导弹发射器、车辆等目标，3 秒内完成对特定目标的自动定位和识别。美国麻省理工学院 2016 年 4 月推出的“人工智能平方”系统，通过与网络安全分析师迭代交互，持续学习进化，能预测 85% 的网络威胁，比目前使用的自动分析工具准确率提高 3 倍，展示了智能科技在解决网络空间态势感知难题方面的巨大潜力。

未来战争是交战双方的高动态博弈，行动急剧加快，形势复杂多变，战机稍纵即逝，给作战决策带来严峻挑战。智能科技可以近实时、全要素地综合运筹，通过复杂推演形成最优作战方案，极大缩短决策周期、提升指挥精度，形成决策优势。美国陆军 2016 年启动“虚拟参谋”科技项目，运用认知计算等智能技术，对指挥决策要素进行综合分析，通过自然人机交互向指挥官提出决策建议，可提供从规划拟制、作战准备、任务执行到效果评估的全过程支持。

二、无人系统作战能力将超过有人系统，无人自主作战、无人—有人协同作战将成为主要作战样式

美国国防科学委员会曾预言：“21世纪的核心武器是无人平台”。2014年新美国安全中心发布《20××年：为机器人时代的战争作准备》报告，2016年6月美国防科学委员会发布《自主化》专题报告，预示着无人平台超越有人平台的时代正在逐步到来。

自主无人平台在空战、反潜、网络攻防等领域取得重大突破，与有人平台相比，无人平台感知更敏锐、反应更及时、打击更精确、作战更持久、代价更低廉的独特优势已充分展现出来。2016年6月，美军“阿尔法”超视距空战系统在模拟空战中击败了空军高级飞行员，该系统采取基于遗传模糊算法，具有自学习能力，从传感器搜集信息、分析处理到做出反应，整个过程不到1毫秒，在复杂环境下响应速度比人快250倍。2016年4月，美军“海上猎人”反潜无人艇完成初步海试，它能自主识别、跟踪敌潜艇，自主规避未识别目标，连续侦察与跟踪目标长达70天，与反潜机等现有反潜手段相比，可长时间不间断作战，形成常态化反潜战能力。2016年8月，DARPA举行第二届“网络挑战赛”，参赛的“机器人黑客”是利用机器推理的高度自主系统，能自动检测、自行修复、自发攻击漏洞，与传统人工方式相比，可将从发现攻击到防御生效之间的时间从几个月降低到几分钟，将可能改变网络空间易攻难防的局面。

众多智能无人平台组成有机统一的作战群体，共享作战态势，围绕同一作战目标，自主规划分配任务，同步实施作战行动，协同配合、集聚蓄力、联动释能，对敌形成压倒式饱和攻击势头。2016年10月，美军使用3

架 F/A－18E/F 战斗机释放由 103 架微型无人机组成的“蜂群”，无人机采用分布式集群决策方式，自主分配航线，自适应编队飞行。未来，无人机“蜂群”可执行侦察、攻击和电子战任务，对敌防空系统进行大规模压制。2014 年 8 月，美国海军用 13 艘无人艇（5 艘自主控制，8 艘有人遥控）组成“蜂群”，根据各单元位置的动态变化，实时自主调整任务路线，对“可疑船只”成功实施包围和拦截。未来，无人艇“蜂群”可以低风险、低成本方式对大型舰艇等高价值海上平台实施袭扰、毁伤，形成不对称作战能力。

三、智能化保障提供主动及时、靠前贴近支持，实现后勤保障与作战行动精确匹配

在智能科技的推动下，武器装备内植自主化分析与决策模块，通过主动触发、合理规划、精准实施维修活动，实现保障能力质的提升。美军为 F－35战斗机开发的自主保障系统，能实时监控和获取飞机的状态数据，通过基于故障与维修知识进行机器推理，自主检测和预测故障，拟制维修保障方案，调配维修资源，提高维修保障的精确性与敏捷性。由此，F－35 的维修人力可减少 20%～40%，后勤规模减小 50%，出动架次率提高 25%，使用与保障费用比以往机种减少 50% 以上。

智能无人平台广泛应用于战场运输保障，主动、实时响应作战需求，自主选择运输路线，克服复杂地形与恶劣天气影响，实施贴近乃至伴随保障。DARPA 研制的“大狗”机器人能在山地、丛林中自主探测、识别、规避障碍，负重 40 千克作战物资，以 7 千米时速伴随士兵行进，可极大降低士兵野外作战携行负担。美国海军“自主化航空货运应用系统”项目将研

制一种可自主起降与飞行的货运无人直升机，载货量3吨，最大速度445千米/小时，航程563千米，可深入特种作战、山地作战部队提供靠前保障。

四、智能化人体增强技术广泛应用，助力士兵突破个体能力极限

智能化人体增强技术物化出的各类穿戴式智能装备，能精准捕捉人体生理、心理信号，准确把握人体动作意向，自主提供功能支撑，全面增强士兵的感知能力和身体机能，使士兵轻松驾驭复杂作战环境。美军研制的新一代战斗机飞行员头盔显示系统，利用增强现实技术实时感应飞行员头部运动，将多个细微角度捕捉的图像合成为同步视频，飞行员可以“透过”机身观察360°外部环境，实现飞行员视野和飞机瞄准用计算机完全同步，飞行员只需将自己头部对准敌机方向，便可锁定、击落敌机。美国洛克希德·马丁公司研制的外骨骼有40多个传感器与液压驱动器，组成一个类似人类神经网络的局域网，能感知、学习和记忆人体行为方式与生理特征，配合人体运动状态提供辅助力量，士兵可在负重90千克的情况下以10千米/小时的速度在不利地形上行进。

五、脑科学研究推动智能科技向纵深发展，有望催生新的战争形态和制胜机理

当前，智能科技主要建立在电子信息技术发展的基础之上，未来，生物技术将接续成为智能科技的驱动力，智能科技将逐步过渡到以脑科学为核心的高级发展阶段。近年，美国、欧盟、日本、俄罗斯陆续启动脑科学计划，脑科学研究将进入前所未有的高速发展期。为抢占“制脑权”制高

点，世界强国军方均积极参与甚至主导脑科学计划。2015 财年在 DARPA 新成立的生物技术办公室资助的 23 个项目中，与脑科学直接相关的项目超过半数。脑科学研究的发展，必将涌现出一批颠覆性理论和革命性技术成果，为推动人工智能领域的深度发展铺平道路。

脑结构与功能的深度揭示及其与先进电子、信息技术的交叉融合，推动“类脑”研究取得突破性进展。借鉴人脑构造方式和运行机理，促进类脑计算和生物电子技术发展，有可能开发出与人脑形态相似的全新信息系统，甚至研发出与人类非常接近的智能机器人战士。2016 年，麻省理工学院研发出 168 核的类脑芯片，能够不依赖于外部样本库，自主进行自然语言识别和人脸辨识。

脑机接口、脑脑接口、思维信息传递等技术的发展，推动“脑控”作战成为现实。未来，单兵作战将通过脑机接口将思维传递给远在战场前沿的作战机器人，打造一支可远程脑控的机器人作战部队。2012 年，美军提出未来“大脑战”的理论，拟建立基于脑联网的智能化作战平台，实现战场条件下多角色高效智能决策；2014 年，哈佛医学院进行的人际脑电波通信实验，验证了此项研究的技术可行性和物理可行性。

脑电波控制、意识重建等技术的发展，推动定向“控脑”武器加速形成。美军开展“操控敌人感觉意识”研究，目的是达到迷惑、延迟、阻止乃至逆转敌人行动计划，最终研发出令敌军在听觉和视觉上产生幻觉的意识干预系统，在战场上取得先机。美国哈佛大学、华盛顿大学等研究机构在探索无创脑电波控制技术，未来可用于研制定向控脑武器，影响并控制敌方的思维决策，对未来战争将产生颠覆性的影响。

纵观世界科技发展大势，人类社会正在步入智能化时代。军事智能将成为军事领域竞争的战略制高点，将深刻变革装备体系、部队编成、作战样式和军事理论（思想观念）。未来，兼具能量与智慧的“机器兵团”“超能战士”将走下荧幕进入战场，人与机器人混编部队、无人作战部队等全新的作战力量将成为战争主角，有人无人协同作战、无人化作战等作战样式将纷纷出现，“制智权”将成为战争中的核心制权，谁掌握智力优势，谁就将掌握未来战争主动。

（中国国防科技信息中心　耿国桐　杨柯　张磊　马建龙）

人工智能技术发展及军事应用分析

2016 年 3 月，美国谷歌公司开发的人工智能程序 AlphaGo 以4：1战胜了韩国世界围棋冠军李世石，被认为是人工智能领域实现的重大突破。而 6 月，美国辛辛那提大学开发的人工智能系统 Alpha AI 在模拟空战中多次击败了有着丰富经验的美国空军退役上校基恩·李，则展现了人工智能的潜在军事应用价值。近年来，随着人机大战、人脸识别、语音识别、场景分类、自动驾驶等一系列成果发布，人工智能研究热潮再次兴起，受到世界各国的广泛关注。人工智能一旦取得突破必将给军事领域带来深刻变化。

一、人工智能技术发展概况

（一）发展现状

近 10 年来，随着泛在信息网络、大数据处理、脑与认知、生物交叉技术等的突破，高智能自主系统、脑域模拟、网络云智能等有望掀起新一轮发展浪潮，促使人工智能的广泛应用，推动人类社会进入智能化社会形态。目前，人工智能技术的研究热点主要集中在深度学习、知识图谱、增强学习等核心算法上，在图像分类、语音识别、自然语言理解等领域取得了成功应用。

1. 深度学习

深度学习的本质是自动地发掘任意一种机器学习任务中有效的特征或表示，其中包括从一个任务到另一个任务的知识转移。随着深度学习的出现，基于复杂的多源数据的情报分析与预测看到了曙光。2012 年 6 月，《纽约时报》披露的谷歌 Google Brain 项目，引起了公众的广泛关注。此项目用 16000 个 CPU Core 的并行计算平台训练深度神经网络模型，在语音识别和图像识别等领域获得巨大成功。2012 年 11 月，微软在中国天津的一次活动上公开演示了一种全自动的同声传译系统，演讲者用英文演讲，后台的计算机自动完成语音识别、英中翻译、中文语音合成，效果非常流畅，支撑整个系统的关键技术也是深度学习。同样是翻译系统，2016 年 10 月谷歌发布新的神经机器翻译系统（GNMT），采用深度学习技术克服整句翻译难题，使出错率下降 70%，在部分应用场景已十分接近专业人员的翻译水准。

2. 知识图谱

知识图谱本质上是语义网络，提供了从“关系”的角度去分析问题的能力，可以将搜索结果进行知识系统化，以便让用户更快更简单地发现新的信息和知识，任何一个关键词都能获得完整的知识体系。现在谷歌数据库中包含超过 5 亿个事物，不同事物之间的关系超过 35 亿条。同时人们搜索的越多，谷歌获得的信息也就越多越全面，整个知识图谱也会达到更好的效果。美国脸谱（Facebook）公司利用知识图谱技术构建兴趣图谱（Interest Graph），用来连接人、分享的信息等，并基于此构建了 Graph Search。苹果公司的 SIRI、亚马逊公司的 EVI、谷歌公司的 Google Now 等人工智能交互产品目前在全球范围内得到广泛应用，这些产品仅仅是在交互方式上有所不同，其背后支持自然语言自由沟通的技术基础是庞大的知识库和基于知识库的各种服务，即知识图谱。

3. 增强学习

增强学习是受到生物能够有效适应环境的启发，以试错的机制与环境进行交互，通过最大化累计奖赏的方式来学习得到最优策略。谷歌的DeepMind团队近两年公布了两项令人瞩目的研究成果：Atari视频游戏系统和AlaphGo智能围棋系统。这些工作打破了传统学术界设计类人智能学习算法的桎梏，将具有感知能力的深度学习和具有决策能力的增强学习结合在一起，构成了深度增强学习（Deep Reinforcement Learning，DRL）算法。DeepMind团队在《自然》杂志上发表的两篇文章使深度增强学习成为高级人工智能的热点。2015年1月的文章提出了深度Q网络（Deep Q－network，DQN），深度Q网络模拟人类玩家进行游戏的过程，在Atari视频游戏上取得突破性成果，该网络直接将游戏画面作为信息输入，游戏得分作为学习的增强信号，研究发现新算法在49个视频游戏中得分均超过人类的高级玩家。在2016年1月发表的文章中提到，该团队进一步将深度增强学习方法与蒙特卡罗树搜索（Monte Carlo Tree Search，MCTS）结合，极大地减少了计算量，提升了对围棋棋局估计的准确度。AlaphGo在与欧洲围棋冠军樊麾的对弈中以5:0的比分完胜。2016年3月，与当今世界顶级职业棋手李世石九段进行了举世瞩目的对弈，最终以4:1的大比分取得胜利，这标志着深度增强学习作为一种全新的学习算法，已经能够在复杂的博弈游戏中达到匹敌甚至超过人类的水平。

（二）发展趋势

从近年来的发展历程看，人工智能技术呈现出以下发展趋势：

（1）从静态输入向动态输入转变。随着数据获取手段的丰富，获取频度的提高，人工智能技术所处理的对象将从碎片化的静态数据慢慢变成体系化的动态数据网，同时认知方式也将慢慢地从点认知转变为多维认知。

（2）从单向网络向回环反馈网络转变，网络结构作为计算机对外部世界的映射模式，一直以来都是人工智能领域的研究热点，如何设计、优化、扩展网络结构，加强网络的表达能力，仍需要进一步的探索。

（3）从监督学习向互动学习、自学习转变，目前大部分人工智能的方法依赖于大量标注数据，为了使机器能更好地识别物体，通常需要几千甚至几万个数据，但是我们知道人类在认识物体时有时需要数个样本就足够了，如何在模拟环境中通过少量样本并辅以大量的非标注数据，实现系统的交互式学习、自主学习，将是未来人工智能发展的一大方向。

二、国外发展人工智能的战略规划

为推动人工智能技术的发展，美国先后推出了大数据计划、脑科学计划（BRAIN Initiative）和认知计算计划。早在2012年，美国总统政策办公室发布了第一个大数据政策性文件，其中就包括军事决策系统智能化。2013年4月，奥巴马总统宣布启动“脑科学计划”，旨在推进先进神经技术的发展和应用，探索人类大脑工作机制、绘制脑活动全图。2012年，DARPA发布的《DARPA战略规划》中，将认知计算列为“八大重点领域”之一。2015年11月，美国国防部组建了国防部数字创新顾问委员会，由谷歌母公司AlphaBet的董事会主席埃里克·施密特担任该委员会主席。因此有理由相信，AlphaGo项目与美国正在大力推进的从大数据到决策智能化发展战略具有密切的联系，是美国实施大数据战略和脑科学计划的一项重要成果。

2016 年 10 月 12 日，美国总统办公室发布了两份重要报告：《为人工智能的未来做好准备》和《美国国家人工智能研究与发展策略规划》。前者详尽阐述了政府在发展人工智能技术方面的职责，奥巴马政府呼吁优先开展基础、长期的人工智能研究，并制定发展自动和半自动武器的政策；后者则提出了 23 项正式建议，并归纳为 7 大要点，作为对人工智能领域相关人员的指导。这两份报告的发布，标志着美国已将人工智能上升到国家战略。

随着近年来人工智能的兴起，2013 年年初欧盟委员会宣布“人脑工程”为欧盟未来 10 年的“新兴旗舰技术项目”。日本也曾制定“脑科学时代”计划，德国、英国、瑞士等均制定了各自的神经科学研究计划。

三、美军开展的相关研究项目

2015 年 11 月 7 日，美国官方首次比较系统地阐述了“第三次抵消战略”的基本内容，主要包括 5 个投资领域，即“深度学习”系统、人—机协作、辅助人类行动装备、无人/有人系统战斗编组、自主武器。不难看出，其中涉及的主要技术领域均是以人工智能技术的创新应用为基础，反映出美军军事发展正从信息化向智能化过渡的新趋势。

相比于传统计算机处理方法，人工智能的一大特点是具有决策功能，决策的基础在数据。美国国防部将在军事方面推进大数据辅助决策，研究将主要集中在情报、侦察、网络间谍等方面，通过大数据处理和分析技术实现操作和决策的自动化。在美国国防部的资助下，美国“记录未来”公司专门研究如何通过分析互联网信息，特别是“脸谱”“推特”等社交网站，预先察觉恐怖袭击、突发疾病等重大事件。IBM 研究中心开展了挖掘研究，发现服务种类的邻近关系，如“时间表”服务和“电子票”服务通常会在一个小区内同时出现；发现满足某种准则的区域，如在 ATM 机多少米范围内犯罪率最高等。另外，美国 DRC 公司正在研发的大数据智能处理软件可以解决军队跨军种、跨部门协作的问题，通过在时间和空间上对所收集的数据进行规范和协调，可以为指挥官和部队提供统一的作战空间视图。另外，美军利用智能化处理技术赋予无人作战平台一定的“能动性”。例如，美军正在研发能够以作战平台为依托进行数据边缘高速处理的“近传感器计算”（NSC）产品，这一产品将使无人机不依赖于成本高昂、功耗很大的通信和存储系统，未来自主式作战平台将成为作战行动的主体。

DARPA 在最近的战略发展报告中指出，美国目前正在发展一些新颖的途径来对大规模数据集进行洞察分析，以此发展多项旨在确保数据和关键决策系统可信赖的技术，如自动化的网络电磁防御能力，以及可用于创建从原理上更加安全的系统方法论。DARPA 还通过恰当地分析来自于互联网的大数据，解决日益增长的、在多个层面确保隐私权的同时又不损害国家安全价值的问题。DARPA 在这一领域设定了两个研究重点：挖掘大数据的内在价值和在信息系统中建立信任。目前 DARPA 已经开展多个项目的研究工作，包括：

（1）多尺度异常检测（ADAMS）项目，旨在解决大规模数据集的异常检测和特征提取。项目中对异常数据的检测指对现实世界环境中各种可操作的信息数据及线索的收集。目前的 ADAMS 应用程序能够进行内部威胁检测，以及在日常网络活动环境中检测单独的异常行动。

（2）网络内部威胁（CINDER）计划，旨在开发新的方法来检测军事计算机网络与网络间谍活动。作为一种揭露隐藏操作的手段，CINDER 将适用于将不同类型对手的活动统一成“规范”的内部网络活动，并旨在提高对网络威胁检测的准确性和速度。

（3）洞悉计划，主要解决目前情报、监视与侦察系统的不足，进行自动化和人机集成推理，使得能够提前对时间敏感的更大潜在威胁进行分析。该计划旨在开发出资源管理系统，通过分析图像和非图像的传感器信息和其他来源的信息，自动识别网络威胁和非常规的战争行为。

（4）Machine Reading 项目，旨在实现人工智能的应用和发展学习系统的过程中对自然文本进行知识插入，而不是依靠昂贵和费时的知识表示目前的进程，以及需要专家和相关知识工程师所给出的语义表示信息。

（5）Mind's Eye 项目，旨在为机器建立视觉的智能。传统的机器视觉研究的对象选取广泛的物体来描述一个场景的属性名词，而 Mind's Eye 旨在增加在这些场景的动作认识和推理需要的知觉认知基础。总之，这些技术可以建立一个更完整的视觉智能效果。

（6）视频及图像的检索和分析工具（VIRAT）计划，旨在开发一个系统能够利用军事图像分析员收集的数据进行大规模的军事图像分析，使分析员能够为有价值的活动与事件建立起预警功能。VIRAT 还计划开发工具，能够以更高的准确率和召回率从大量视频库中进行视频内容的检索。

四、人工智能技术军事应用前景展望

未来人工智能技术在军事领域的应用将大大提高武器装备性能和作战指挥效能。其发展大致可归结为以下几个方面：

（1）作战指挥系统智能化开发。在信息化战场指挥系统建设中，可能将信息融合智能技术、海量信息智能化处理技术、各类专家决策支持系统、各类智能控制与预警系统、智能网管等用于 C^4ISR 系统建设，进一步提高作战指挥系统的智能化水平，大大提高作战指挥效能。

（2）武器装备智能化研发。将运用模糊技术、神经网络技术、多智能体理论等，具体实现具有模糊信息处理和联想学习机制的新一代专家系统、智能控制器、智能识别器、模糊—精确集成智能控制系统，以及实现具有模糊信息处理和联想学习机制的智能计算机系统，并将其运用于导弹制导控制、飞行器姿态控制、舰船操控与武器装备控制、炮群控制等领域，大大提高武器装备的战技性能。

（3）作战模拟及智能化作战理论研究。将综合运用专家系统、智能网络、海量信息智能处理、软计算等技术，实现武器装备性能与作战运用模拟、实现战略战役级别的三军联合作战模拟等，用智能模拟实验方法验证评估新型作战理论。

最终，人工智能技术的军事应用将有可能形成智能化战场、智能化武器、智能化作战指挥一体化作战能力，实现侦察、决策、打击、行动、指挥一体化智能网络指挥控制。

（空军装备研究院　叶超群）

美国国防科学委员会建议积极推动自主技术的发展和应用

2016 年，美国国防部国防科学委员会公开发布题为《自主性》的研究报告。《自主性》分析了当下自主技术的发展态势与技术应用面临的难题，提出了加快自主技术应用需要采取的措施、可能派上重要用场的现实应用领域，围绕这些领域设计了一批重点攻关项目，并展望了未来“可观的”应用前景。诸多重要观点得到了国防部负责采办、技术与后勤的副部长的高度认可，值得持续关注、深入研究。

一、自主技术已陆续取得重要突破

自主性即行为主体在特定范围内自行采取行动的特性。自主系统必须能够利用其对环境、系统本身及形势的认知与了解，独立制定或选择行动方针，最终达成目标。自主系统的主要支撑技术包括：传感器技术，机器学习、分析与推理技术，运动及控制技术和协同技术。经过多年发展，这些技术已取得重要突破。

（一）传感器技术已经实现全频谱探测

21 世纪以来，光电、红外、雷达各种类型传感器形成了对物理世界的全频谱探测能力。过去 10 年里，美军将 Constant Hawk、Gorgon Star、Argus 等新一代传感器应用于战场，形成了分辨率与帧频更高、范围更广的视场探测能力，用于反恐、时间敏感目标定位、城市作战等任务。美国空军已开发数据融合与分析软件来进行时敏目标定位，经演示验证，该软件在自主检测移动人员与车辆方面的成功率大于 90%。而且，美国国防部在网络空间应用了一种新型传感器，以实时、近实时检测和抵御网络威胁。

未来，传感器技术将进一步向类似人体的视觉、嗅觉方向发展，形成高保真触感和情景探测能力。

（二）机器学习、分析与推理技术已经实现以任务为导向、以规则为基础制定决策

随着计算机技术的快速发展，机器已经具有大容量计算处理能力，算法多样且复杂，能够以任务为导向、以规则为基础制定决策，能够借助培训用数据进行学习，并能进行情感分析。美国开发了用于自主保护网络系统免受攻击的“Tutelage”系统，为美国非秘密互联协议路由网（NIPRNet）提供实时保护，每秒可监测和分析超过 300 万数据包。过去 5 年，“Tutelage”系统已经有效阻止了亿万次攻击。美国利用自我监测、分析和报告技术（SMART）检测硬盘驱动器，实现主动采取应对措施，例如，隔绝故障扇区以防止数据丢失或提醒维护人员备份硬盘。美国国防后勤局（DLA）与各军种利用 SAP 公司的供应链软件将多项后勤业务变为自主作业，如客户订单处理、合同招标与授予。通过自主化改进，过去 15 年间，国防后勤局向军队提供物资与保障的业务经费总额从 170 亿美元上升至 460 亿美元，且实现了后勤人员数量无增长、战备水平创历史纪录的良好效果。

未来，自主系统思考/决策能力可实现基于思想的推理、近乎直觉的判断能力。

（三）运动及控制技术已经实现路线规划式导航

目前，亚马逊公司使用机器人在仓库内自主移动物料，将储存货物拣选效率提升4倍，还基于预期出货进行仓库内存货的动态重新配置。美国无人地面车辆在地形特征可合理预测的有限地理区域内实施防御任务时，通常选择机动探测评估和响应系统（MDARS）实现自主到达。为了尽可能减少人类直接暴露于危险环境，无人地面车辆还用于执行简易爆炸装置的排除任务，机动战术机器人系统 QnetiQ Talon（MTRS Mk1）和 iRobot Packbot（MTRS Mk2）系统在伊拉克和阿富汗战争期间用于执行排雷任务。目前，新一代地面无人车辆正在研发过程中，自主技术用于导航和故障排除。

未来，自主系统的行动能力短期将实现躲避障碍的导航，长期可实现动态导航、高自由度传动装置控制。

（四）协同技术已经实现人—机和机—机间基于规则的协调

目前，协作方面，人—机间已经实现高人机比率，机—机间已实现基于规则的多平台协调，并实现大容量通信与数据传输。许多防空和导弹防御系统的操作人员与系统协作识别和确认敌方目标后，发射自主拦截器，随后系统自主探测并截获目标。美国国防高级研究计划局（DARPA）组织的机器人挑战赛中，通过在用户工作站运行 Gazebo 模拟器，操作人员可以观看机器人行为的模拟过程，借此对通信频道无法提供实时更新信息时机器人的行为做出预测，进而确保操作人员在需要时进行更加有效的干预。

未来，人—机和机—机协作可共享“心理模型”，实现相互之间的可预测性、互相了解意图、完全自适应协调、隐蔽通信。

二、军事领域或出现重大变革

自主性是美军继续保持军事优势的重要抓手，未来还将进一步带来作战能力的提升和变革。基于目前可预见的作战能力需求，自主性将在以下5个方向引发变革。

（一）重大事件预测分析

近期，数据科学的进步和计算能力的不断提升，提供了利用大数据对未来可能发生的事件进行可追溯预测的可能性。如想预测事件的进展或什么因素能影响事件的进展，需要从当前基于相关统计结果的预测模型向新的预测模型过渡。这种模型将能识别事件背后彼此关联的驱动因素，从而对未来可能的事件发展轨迹进行枚举，评估不同行动方案可能产生的影响。

为此，DARPA应着手构建一套能在全球范围内自主运行、实时识别新兴社会运动事件的预测系统。该系统仅需少量人工干预，就可分析大量公开情报，识别行动与结果的关联，并能提供“假如……”场景，将事件后续进展与预测进行比对分析，从而更好地应对类似美驻利比亚使馆遭袭、“阿拉伯之春”运动等事件。

（二）自主化集群作战

类似于自然界中弱小生物大规模聚集可以形成突出的群体能力，个体能力较弱的自主平台以集群样式也可以执行各种进攻性、防御性军事任务。自主平台可对敌方“前方弹药补给和加油点”遂行袭扰作战、在给定区域内智能布雷，以及对目标区域实施无线电压制等。可将大量小型固定翼或旋转翼飞机使用目标锁定方式投放到预定区域，整体实现对“前方弹药补给和加油点”的攻击覆盖，而不是对点目标进行精确锁定。虽然防御这种攻击并不复杂，但应对这种攻击会影响“前方弹药补给和加油点”执行任务，从而削弱对手的战斗力。如果自主化武器蜂群的规模足够大，就能够通过消耗防御武器或超过同时防御的目标数量方式，压制“前方弹药补给和加油点”的防御能力。对抗这种大规模自主化武器蜂群的最有效手段或许是其他蜂群。

为此，国防部应设立年度“集群作战”挑战赛，比赛环境中应包含持续的无线电干扰，模拟在复杂电磁环境中，蜂群之间和蜂群内部的通信情况，重点是开发算法和作战概念。

（三）物联网节点的入侵检测

物联网理论上可以包含数量超乎想象、几乎任何种类的设备，但内在安全机制并不足够可靠。近期由惠普公司发布的一项研究结果表明，70%最常用的物联网设备中都有可被利用的漏洞。平均每种被研究的物联网设备含有25个安全漏洞。另据一项研究估计，到2020年，物联网将包含500亿个设备，总产值超过3万亿美元。美国总计超过300万人的军队和雇员使用的众多智能设备，也将依附于全球扩张的物联网。物联网的广泛应用，加上物联网本身固有的许多尚未解决的安全问题，意味着物联网可能很快会出现远超过互联网的安全问题。物联网攻击的规模和速度都将超出“人在回路中”防御方式的应对能力。应对需要处理的大量数据和在物联网复杂的环境中防御攻击所需的反应速度，都需要靠自主系统来实现。

为此，美国国防部应首先发展探测大规模远程入侵物联网攻击的检测能力。与检测单个物联网设备被入侵问题不同，这种检测能力应聚焦于监测远程开展的、针对物联网的大规模及协同配合的入侵。发展这种检测能力需要研发新的算法和技术，通过各种用于观测的传感器，检测大量物联网设备运行行为特征的改变。DARPA应开发能够检测对物联网大规模入侵的自主系统，可以通过远程监控总体网络流量，识别其中隐藏的各种入侵痕迹。

（四）抗网络攻击的自主武器系统

自主武器系统与网络一样，也面临着网络攻击的威胁。当前的网络防御工具主要是利用网络资源来保护网络，但自主武器系统可能会在通信受阻的电磁环境下执行任务，其网络防御需要另辟蹊径。与传统的网络防御注重网络稳固性不同，自主武器系统网络防御注重的应是提高抗攻击弹性，即在遭受攻击后能快速恢复或者尽可能多地保持能力；自主武器系统应能在没有人工干预条件下，判断被攻击子系统对任务执行的影响程度，并恢复关键子系统的能力，或在适当情况下隔离或关闭无关紧要的子系统。

为此，DARPA 应实施一个为期 6 年、难度逐步加大的年度挑战赛，用于研制抗网络攻击自主系统，确保自主武器系统在遭受攻击后仍能继续执行任务。

（五）自主规划空中作战

当前，执行一次大型空中作战行动一般需要 20 分钟，而规划一次这样的行动却需要 40 ~ 50 人耗时 12 小时，且必须在任务开始前 24 小时完成。为缩短作战规划周期，并防止对手利用规划制定与任务执行之间的“时间”，必须具备快速规划能力。通过使用综合集成的工具和模型、独立复杂的资源调配，自主技术可以显著加快作战规划的制定。更重要的是，在任务执行阶段，自主技术能够对“计划场景”和“实际情况”进行比对分析，从而将规划制定与任务执行转变成一个连续的进程，最大限度地协助指挥官调派作战资源。

为此，美国空军研究实验室应开展一项挑战课题，目标是在确定行动任务后的 1 小时内制定出作战规划。

三、树立对自主技术的信心是其发展的核心问题

虽然自主系统发展已经取得重大进展，但其存在固有问题，如机器与人类的感知与思维模式不同，机器缺乏自我认知与环境感知，自主运行过程中可观察性、可预测性、可指导性以及可审查性低，人机协作时二者对共同目标的认知不一致，人机间存在直接进行语言交流的障碍，机器难以实现人类水平的自学习能力等。这些问题直接影响着人们对自主系统的信任，核心在以下几个方面。

（一）支持指挥与控制活动方面

自主技术最具争议性的一项应用，即在军事作战中应用于指挥和控制。虽然国防科学委员会在此前进行的一项研究中认为在指挥和控制领域应用自主系统非常重要，但同时发现这是一个难题。从根本上说，无论由人还是机器实施指挥控制，所有行动，尤其是作战相关行动，必须依照政策等规范执行，在某种程度上，根本不存在完全自主的行为。机器在理解政策规范的目标与方法方面与人类相比均存在较大差距，绝大多数的自主作战系统应该依照负有直接监管职能的战场指挥官的引导与指示行事。

（二）人机协同与作战协同方面

有效的人机协同需要所有队员奉行共同目标，这要求保持目标认知的一致性，即使在使用不同的框架和语义阐述共同目标的情况下也是如此。对于人类操作员而言，充分了解机器的目标至关重要，否则人机协作必定失败，同样地，让机器了解团队目标也极为重要。优秀的自主性是机器能推断指挥官意图，并以非预定程序方式采取自适应行动，而且能对设计师和操作员未预见的情况进行处理。人类与自主机器之间的协同合作，要求

通信、系统架构在各个水平上支持各种机－机与人－机通信链路。最后，人类和系统必须共同参与培训以制定作战概念，并在各种任务、威胁、环境与作战中实现熟练的人机团队协作。

（三）文化、政策与法律问题方面

对自主技术在军事领域应用的质疑几乎完全集中在杀伤性自主武器系统上。美国国防部2012年发布第3000.09号指令“武器系统自主性”并未禁止研发致命性自主武器系统，而是规定研发致命性自主武器系统需要经过更加严格的审核与批准流程，并将重点放在确保系统用于预定用途，尽可能保证系统不出现意外失控、被敌军俘获或损害等情况。战争法没有明确禁止或限制应用自主武器作战。尽管官方文件的表述非常明确，仍不足以减轻公众对自主武器应用的担忧，一些著名科学家和技术专家近期发表声明，试图宣传快速应用人工智能和自主机器人可能带来严重后果，如史蒂芬·霍金发出警告，人工智能可终结人类。

总体上看，《自主性》想表达的核心观点似乎是，自主技术正在开始并将深刻影响军事领域，自主化将是军事领域从信息化迈向智能化的一个阶段。但是，这还只是一篇咨询研究报告的见解，观点是否正确仍需评估。

（中国国防科技信息中心　马建龙　李文良　范笑铮）

导弹武器智能精确制导技术发展分析

2016 年 10 月，美国总统行政办公室与美国科学技术委员会联合发布文件《为人工智能的未来做好准备》。文中明确提出，几十年来，美国一直致力于将“智能”引入武器系统中，以获得更精确、更安全、更经济的使用效果，并指出人工智能技术在一系列与国防相关的活动中可提供显著优势。美国国防部更将“发挥人工智能与机器学习技术领先优势发展智能化无人作战武器”，作为其“第三次抵消战略”的核心内容之一。

一、人工智能技术与导弹武器精确制导技术

导弹武器精确制导技术是指导弹武器感知外部复杂场景信息，并完成对感兴趣目标的探测、识别与跟踪，导引导弹对目标实现精确打击的技术。导弹武器精确制导存在两方面关键要素：复杂场景信息获取能力与感兴趣目标自动识别能力。具体而言，复杂场景信息主要是指感兴趣目标、无关目标、干扰、诱饵、杂波等多种信息的混合。感兴趣目标自动识别主要是为导弹武器精确制导目标选择、跟踪提供决策结果。

首先，人类专家在复杂模式分析、归纳、学习等方面具有无可比拟的优势。因此，使导弹武器在探测、识别、对抗等精确制导过程中模拟、达到甚至超越人类专家的表现，是精确制导技术智能化发展的终极目标。随着导弹导引头探测目标手段的不断丰富，导引头获得的场景信息相互交织给专家准则制定提出了新的挑战，而人工智能信息处理技术主要研究大量信息的统计特性以及信息内部的关联关系，所以多源信息一体化智能处理技术是导弹导引头智能精确制导的技术基础。

其次，利用人工智能技术可以在多源异构信息中挖掘、学习，完成对不同作战需求中感兴趣的目标的分类识别，所以感兴趣目标的智能分类和识别技术是导弹智能精确制导重要的作战手段。

再次，干扰对抗已经成为战争的必然过程，而干扰对抗其根本就是人与人之间的对抗，人工智能技术正是研究计算机怎样模拟或实现人类的学习行为，不断改善自身性能的关键技术，所以干扰对抗智能学习技术成为了导弹智能精确制导的必然选择。

最后，网络化体系与体系的对抗成为未来战场的重要特征之一，人工智能技术在将“导弹武器信息感知能力提升”转化为“导弹武器作战效能提升”的过程中扮演着“催化剂”的角色，导弹精确制导的个体智能向集群智能转变成为未来导弹智能精确制导的重要发展方向。

从技术发展角度，导引头是一种特殊的精确制导智能系统与人工智能系统，包括基于规则的精确导引系统、基于经典机器学习的智能精确导引系统、基于深度学习（Deep Learning）的智能精确导引系统，如图 1 所示。

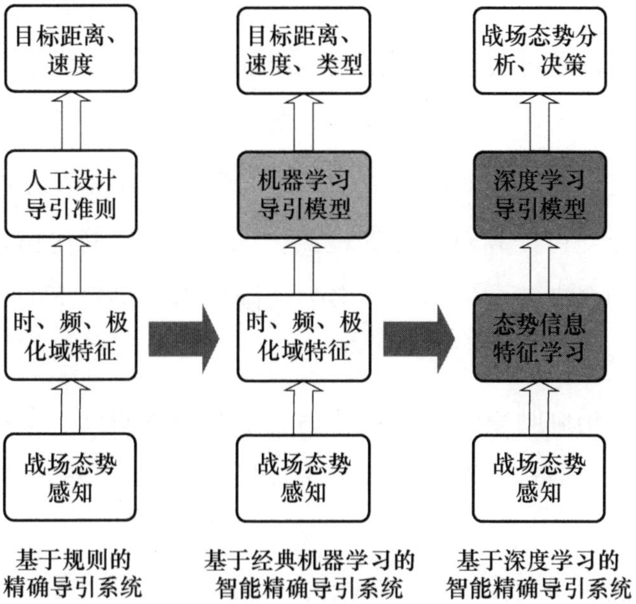

图1　人工智能精确导引系统发展历程

（底色模块为机器学习完成）

二、导弹武器智能精确制导关键技术与发展方向

针对导弹武器精确制导目标检测、识别、抗干扰等关键技术问题，人工智能与导弹武器精确制导技术的结合有以下4个重点方向。

（一）应用深度学习技术使导引头多源信息处理向一体化智能化方向发展

不同体制的导弹导引头所获取的外部信息具有不同的形式与特性，其中存在一维信号，如雷达高分辨距离像（HRRP）等，也存在二维信号，如合成孔径雷达（SAR）图像、可见光与红外等光电图像。深度学习技术借助复杂网络结构模型，具备对各类复杂任务的高性能表达学习能力，对于目标检测、识别问题可实现从数据到结果的端到端的学习、映射，在统计意义上对噪声更加鲁棒，并且在大规模数据支撑下，可开展复杂、多任务联合学习，通过挖掘任务间的相关性，提高数据利用率及系统性能。多源异构信息统一处理可提高对目标的检测、识别性能，简化信息处理系统设计，同时能够为多模复合导引头、多弹协同攻击等场景下的信号处理提供快捷、高性能解决方案。

当前导引头精确制导的多源异构信息处理技术研究主要集中在多源信息融合、异构平台信号处理以及基于统计机器学习算法的一体化数据挖掘处理技术研究。

美国国防高级研究计划局（DARPA）也积极推动将深度学习技术应用于飞机、无人飞行器等平台在复杂环境下的快速、精确目标识别。2015 年，DARPA 与美国空军研究实验室支持深度学习分析公司（Deep Learning Analytics）开展“对抗环境下的目标识别及适应性研究”（TRACE）项目。TRACE 项目旨在借助机器学习新算法、低功耗移动计算架构（多核 SOC 系统、多核 GPU 和 FPGA 等）和雷达信号建模方面的最新技术，开发一种准确、实时、低功耗的雷达目标识别系统。据 DARPA 介绍，TRACE 项目将借助人工智能技术，有效降低目标密集作战环境中诱饵和背景无关车辆对自动目标识别系统有效性的影响，为战术侦察和打击平台提供远距离高精度的目标识别能力。目前，TRACE 项目在对地面静止目标进行实时识别验证过程中采用了分辨率为 1 英尺（约 0.3 米）的合成孔径雷达图像。

（二）统计机器学习技术的应用实现感兴趣目标智能分类与识别

对导弹武器导引头目标识别而言，不同的战术目的对应不同的目标识别问题。精确制导目标识别问题按照待识别目标种类可分为：地面目标

(固定建筑、车辆等)识别、海面目标(航空母舰、舰船等)识别、空中目标(飞机、无人飞行器、弹道导弹等)识别等;按照识别处理层级可分为干扰诱饵辨识(感兴趣目标与人为干扰/诱饵等辨别)、目标身份与属性识别(敌我、军民目标识别等)、目标类型与型号识别(舰船等级、飞机类型等)、目标关键部位选择等。

目前,自动目标识别技术正在从依赖人类专家的经验知识与客观表达能力的特征提取、模板匹配等技术研究向以仿真、试验等累积的“大数据”为基础,运用机器学习技术,同时借助高性能计算在高维特征空间中对分类识别问题进行精细化建模与学习的方向发展。

2016 年 6 月,美国国防部称,由 DARPA 与美国海军联合研发的新一代远程反舰导弹(LRASM)将于 2018 年装备美国空军,并于 2019 年开始装备美国海军战舰与舰载战斗机。LRASM 项目是人工智能技术对于导弹武器精确制导的成功应用案例。对于 LRASM 而言,全自主无中继制导是其核心技术之一。在目标识别方面,美国军方称,LRASM 导弹为“人工智能导弹”,借助人工智能技术,能在航运密集的海面上从众多舰船中准确识别出预设的特定类型舰船目标。

(三)智能对抗网络学习技术使干扰对抗策略向自主对抗方向发展

从策略角度讲,导弹武器精确制导干扰对抗过程可看作一个“非对称信息博弈”问题。导弹武器需要依据感知到的敌方干扰变化状态,动态做出最优的抗干扰决策与动作,以规避或者降低敌方上一时刻所施加干扰对自身当前精确制导信息感知与处理过程的影响。干扰类型、体制众多。在干扰释放过程中常会依据场景的变化选择不同的干扰样式、方式或配置,甚至采用多种干扰的复杂组合,对导弹武器精确制导过程产生严重影响。在弹上频谱、能量、计算等资源有限条件下,导弹导引头很难实现同等复杂度和强度的干扰对抗措施，因此更加关注干扰对抗过程的灵活性与智能化。

目前，雷达干扰对抗技术研究主要集中在目标与干扰在不同特征域的特性差异性以及现有干扰的对抗策略进行研究。传统的干扰对抗策略主要是借助专家系统或者是多种策略之间的有规律或随机轮换。借助认知智能技术可实现导弹武器从导引头信息感知到干扰对抗最优“动作”决策的智能学习与训练，通过专家推演训练、自主推演训练等手段完成干扰对抗全流程的智能化。

在雷达智能干扰对抗方面，DARPA 从 2008 年开始资助先进认知干扰技术和人工智能技术研究项目，先后支持洛克希德·马丁公司、BAE 系统公司等开展了“行为学习自适应电子战”（BLADE）、“自适应雷达对抗”（ARC）等项目研究。BLADE 与 ARC 项目的研究重点就是将机器学习技术用于在雷达电子对抗过程中快速分析、表征和学习敌方新的、未知的无线电威胁，动态、自主生成对抗策略，并根据干扰威胁变化，提供精确的干扰对抗性能评估。目前，BLADE 项目已经成功完成空中飞行演示试验，ARC 项目已进入第三阶段，预计 2018 年完成项目研制。

（四）智能协同技术使弹群攻击从个体智能走向集群智能

实战情况下，敌方高价值目标通常以编队形式出现，具备较强的体系化综合防御、攻击能力。为提高导弹武器的突防和生存能力以及对敌方目标的有效摧毁能力，导弹武器实施的战术、战略打击也将发展为体系化弹群协同攻击模式。多弹协同攻击可以克服单枚导弹导引头探测体制局限与性能瓶颈，通过弹群中不同体制导引头在不同距离、不同角度下对目标的多条件联合探测，以实现比其中独立个体更优的目标识别、抗干扰能力。

目前，各国研究者都在对自然界中的鱼群、蜂群等群体性的行为进行研究，所以，开展弹群攻击智能协同技术研究是必然趋势。在“弹群”攻击模式下，开展多弹间信息交互与协同处理技术研究，实现群体的分布式智能化协作，以及“弹群集体智慧决策”，是未来导弹武器智能精确制导技术发展的重要方向。

2016 年 10 月26 日，美军在加利福尼亚州中国湖基地进行了无人机集群飞行试验，用3 架 F/A－18 “超级大黄蜂”战斗机释放了 103 架“山鹑”(Perdix) 微型无人机组成的集群。这种微型无人机翼展 30 厘米，可自主飞行，但可由同一台计算机进行控制。作为自主无人机集群技术的重大突破，“山鹑”无人机目前还不具备杀伤力，主要是测试和验证集群机动能力，以及人类可在多大程度上对集群进行控制。未来，该系统或用于替代大型无人机和有人驾驶平台，执行情报监视侦察甚至是攻击和防御任务。

三、结束语

未来战争的关键将是武器装备智能化之间的竞争与较量。应重点加强人工智能基础研究工作，同时重点推进高性能、高可靠性人工智能技术的武器装备工程化应用研究；加强大规模军事数据中心的建设与应用，为人工智能技术研究及工程转化提供基础保障条件与性能评测体系。

对导弹武器而言，精确制导智能化是导弹武器智能化的核心。导引头作为导弹武器主要的对外信息交互与决策生成分系统，利用人工智能技术对其进行改进与升级具有迫切的现实需求与长远的战略意义。结合武器装备体系化作战需求，在提高单枚导弹作战单元智能化水平的基础上，进一步发展智能导弹集群将是未来智能武器装备的重要发展方向。

（中国航天科工集团第三研究院三十五所

赵英海　胡仕友　高凡　闵杰）

美国认知电子战技术发展动向分析

2016 年，美国认知电子战技术取得重大突破，认知通信电子战系统完成首次演示验证，认知雷达电子战系统完成原型机研制工作。认知电子战技术是依托认知无线电和认知雷达技术发展而来，将自主学习技术和智能处理技术注入电子战，提高电子战智能化水平，使之具备对抗新型认知通信和认知雷达的能力。

一、重大发展动向

（一）认知通信电子战完成首次演示验证，大幅缩短分析时间

2016 年 6 月，美国国防高级研究计划局（DARPA）和洛克希德・马丁公司先进技术实验室成功地演示了认知电子战系统通过机器学习实现动态对抗自适应通信威胁，将干扰先进通信所需分析时间从以前的几个月缩短至几分钟。此次演示主要展现了 DARPA“行为学习自适应电子战”项目（BLADE）最终成果。

BLADE 系统由洛克希德・马丁公司和雷声公司共同开发完成，总投资

6900 万美元，为期 5 年。该系统所应用的认知技术依赖认知引擎实现。该引擎包括自动信号分类模块、射频环境与行为分析模块、认知代理、动态知识库。其中，自动信号分类模块负责通过模型匹配、训练学习、训练评价等手段，将处理过的信号（已知信号、未知信号）进行自动分类。射频环境与行为分析模块利用信号分类结果描绘出射频环境全景图，辨别出目标（如自适应雷达、自适应无线电台等）并分析其工作方式。认知代理负责各类认知功能的实现、协调、调度等功能，这些认知功能包括推理、学习、优化、策略生成等。动态知识库负责认知电子战系统某些“知识”（信号模型与类型数据、认知对象的行为模型与数据、干扰案例与优化策略模型与数据）的存储、读写、更改。此外，动态知识库还留有接口，可实现与其他认知电子战系统间的“知识共享”。

（二）认知雷达电子战取得阶段性进展，完成原型机研制

2016 年初，DARPA“自适应雷达对抗”（ARC）项目完成第二阶段任务，研制出认知雷达电子战系统原型机。同时，美国海军提出在 2017 年初开展将 ARC 核心算法应用至 EA－18G“咆哮者”电子战飞机相关工作。

ARC 启动于 2012 年，总投资 7000 万美元，开发旨在对抗作战中所要面对的未知雷达威胁，重点应对采用捷变波束控制、波形更改以及先进编码和脉冲重复间隔完成多种功能的地空和空空雷达。ARC 所研发的电子战能力，可基于敌方空中无线电信号对抗敌方自适应雷达系统，该能力可感知周围环境并自动调整实施干扰。该项目由科学应用国际公司、Vadum 公司、Helios 遥感系统公司、密歇根理工大学研究所、BAE 系统公司电子系统分部、系统与技术研究公司合作开展，针对新型、未知且不确定的雷达信号，研制出可自动生成近实时有效对抗措施的系统，能够描述敌方雷达系统特征，实施电子干扰并评估干扰效能。按照项目设计，该系统还将具备网络化能力，部署后的 ARC 系统既能独立工作，又可组网实施分布式侦察干扰。按照计划，该项目将于 2017 年底完成。

二、原因分析

美国认知电子战技术快速发展，主要源自于美军战术需求与战略调整。此外，认知技术积累日趋完备也起到了不小的作用。

（一）美军战术需求与战略调整

传统的射频电子战系统可识别固定频谱威胁，利用预先编程的对抗技术对预定威胁开展有效对抗。近年来，随着电磁频谱技术的发展，以自适应多功能雷达、认知无线电台为代表的一大批新型军事电子装备相继出现，战场射频系统更加复杂灵活，对电子对抗技术提出了新的要求。为了保障战场作战信息优势，早在 2006 年，美军就提出了发展认知电子战技术，以对抗新型军事电子装备。

与此同时，美军全球战略重点转换也促进了包括认知电子战在内的新型电子战发展。2011 年，美军提出“重返亚太”战略，并制定了 2020 年前将海军 60% 军力部署至太平洋的计划。2014 年，美军制定了“第三次抵消战略”，重点遏制“反介入/区域拒止”能力。该战略以“创新驱动”为核心，发展能够“改变未来战局”的颠覆性优势技术群。新形势下的电子战技术作为颠覆性优势技术群之一，备受关注。特别是认知电子战技术，引起业界广泛讨论，BAE 公司确定将该技术引入 F－35 战斗机。

（二）认知技术积累日趋完备

美国在认知科学技术方面，处于世界领先地位。首先，认知科学起源于 20 世纪 50 年代的美国麻省理工学院，主要研究智能和智能系统。随着信息技术的不断发展进步，1996 年，美国国际商业机器公司研发的“深蓝”计算机击败国际象棋世界冠军，初次向世界展示了智能系统具备认知学习能力，可在特定领域实现超越人类的能力。2016 年，美国谷歌公司研发的 AlaphGo 击败围棋世界冠军，标志着智能系统迈上了新的台阶。这表明，智能系统所应用的认知科学技术理论积累日趋完备，为机器处理复杂任务奠定了良好的基础。

与此同时，美军也在逐步将认知技术引入电磁频率领域，与电子战相结合。早在 2006 年，美军就认为认知技术已具备应用基础，同时为了对抗认知通信与认知探测，提出认知电子战概念。2008 年，美国国防部启动“下一代电子战”项目，开始对先进认知干扰技术、人工智能技术等认知电子战核心技术进行相关研究。特别是 2010 年以后，美军启动了 BLADE、ARC、“城市军刀”等多个重点项目，加速认知电子战技术积累完善。

三、未来影响

在过去的几年时间里，美国认知电子战取得了重大进步，将产生以下几方面的影响。

（一）进一步完善美军电子战装备体系

目前，美军在应对敌方自适应通信装备和认知雷达等新型电子信息装备方面仍较为吃力。认知电子战装备具有自主学习能力，可解决复杂电磁环境下的精确信号态势感知难题，有效弥补原有电子战装备在应对新型电子信息装备方面的不足，进一步完善美军电子战装备体系。

（二）电子攻击更加精准，极大增强系统的隐蔽性、抗毁性

美军认知电子战项目重点研发了组网技术，将使原本单机作战的电子

战装备具备组网能力，可实现网络化的信号态势感知能力，更清晰地描绘出战场复杂电磁环境态势图，有利于实施更加精准的电子干扰——不仅是位置精确瞄准、频率精确覆盖、调制样式精确一致，甚至还可进行信号的模仿欺骗。这种情况下，干扰信号无需采用传统的大功率发射，将大大增强电子战装备的隐蔽性和抗毁性。

（工业和信息化部电子第一研究所　李方）

美军加紧探索智能手机军事应用

高效机动作战要求随时随地安全获取信息和使用计算资源，智能手机等移动设备（美军将具有显示屏、输入装置的手持式计算设备称为移动设备）显然可能发挥重要作用。近几年来，美军在智能手机军事应用方面开展了诸多探索，在日常办公、训练、后勤以及作战行动等各方面也进行了有针对性的应用尝试。2015 年 6 月，美军宣布“国防移动涉密功能—秘密级”网络移动通信解决方案已在国家地理情报局等机构开始应用，国防部首席信息官甚至在 2016 年 3 月还宣称，要启动一项旨在“支持国防部雇员使用自带移动设备从事日常工作”的试点项目，等等。目前，美军相关做法和实践经验均有研究与参考价值。

一、按应用场景分类确定智能手机军用能力要求

智能手机在军事领域推广应用，需要在用户体验、功能实现、成本效益、安全性能等多方面进行综合平衡。美国国防部在 2012 年《国防部移动设备战略》文件中，根据用户类型及其所需功能，将智能手机的应用场景

分为3类：第一类是国防部绝大多数工作人员的日常工作，要求智能手机具备管理和一般通信（包括话音、视频和数据等）的功能；第二类是美军高层领导的指控决策，要求智能手机具备支撑领导做出关键任务决策所需的信息共享和通信功能；第三类是作战人员的战术行动，要求智能手机具备支撑作战人员获取作战优势所需的关键任务功能。其中，后两类场景也要求智能手机兼备第一类场景的一般功能。

根据这3类应用场景，美军在区分不同保密级别、网络可用性、使用环境等因素基础上，提出在软硬件安全技术标准、访问控制、身份认证、终端功能控制、网络接入方式、硬件加固等方面的能力需求，以更安全、更经济、更快捷地应用智能手机。美军在国家地理情报局等机构应用的涉密网络移动通信解决方案，使用经认证的商用智能手机，在加载安全加固软件后接入保密互联网协议路由器网络（SIPRNET），传输涉密语音、发送秘密级电子邮件等，目前已部署近1000部终端。与此同时，“国防移动涉密功能—最高机密级”（DMCC－TS）绝密网络移动通信解决方案也正在测试，一旦部署将允许经改造的商用智能手机接入美军涉密程度最高的隔离网络。

二、坚持商用与专用智能手机并行发展

长期以来，美军的智能手机以专用产品为主，但随着商用移动互联网技术、通信技术及移动应用软件的快速发展与成熟，美军逐渐认识到商用智能手机成本低、技术更新速度快、应用程序功能强大、维护简便、用户熟悉程度高等优势，加快了对商用智能手机军事应用的探索，形成了商用与专用并行发展的态势。

在商用手机方面，美军已部署超过60万部商用移动设备，包括47.5万部黑莓设备，5万部IOS系统设备以及1万部安卓（Andriod）系统设备，典型手机包括黑莓Z10、苹果iphone 6，以及三星GALAXY S4、戴尔Streak 5、摩托罗拉RAZR等。这些商用手机可用于日常办公、高层领导指控决策，甚至是战术作战中。美军还计划进行“自带设备办公”（BYOD）试点，检验国防部人员使用自有设备访问非涉密网络中的受控非涉密信息，并进行日常办公的可行性。

在专用手机方面，美军根据需要对智能手机进行专门的定制或改装，满足战场环境对人机交互、抗毁性、安全保密性、抗干扰性，以及特殊的作战要求。目前，主要有WIN－T保密无线手机（HHD）、通用动力公司的GD300等专用移动设备。早期，专用产品也部分用于涉密的日常办公和高层领导指控决策。但目前，专用产品在这两个场景中已逐渐被商用产品所替代，主要用于战术应用。虽然商用产品在受控环境下性能良好，并开始从事涉密和战术任务，但专用产品在网络接入能力、环境适应性、战术功能要求等方面具有独特性，美军仍将继续大力采购和配备。

三、综合施策保障智能手机使用安全

安全性是制约智能手机在军事领域推广应用的最大障碍之一。军用智能手机的信息安全隐患主要涉及无线通信网络的物理层安全，病毒、垃圾邮件、蠕虫与木马等传统网络信息安全，以及设备丢失、窃取、盗用、损坏等管控安全等。为尽可能确保智能手机应用的安全性，美军采取了多项技术管理措施。

在软件开发方面，建立国防部移动应用软件统一安全架构，提供移动应用软件的开发工具、开发文档和测试认证流程，在确保应用软件快速开发的基础上，减轻可能带来的安全风险。一是建立严格的软硬件安全准入审核机制。利用“安全需求指南”（SRG）和“安全技术实现规范”（STIG）等文档规范管理对移动设备、操作系统、应用软件的安全技术配置要求，并按照审核、测试与评估的标准化准入认证流程，由指定授权机构审批通过后添加到授权产品清单。其中，国防部用户通过“安全需求指南”明确移动设备应具备的各类安全要求，厂商通过“安全技术实现规范”说明具体某个产品达到了什么样的安全要求，采取了哪些安全技术，以及用户应如何开展验证等。二是建立“移动设备管理”（MDM）系统和“移动应用商店”（MAS）两大安全监管平台。通过“移动设备管理”系统，提供集中式的身份认证、恶意软件检测、远程数据擦除、远程设备配置管理等功能，确保高效、连续、安全地实现智能手机的运行维护；通过“移动应用商店”，提供军用移动应用统一和集中的托管、认证、发布以及自动安装、升级和删除等管理服务。目前，美军的“移动设备管理”系统已可对5万余部移动设备进行安全管理，“移动应用商店”已对200多个应用软件提供集中管理服务。

四、积极开展智能手机军事应用试点

智能手机集通信、导航、显示、交互、计算、传感等多种功能于一体，而且具有扩展功能的接口，充分挖掘利用智能手机在信息共享、获取、处理、交互等方面的优势，开发满足军事需求特别是战术需求的使用模式，是发挥智能手机军事应用潜力的关键环节。这将极大地提高每个士兵的智能决策水平，为作战群体带来更强的信息优势，甚至可能对作战行动方式产生直接的颠覆性影响。

美军已开展50多项移动能力试点工作，重点关注移动设备的显示/表示能力、用户接口、增强型传感器功能，以及断续式网络应用等方面的研发。例如，美国陆军开发的“战地iphone”智能手机安装特定应用软件，可使指挥中心准确了解士兵的位置；研制的“奈特勇士”单兵系统采用三星Galaxy Note手机可提升战场态势感知能力。美国陆军在阿富汗、伊拉克战场上曾使用智能手机接收无人机视频图像、为狙击手计算弹道、遥控机器人拆除炸弹、拍摄恐怖嫌犯的照片和指纹、获取卫星地图、进行语音翻译等。美国海军开发了“海上船舶室内室外精确导航系统”软件，利用智能手机对舰船、飞机和舰上人员进行导航定位；2013年，海军陆战队通过“知识探索系统”软件，利用智能手机和平板电脑快速获取情报、监视与侦察信息。美国空军2011年推出“美国空军飞行员基础”应用软件，利用智能手机帮助飞行员熟悉空军情况，替代纸质飞行手册；2013年开发了“Andriod末端攻击应用程序”（ATAK），作战中心或战斗机飞行员可以利用该软件打开电子地图，点击手机显示屏标注敌军、平民、友军位置和飞行路线。

从美军开展的试点应用情况来看，智能手机确实可在日常办公、作战训练、后勤保障、战场应用等多个军事领域发挥独特作用，可胜任战场通信、侦察探测、导航定位、态势感知、协同作战、遥控指挥、微型火控、战地救护、外语翻译等多项功能任务。随着云计算、大数据、移动网络等技术的迅速发展，智能手机将成为美军应对未来战争快节奏、高机动特点的重要工具。

（中国国防科技信息中心　杨珂）

无人“蜂群”作战概念与技术分析

创新的作战概念一直是美军武器装备和军事技术发展的重要牵引力，这也是美军长久保有军事优势地位的重要原因。最近十多年来，随着无人系统技术的飞速进步，所谓的“蜂群”作战概念日益成为促进小型无人系统发展的强大驱动力。截至目前，围绕着这个主题，美军各主要军种和美国国防高级研究计划局（DARPA）均已先后推出相应的计划，值得高度关注。

一、“蜂群”作战概念的内涵

2002 年 12 月，美国国防部发布《2002—2027 年无人机路线图》，首次提出“蜂群”（Swarm）概念，并列出无人机的 10 个自主等级——最高级为“全自主蜂群”。该版路线图认为，小型无人机“蜂群”对传感器自主性的要求极高，即为了有效收集图像和信号，它必须具备自导航和自定位能力。

此后，除《2005—2030 年无人机系统路线图》外，2007 年和 2009 年版无人系统路线图均未提及“蜂群”概念。2011 年版无人系统路线图在提到“蜂群”与有人—无人编队协同作战时，认为“蜂群”是“大量半自主运行的微型无人机系统”。

美国空军 2016 年 5 月发布的《小型无人机系统飞行计划：2016—2036》认为，“蜂群”是指“一群小型无人机为实现共同的目标，通过机间接口自动组网，协同行动”的群体。该飞行计划对小型无人机在反介入/区域拒止环境下的“蜂群”作战等场景进行了想定。其中，典型想定是：空军飞机在 18.3 千米的高空巡航待命，接到指令后，释放大量小型无人机结成“蜂群”，渗透进入敌方空域，既可以利用无人机“蜂群”的低探测概率/低截获概率特性，在敌方毫无察觉的情况下进行情报、侦察、监视活动；也可以对敌方综合防空系统进行定位，并实施多波次电子攻击及动能攻击；或者为其他隐身有人平台、无人平台提供即时的目标瞄准信息，对目标进行有人无人协同打击等。

美军对“蜂群”作战概念的认识是变化、逐步完善的。目前，“蜂群”作战概念是指一群自动联网的小型无人机，由一名操作员控制实施集群协同作战，完成情报监视与侦察（ISR）、诱饵、干扰、自杀式攻击等任务目标的特殊作战样式。显然，“蜂群”作战具有以下特点：一是数量多，作战单元数量可达数十甚至上百个；二是个体小，作战单元体积小、重量轻，属小型无人系统；三是网络化，作战单元间形成自组织网络，实时交互共享信息；四是人在回路，尽管作战单元具有较强自主性，但必须接受操作员的监控和管理。

二、主要项目进展

当前，DARPA、美国海军和美国空军围绕“蜂群”作战而启动的若干演示验证项目，是把重点放在设计与开发编队协同、发射回收、战场管理、自主行动等关键技术和算法等方面。

DARPA 正在开展“小精灵”项目，计划研制一种小型、网络化、集群作战、部分可回收的无人机蜂群，利用现役大型飞机在空中投放，携带侦察与电子战载荷对敌防御系统实施饱和攻击。项目设想的无人机投放平台包括运输机、轰炸机等多种固定翼飞机，回收平台主要是 C－130 运输机。“小精灵”无人机运回基地后可更换载荷，24 小时内可准备就绪执行下一次任务。“小精灵”无人机的预期使用寿命大约为 20 次，飞行半径 500 海里，续航时间 3 小时。该项目计划于 2020 年左右对整机系统进行飞行试验。DARPA 还在开展“蜂群挑战”项目，旨在发展无人系统自主集群算法，将操作员操控、监督、管理工作量最小化，减轻人员作战域管制和战斗管理负担。

海军正在开展“低成本无人机蜂群技术”项目，重点开发一型多管发射装置，可在陆地或舰艇上以每秒一架的速度发射上百架小型无人机。这些小型无人机可在特定区域一起执行掩护或巡逻任务，也可作为武器实施自杀式对地攻击。该项目采用了 BAE 系统公司研制的“郊狼”（Coyote）无人机为主要验证工具。“郊狼”无人机长 1 米左右，重 5.4～6.4 千克，续航时间约 1 小时，速度达到 144.8 千米/小时，成本只有 1.5 万美元。2016 年 6 月下旬，美国海军研究办公室完成了一系列陆上试验，31 架“郊狼”无人机在 40 秒内被依次发射，开展了一系列“蜂群”编队和机动试验。

国防部战略能力办公室和空军正在开展“微型无人机高速发射”项目，利用 F－16 战斗机空射多架“山鹑”（Perdix）无人机。“山鹑”无人机由美国麻省理工学院设计，机身广泛使用了复合材料，可利用 3D 打印技术快速制造，整个机身展开前大小不足一部苹果 6 Plus 手机（138 毫米×67 毫米），质量仅为 1 磅（约 0.45 千克）。2016 年 3 月的试验中，美军利用

F－16一次发射了30架“山鹑”无人机。此外，美空军还正在开发小型无人机群飞行避碰算法。

三、“蜂群”作战必须具备的技术能力

“蜂群”作战是无人系统集群的一体化行动。整个行动建立在智能编队协同、实时信息共享、成熟布放回收等多种能力基础之上，对协同性、自主性、兼容性等，均有较高要求。

（一）高速、实时、稳定的信息交互与共享能力

“蜂群”作战需要一套稳定且全方位覆盖的信息网络，通过该网络，所有单元对战场态势的感知均能被其他单元共享，指挥与控制信息均能实时、精确和连贯地传输。DARPA的“小精灵”项目，还要求各无人机之间依赖自组织网络，以及实时、不间断的信息交互机制，形成较强的战场态势感知能力和通信能力，以保障所有无人机能够清晰获取并及时交换和共享战场变化信息，能够对作战集群内的其他无人机迅速提出请求或做出回应。这种自动广播、接受和转发的信息传播能力几乎需要达到“零延时”。

（二）强大的协同作战能力

大量没有协同能力的无人平台并不能称为“蜂群”。“蜂群”中分散的作战单元需要具有很好的协同作战能力，在战机出现时形成一个协同整体迅速出击，未来将达到自然界中蜂群的集群自组织水平。美国海军研究生院正在研究双方各由50架无人机组成的“蜂群”在空中缠斗的情况。哈佛大学研究人员也已经组建了一个由1000多个简易机器人组织的“蜂群”，它们相互协同创造出简单的阵型。

（三）较强的抗干扰能力

“蜂群”作战深度依赖自组织无线网络实现单元间的信息交互与共享，一旦受到网络攻击，特别是在“反介入/区域拒止”等高威胁环境下，“蜂群”内部通信一旦被切断，各单元将无法及时交流战场态势变化、迅速提出请求或做出回应，将导致整个编队协同能力被严重削弱。据称，2011 年 12 月，伊朗工程师曾使用“欺骗”技术，通过重置无人机的 GPS 参数，成功劫持一架美 RQ－170“哨兵”无人机。

（四）较强的自组织自适应能力

“蜂群”强调分布式作战，将作战任务和功能分散至多个单元，要求在面对新作战任务时快速适应，特别是在部分单元发生故障或遭到对手破坏时，也会有其他单元补充并继续发挥功能，形成所需的作战能力。如持续巡航的“蜂群”不仅可以提供侦察和通信支持，还可以根据需求提供空中机动补给、干扰和近距离空中支援等一系列支持。DARPA 组建了异类空中侦察团队（HART），成功建立了一个相互协同的无人机网络，用于执行特定区域的侦察任务。它们可以根据作战人员的输入指令，对相关地区的资产自动重新分配任务。

（五）成熟的布放与回收能力

受续航力所限，“蜂群”中的无人平台需要由大型有人平台等实施布放，前出执行任务，并在任务结束后回收。“小精灵”项目以传统作战飞机为载机，在敌防区外实现无人机空中发射与回收，要求一架 C－130 运输机在单次任务中能够发射不少于 4 架无人机，并可在 30 分钟内完成回收。目前，小型无人机空中发射技术正在开展相关试验验证。

当前，美“蜂群”作战概念正处于快速发展阶段。特别是美国海军正在开展的“海上蜂群”项目，潜在危害甚大。这是因为，数量庞大的“蜂群”有如下潜在优势：一是可以分散作战力量，增加对手需要攻击的目标数，迫使对手消耗更多的弹药。二是平台的生存能力将被所谓的“蜂群弹性”概念所取代，即如果平台数量足够，个别的单个平台的生存能力便无关紧要，遭受攻击的蜂群总体上总是会有很强的恢复能力。这样，数量规模型系统战斗力的衰退便不会大起大落，剩余的平台仍能继续执行任务。反之，如果采用单一高精密型平台，则在受到攻击后战斗力将可能会急剧下降。三是同时发起进攻将使对手的防线不堪重负。因为大部分防御系统能力有限，一次只能处理一定数量的威胁。当“蜂群”同时对敌展开攻击，只要有“一只”或“少数几只”突破防线的“漏网之‘鱼’”，就能消灭目标。实际上，2014 年时，美军就曾进行过一个实验：由 13 艘无人驾驶自控船组成的“蜂群”，在一个操控员的控制下，护送 1 艘高价值船穿越模拟的海峡。其间发现可疑船只时，操控员指挥蜂群对其实施拦截、包围，蜂群自主处理可疑船只。负责实验的人员事后称，单人同时控制的船只数量足可增至 20～30 艘。虽然目前正在验证的“蜂群”概念作战能力有限，但随着战场环境的日益恶化、无人系统自主能力的不断提高，“蜂群”作战可能成为一种能改变“游戏规则”的、新的作战样式。

（中国国防科技信息中心　张磊　秦志龙）

国外积极发展反无人机技术

无人机的功能不断增强，任务领域不断拓展，不仅可执行情报收集、监视与侦察任务，还可加装武器执行武装攻击等作战任务，甚至可携带有毒化学物质和爆炸物，大量用于恐怖袭击，这为军事安全带来了极大隐患。2016 年，美国、英国、法国、以色列、德国等积极发展反无人机技术，开展了非动能、高炮和导弹拦截、激光武器等不同机理反无人机技术研究，研制出多种达到实用化水平的反无人机系统，有效提升了部队和国家安全部门的反无人机能力。

一、非动能反无人机技术干扰无人机操控频段或 GPS 信号

非动能技术通过破坏无人机与操控人员之间的控制与通信链路或 GPS 信号使其失去作战能力，优点是安全性好、附带毁伤小、适合城区环境使用，不足是无法对付采用惯性导航系统的无人机。

（一）欧洲非动能反无人机系统性能优越，有效作用距离达数千米

英国研制了反无人机防御系统和“鹰盾”等非动能反无人机系统。反

无人机防御系统集成有 A400 系列 Ku 波段电扫描防空雷达、稳定型光电指示器、红外和昼用摄像机与目标跟踪软件，以及定向射频抑制/干扰系统，能在8 千米距离上探测、跟踪、分类、干扰和压制无人机，对微型无人机的有效作用距离为2 千米。“鹰盾”系统采用多光谱威胁感知和射频电子攻击技术，能在高杂波城区环境下对无人机的指挥链路进行干预，还可与动能武器进行协作。德国2016 年推出的“无人机探测器”通过定向实时测量无人机电磁辐射来探测入侵的无人机，作用距离1 千米，作用带宽可扩展至9000 赫 ~20 吉赫，覆盖了无人机常用的控制与视频链路频率。欧洲空客防务与航天公司也推出了新型无人机探测与压制系统，可利用不同传感器数据并结合最新的数据融合、信号分析与干扰技术来探测和压制5 ~10 千米距离上的无人机。

（二）美国、以色列加快非动能方案技术开发，部分系统已被政府采购

美国已研制出“伊卡鲁斯”“无人机跟踪者”和“无人机防御者”等反无人机系统。“伊卡鲁斯”由洛克希德·马丁公司研制，可探测、识别和对抗质量不超过9 千克的小型无人机。“无人机跟踪者”由美国反无人机公司研制，能通过无人机的无线局域网信号探测和识别无人机，还可读取发射装置的物理地址，作用距离为500 米。“无人机防御者”由巴特尔公司研制，外形与步枪类似，可呈30°锥形发射无线电波，使这一区域内的无人机失效，作用距离为400 米，美国政府已采购100 套。以色列研制出“无人机穹”“无人机卫士”等反无人机系统。“无人机卫士”由埃尔塔系统公司研制，在2016 年法国防务展上首次展出，采用3D 雷达来探测目标，并利用特殊的无人机探测与跟踪算法以及光电传感器对目标进行视觉识别，随后利用专用电子攻击干扰系统对无人机实施干扰。

二、低空近程防空武器技术成熟度高，但易引起附带毁伤

低空近程防空武器主要利用战斗部破片或动能对无人机实施硬杀伤，如高炮/弹炮结合防空系统和 C－RAM 系统均可有效拦截低性能无人机。其优点是技术成熟度高，不足是高炮拦截效能较低、导弹拦截成本过高，且均易造成附带毁伤。

（一）高炮/弹炮结合防空系统是当前最可靠的反无人机武器

俄罗斯“铠甲”－S1 弹炮结合系统可拦截飞行速度不超过 500 米/秒的无人机，最大射程为 12 千米，最大射高 6 千米。埋头弹国际公司致力于研制防空用 A^3B 弹药和防空空爆弹，以提高 40 毫米埋头弹武器系统的反无人机能力。此外，外军还重视发展中口径高炮及其制导弹药，57 毫米和 76 毫米口径成为新热点，主要包括美国国防高级研究计划局（DARPA）为海军研发的多方位防御快速拦截弹系统、美国陆军 35/50 毫米链式炮及其修正弹、BAE 系统公司 Mk 295 Mod 1“奥卡”57 毫米制导炮弹、俄罗斯 57 毫米自动炮及其制导弹药、意大利奥托·梅莱拉公司“飞镖”76 毫米制导炮弹等。但目前只有意大利 76 毫米制导炮弹研制成功，可装备使用。

（二）C－RAM 系统是目前发展较快的反无人机武器

目前基于高炮和现有导弹技术的 C－RAM 系统发展较快，重点发展基于导弹的新一代 C－RAM 系统，如以色列“铁穹”反火箭弹系统、美国陆军扩展区域防护与生存力系统（EAPS），以及雷声公司 AI^3 导弹等。其中，美国扩展区域防护与生存力系统项目研制的基于火炮的 C－RAM 系统已顺利完成两次无人机拦截试验，第二次试验击落 2 架无人机的拦截距离分别为 1 千米和 1.5 千米；AI^3 导弹也在测试中成功摧毁了自由飞行的无人机；以

色列也公布了“铁穹”击落一架无人机的视频。

三、激光武器精度高、附带毁伤小、可实施软硬杀伤，但技术有待进一步成熟

激光武器用于反无人机精度高、附带毁伤小、单次射击成本低、功率可调、灵活性好，可根据需要对无人机实施软硬杀伤，有望成为海军和陆军重要的反无人机武器，主要有舰载型、车载型和单兵便携型3种。

（一）舰载激光武器近期有望将功率水平提升至100千瓦以上

舰载激光武器主要有美国海军的AN/SEQ－3（XN－1）“激光武器系统”、固体高功率激光武器系统，以及德国莱茵金属公司的激光武器系统。AN/SEQ－3“激光武器系统”功率为15～50千瓦，已被安装到“庞塞”号上进行了一系列试验，是美军首套完全通过验证的激光武器系统。固体高功率激光武器系统以AN/SEQ－3激光武器系统技术为基础，通过改进系统设计可使功率水平提升至100～150千瓦，有望安装到新型“阿利·伯克”级驱逐舰上。德国莱茵金属公司的激光武器系统安装在MLG27轻型舰炮安装架上，具有5个20千瓦级激光束成形组件，通过光束叠加技术，系统总功率可达100千瓦，目前正在进行水上射击试验，用于对付小艇和无人机等目标。

（二）车载激光武器功率水平达数十千瓦

车载激光武器主要有美国陆军的高能激光机动型测试车（HELMTT）和远征机动高能激光型“斯特赖克”、以色列拉法尔公司的“铁束”机动型高能激光防空系统、德国MBDA公司的激光技术演示样机等。高能激光机动型测试车采用10千瓦激光器，远征机动高能激光型“斯特赖克”采用2千

瓦激光器，在美国陆军近期的试验中，这两种激光武器系统精确定位无人机后利用自动跟踪技术跟踪其飞行路径，并发射光束加热无人机的飞行控制部件使其熔化，从而迫使无人机降落。德国MBDA公司的激光技术演示样机由4台功率为10千瓦的激光器合束产生40千瓦激光束，能够在3千米外对抗小型无人机，未来将能摧毁5千米外的小型无人机。

（三）单兵便携式激光武器功率为数千瓦

波音公司研制的便携式紧凑型激光武器系统总重约295千克，最大输出功率10千瓦，由8～12人班组携带和操作，可在15分钟内组装完毕。波音公司已对该系统进行了试验，对几千米距离外的无人机进行了跟踪和识别，并在15秒内将无人机击落。

四、新思路和新方法助力反无人机系统性能进一步提升

反无人机系统虽然属于新概念、新产品，但是系统涉及的核心关键技术本身并不是新概念、新技术，而是已有产品和技术的新应用。也正是因为这个原因，来自全球数十家企业的数十种反无人机系统才会在短时间内纷纷涌现。但是，国外主要军事国家并不止步于此，而是正在通过寻求新思路和新方法，力争获得更大的技术优势和代差。

（一）“空中天网”实现对无人机的全面跟踪与监视

DARPA发布的“空中天网”项目旨在寻求创新技术，以对大型城市中飞行高度在304.8米（约1000英尺）高空下的所有无人机实行持久、广域监视。初步设想是利用联网的监视节点，每个节点覆盖临近城区，这些节点可能会是系留式或安装在长航时无人机上，其上安装传感器持续对各方位无人机进行跟踪。系统的输出将用于持续更新低于当前飞机监视系统所能监测高

度的空域的通用作战图，并通过安全数据链路传输给授权用户。

（二）人工智能技术有效降低虚警并减少人在回路需求

美国黑睿技术将人工智能技术用于反无人机系统。该公司研制的 UAVX 系统利用多普勒雷达、昼用和红外摄像机等多种不同技术来探测、识别和跟踪无人机，并利用人工神经网络这一人工智能技术来对无人机目标自动分类，有效降低虚警并减少人在回路需求。

（三）分层防御、微波武器等技术提高干扰和抑制能力

DARPA 正在寻求利用创新、灵活和移动分层防御系统和组件技术，希望未来 3 ~4 年获得可部署的系统，快速适应威胁和战术的进步。雷声公司为美国陆军开发的高功率微波演示样机引起了美国国防部其他机构的关注，系统使用雷达跟踪无人机，并发出微波脉冲对其压制。该样机虽为陆军开发，但经改进也可用于执行其他多种任务。各军种都可使用这项技术，只是应用程序不同，系统能力也不同。当前样机长约6 米，雷声公司正在研制体积更小、功能更强的装置，以供未来使用。

五、结束语

综合研判，由于基于传统防空系统的拦截技术效费比低、附带毁伤大，因此非动能和定向能技术将会成为未来反无人机技术的发展重点，研究重点将集中于无人机探测、跟踪、识别以及激光武器光束控制、精确定向等技术领域。随着军用和商用无人机使用的泛滥，反无人机技术发展将在部队要地防空、野战防空、海上防空以及维护国家安全方面发挥重要作用，并将影响未来防空装备体系的发展。

（中国兵器工业集团第二一〇研究所　李雅琼　卫锦萍）

国外导弹前沿技术发展及影响分析

近期，战斗部、精确制导、预警探测等导弹武器前沿技术不断涌现，大幅提升了导弹综合性能，催生了具有多用途、模块化、智能化、微小型、跨域化等特点的新型导弹，对未来战场作战将产生重要影响。

一、国外导弹前沿技术主要进展

（一）总体技术

美国、欧洲等积极开展导弹新概念研究与设计，取得诸多开创性成果，反映了导弹武器的发展新方向。

美国在研的“远程反舰导弹”采用了智能化技术，具备一定自主作战能力；采用微系统技术发展了“微型直接碰撞杀伤”、“枪刺”、“长矛”等导弹，最小质量已小于1千克；美国陆军启动模块化导弹技术项目，将开发新型模块化开放系统架构，这些模块能组装成空空、空地等多型导弹。欧洲近期提出“英仙座”海上打击导弹、Flexis模块化空射导弹等新概念导弹项目，涉及单兵便携式导弹、反舰巡航导弹、战术地地导弹、模块化机载导弹等，其发展更加关注侦察监视、毁伤评估、网络化环境下的火力协同等作战功能的实现。

（二）战斗部技术

毁伤效应可调战斗部、活性材料战斗部、高功率微波战斗部等发展活跃，这些技术利用新的机理，突破传统技术路线，应用后可大幅提升导弹作战毁伤效能与灵活性。

毁伤效应可调战斗部采用精确起爆控制与战斗部装药结构相结合，实现毁伤当量和毁伤模式可调。美国和德国的可调战斗部技术均已进入工程研制阶段，可控制战斗部的毁伤半径、范围和效应，根据需要能实现破片、爆炸成形弹丸之间的转换和并用。活性材料战斗部在减少弹药尺寸、提升杀伤力等方面具有重大作用。美国活性材料武器工程化应用的技术难题已基本解决，空军正在开展“战斧”活性材料多用途小型化战斗部的研究，海军计划将活性材料应用于现役导弹中。高功率微波战斗部利用微波辐射攻击敌方电子信息系统、指控系统、网络系统等。美国 2012 年完成首次作战飞行试验，2016 年开始与常规空射巡航导弹进行集成，预计 2020 年批量部署。

（三）精确制导技术

激光主动成像制导、弹载相控阵雷达、微型导航定位、原子陀螺、太赫兹制导等技术逐步成熟并向工程化迈进，将显著提升导弹的目标识别、制导精度与抗干扰能力。

激光主动成像制导技术具有信息维数多、测量精度高等特点，通过与其他制导体制复合，能够显著提升末制导探测识别和抗干扰能力。美国已研制出雪崩光电二极管阵列探测、自混频阵列探测等激光凝视成像雷达，成功实现了激光组件与相控阵天线的芯片级集成，在研的弹载激光雷达将突破百毫焦量级光源。弹载相控阵雷达技术具有空间功率合成、波束快速电扫、全固态高集成度等优势，在高精度、反隐身等方面具有独特优势，美国、日本等逐步在毫米波和厘米波导引头中引入该技术。美国近期发展的新型声波延迟器件、可扩展平面阵列、毫米波相控阵收发组件等技术将大幅减小相控阵雷达体积和质量，为实现弹上应用奠定基础。微型惯导、原子陀螺等技术应用后将在现有惯导精度大幅提升的同时使系统质量、体积等下降2个数量级。美国已研制出功耗100毫瓦量级、短期稳定性优于30×10^{-11}/天、长期频率漂移为5×10^{-11}/天的芯片级原子钟样机，开发出集成3个陀螺仪、3个加速度计、1个时钟，体积仅8毫米^{3}的微型导航系统样机。太赫兹波兼具毫米波与长波红外的特征，天线工作带宽宽、敏感目标微动特征显著、角分辨率高，能够提高导弹对目标要害部位识别与选择性摧毁能力。美国马萨诸塞大学、喷气推进实验室等研制出多部太赫兹成像雷达样机；美国犹他州立大学在天地协同一体化太赫兹探测技术方面取得重要进展。

（四）预警探测技术

涡旋电磁波探测、量子雷达、微波光子雷达、紫外探测等新概念、新原理、新体制不断涌现，开辟了预警探测新的技术途径。

涡旋电磁波的等相位面呈涡旋状，所携带的轨道角动量能提供新的信息维度，照射目标时相当于传统平面波从多个角度连续入射。该技术仍处于实验阶段，在目标多维成像、雷达特性测量及目标识别等领域具有重大应用前景。量子雷达将量子信息调制到雷达信号实现对目标的探测，在隐身目标探测方面能力突出。美国罗切斯特大学成功验证了量子雷达对隐身目标的探测能力，英国约克大学开发出了量子雷达原型样机。微波光子雷达利用光子技术实现微波信号的产生与处理，具有高精度和大带宽等优势，能显著提升传统雷达的性能。美国、欧洲等开展了“全光子数字雷达”“双波段微波光子雷达”等项目，突破分系统与元器件层面多项技术，研制出了雷达样机。紫外探测可在大气层内探测导弹尾焰的紫外辐射，具有灵敏度高、虚警率低等优势，为反导预警探测开辟了新的途径。美国长期开展导弹日盲紫外辐射研究，通过“深紫外雪崩光电探测器”等项目已在轨演示验证利用紫外进行导弹目标探测、识别和跟踪的能力。

（五）先进动力技术

爆震火箭发动机、组合动力、燃烧可控固体推进剂等先进动力技术取得了重要进展，对于提升导弹速度、机动能力与灵活性等具有重要作用。

爆震火箭发动机利用爆震燃烧机理，具有热循环效率高、比冲高、油耗低等优点。美国、俄罗斯等国已基本完成原理性实验，验证了不同尺寸燃烧室、不同推进剂组合的爆震波生成和传播。俄罗斯于 2016 年对世界首台液氧煤油旋转爆震火箭发动机样机进行了多次试验，验证了技术可行性。组合动力技术能发挥不同类型发动机优点，涡轮基组合循环发动机、火箭基组合循环发动机、吸气式涡轮火箭发动机、连续爆震波冲压发动机等能实现优化组合，是导弹动力未来重要的发展方向。燃烧可控固体推进剂技术是燃烧方式可控、燃速可调的先进固体推进剂配方设计及装药技术，可根据需要完成点燃或熄火的自主控制。美国佛罗里达大学推出了一系列自熄火固体推进剂配方；雷声公司采用电压控制方式实现 1.4～14 兆帕环境下的可靠点火、持续燃烧与熄火。

（六）材料/制造技术

隐身超材料、石墨烯、智能材料等先进材料对导弹性能产生了重大影响，3D 打印、智能制造等方式颠覆了传统导弹生产模式，能显著降低导弹制造成本和周期。

隐身超材料通过人为设计结构特征，拥有天然材料所不具备的隐身能力，已在美国、俄罗斯部分导弹中得到初步应用。基于超材料的光学、电磁、声学隐身材料均已问世，美国爱荷华州立大学研发的超材料实现吸波频段8～11吉赫连续可调，较传统材料隐身效果提高近百倍。石墨烯在红外波段具有优越光敏特性和常温光谱特性，可用于导弹非制冷红外导引头。美国东北大学制备的石墨烯基二维材料具有热敏性和超感光性；瑞士的研究人员正开发可拾获光子的石墨烯超感光探测器，比传统硅基光电探测器灵敏度高上千倍。智能材料能够响应外界环境变化，可应用于弹翼、弹体、弹头等结构变形，有效提高导弹飞行性能。美国海军利用镍钛形状记忆合金制造了导弹的尾翼，可产生630兆帕纵向收缩力和84兆帕的拉伸力。欧洲MBDA公司提出的CVS101导弹将采用形状记忆效应材料，外形尺寸可变。3D打印技术用于导弹制造可以有效降低成本、提高效率。雷声公司利用3D打印技术制造出80%的导弹部件；ATK公司成功试验了3D打印的高超声速发动机燃烧室；美国海军“三叉戟”－2D5潜射导弹在2016年首次测试了采用3D打印的导弹部件。智能制造已成为先进制造的重要方向，对导弹生产制造将产生重大影响。美国导弹防御局已启动“数字化推进器工厂”项目，支持从设计到生产的数字化工厂环境；洛克希德·马丁公司的新一代数字化制造系统已应用于导弹生产；雷声导弹系统公司采用自动导引车实现导弹及零部件的自动搬运，使用六轴机器人完成导弹导引头光学系统的装配。

二、导弹前沿技术发展影响分析

（一）提升导弹综合性能

在打击精度方面，主动激光、相控阵雷达导引头等技术能够显著提升末制导探测识别和抗干扰能力；量子雷达、太赫兹雷达将颠覆传统军事伪装与欺骗技术，实现对隐身目标的探测识别；原子陀螺等技术将使现有惯导系统精度提高3个数量级，为导弹提供长时精确惯性制导能力。在毁伤效果方面，毁伤可调战斗部可选择和控制毁伤效果，实时改变毁伤模式，大幅提高作战灵活性；活性材料的运用使导弹战斗部的毁伤能力成倍增长，其杀伤半径是常规破片战斗部的2倍，潜在毁伤威力可达5倍。在飞行性能方面，先进动力技术将提升导弹速度、射程、投掷能力等，实现导弹大空域、宽速域、多用途作战；应用智能材料可改变导弹飞行特征，提升气动性能和过载能力。在突防与生存能力方面，隐身超材料的应用大幅提升了导弹的多波段隐身性能，燃烧可控推进技术使导弹的机动能力显著增强。

（二）催生新型导弹问世

一是多用途导弹。先进制导技术能实现对不同类型目标的精确探测与识别，多模战斗部、可调战斗部等技术使一型导弹能根据不同目标灵活选择杀伤方式，实现了“一弹多用”。二是模块化导弹。采用模块化结构设计技术后，可根据需求选择导引头、动力装置等模块化子系统进行整弹集成，组装成多种适应不同任务的导弹。三是智能化导弹。自主导航制导、智能化信息处理、自适应飞行控制等技术能敏捷感知外界态势，自主决策，智能化控制导弹飞向目标实现智能杀伤。四是微小型导弹。微系统、一体化等技术使导弹尺寸和质量大幅减少，能满足特种作战、机载平台内埋、增加火力密度等作战需要。五是跨域化导弹。组合动力、智能材料等技术使导弹在水下、稠密大气、临近空间、太空等不同空间的跨域作战成为可能；高功率微波技术与导弹结合，形成可在网电域作战的新型导弹。

（三）改变导弹战场运用

一是作战范围极大拓展。前沿技术的发展使导弹作战空域极大拓展，在战场上形成覆盖超低空到太空，末端到远程、超远程，横跨陆、海、空、天、网（电）的作战能力。二是导弹攻防更加激烈。随着前沿技术的应用，隐身突防与反制、远程精打与拦截、网电攻击与防护、高超打击与防御、饱和攻击与对抗等将使导弹攻防更加激烈复杂。三是支持新型作战。前沿技术催生的导弹在跨域协同、一体化作战、无人智能作战、蜂群攻击等新型作战样式中将发挥重大作用。四是颠覆战时维修保障。模块化、3D 打印等技术的应用使作战人员根据战场实际，快速打印导弹部件，按需组装导弹成为可能，对于后勤保障将产生重大影响。

（四）变革导弹研制模式

模块化导弹将改变原有设计模式，减少重复设计，实现以一条生产线生产多种类型的导弹，使维护、生产费用大幅降低；3D 打印、智能制造将简化生产工艺，缩短供应链与开发周期，加快零部件生产与系统集成速度。例如，美国导弹防御局“数字化推进器工厂”项目预计将使生产周期缩短 10% ~20%，成本降低 15% ~30%；洛克希德·马丁公司采用 3D 打印制造的潜射导弹部件较传统方法节省了一半时间；雷声公司使用机器人进行导引头光学系统装配后，装配时间由 2 天缩短到不足 5 分钟。

三、结束语

前沿技术是物化新装备、形成新能力的“孵化器”。前沿技术对导弹发展与应用产生了重大影响。必须敏锐洞察新技术发展趋势及其应用，面向实战化、体系化的需要，强化前沿技术的谋划部署，积极探索发展新型导弹武器。

（中国航天科工集团第二研究院二〇八所　吴勤　张梦湉）

雷声公司导弹先进制造技术进展

美国雷声公司作为世界先进的导弹制造商，主要导弹产品涵盖弹道防御和近战武器两大类约 30 多个型号，2016 年，导弹系统产品净销售 70.7 亿美元，占据全球市场领先地位。2016 年，雷声公司结合未来战争需求，在先进制造技术领域不断创新发展，在导弹武器设计中引入自动虚拟环境系统（Cave Automatic Virtual Environment，CAVE），实现了设计阶段的高精度仿真，采用 3D 打印技术实现了特种结构件设计制造一体化，大大缩短了研制周期。同时，其在批量生产中充分利用制造创新与智能系统和机器人技术，实现了生产环节信息数据的自动采集与处理。雷声公司凭借一系列先进设计理念和优势技术，大大提高了设计能力和制造效率，旗下的总装厂已成为全球导弹智能制造应用的成功典范。

一、自动虚拟环境系统（CAVE）实现异地协同设计和仿真

导弹武器系统设计是需要多专业协同配合的工作，设计方案需不断更新迭代，过程中存在大量的数据信息及设计模型。雷声公司在设计领域，

采用最新第二代 CAVE2 系统，大大提高了仿真的功效。

第一代 CAVE 由美国国家科学基金会（NSF）资助发展，它是一个将 3D 立体计算机图用 4 台投影机投影墙壁形成的虚拟现实空间。雷声公司在马萨诸塞州建立的第二代 CAVE2 使用了 72 台 723 – D 液晶面板，形成了一个 320°的弧形显示墙。新系统比上一代扩大 2 倍的虚拟空间，显示亮度提升 66 倍以上、处理能力提升 4176 倍、存储容量提升 22500 倍，整套系统大致 200 万美元。同时，CAVE2 支持信息分析，并可以根据人类的视觉灵敏范围进行分辨率匹配。沉浸式 CAVE2 设计系统运用到研制环节，可以设计导弹的弹身结构和内部元器件布局，实现高效可靠的产品设计。

在导弹方案设计阶段，一个 CAVE2 系统形成的沉浸式设计中心，可容纳 20 人现场进行工程图纸、数字样机分析讨论、修正迭代。如果 CAVE2 系统网络互联，设计人员还可异地在线进行导弹设计讨论，同时借助谷歌 3D 眼镜，可与投射到房间内的雷声公司产品虚拟模型互动，实现导弹的三维可视化设计组合，产品开发时间缩短了 30% ~40% 。

此外，在阿拉巴马州雷声公司新工厂实际建设前，设计人员使用 CAVE 系统测试和验证导弹工厂各种要素（生产单元布局、检测设备之间的安全距离等），施工时间比预期缩短 3 个月，减少数百万美元开销，降低了建厂后调整改动的风险成本，并且厂房工作站更符合人体工程学。

二、工业机器人在导弹部件批量生产中广泛应用

光学系统是导弹导引头的核心部件，其装配精度、成像质量对导引头性能有重要影响。2016 年 1 月，雷声公司研发出世界首台导弹导引头光学系统精密自动化装配工业机器人，着力解决传统手工装配由于完全依赖工

人技能、黏结剂固化时间长而导致的装配质量一致性差、周期长等问题。

该装配机器人由机器人本体、末端执行器、工具快换装置、软件控制系统、托盘等构成。机器人本体为六轴机器人，可以高精度重复抵达特定位置或完成特定操作；末端执行器是装配机器人的核心部件，由雷声公司自主研发，安装在机械臂末端，可由工具快换装置根据任务需要自动更换。

该装配机器人具有如下特点：一是导弹装配过程可控，装配精度完全满足公差要求，装配质量一致性高；二是大幅减少人工介入，导引头光学系统装配时间由原来的2 天缩短到不足5 分钟，装配效率大幅提升；三是设备通用性强，可改变控制软件程序用于其他导弹部件装配。

此外，在“小直径炸弹”II 制导段测试单元的装配、检测流程中，雷声公司将工业机器人引入生产线。各种零部件由机械臂传送到各个制造单元和测试单元，并在超净间实现各类产品的准确移动、装配。在机器人工作区，没有或是仅需极少人员介入。从应用效果看，机器人更适合批量生产，可大幅缩短加工周期，降低装配成本，实现装配过程追溯可查，同时避免了人工在危险测试环境作业时的安全隐患。此外，雷声公司还利用机器人参与“小直径炸弹”导引头测试工作，把原来需要2. 5 小时的一系列测试时间压缩到仅需15 分钟，大幅提升效率。

未来，雷声公司以现有装配机器人为基础，通过改变控制程序，可将装配机器人应用进一步拓展到其他导弹导引头或产品制造领域，进而满足导弹生产中多品种、快响应、易排故的需求。

三、3D 打印技术的应用促进导弹快速研制与生产

雷声公司积极推行3D 打印和传统制造工艺互补配合制造导弹零件。

2014 年，雷声公司首次使用 3D 打印技术制造 Pyros 小型战术弹药产品部件上的零件。从原型制造到最终的生产，Pyros 采用了多种 3D 打印技术，包括熔融沉积成形（FDM）、选择性激光烧结（SLS），制造速度更快，成本更低，可获得更好、更严格的公差，而且采用尼龙材料及选择性激光烧结工艺，产生的零件质量小、强度高并具有非常强的抗严苛环境的能力，在减重方面也发挥了重要作用。

2016 年，雷声公司已经实现 3D 打印火箭发动机、导弹尾翼、制导和控制系统部件等。但对于全弹系统的 3D 打印，雷声公司还在积极摸索，力争打印更复杂的三维电路结构，实现直接将电路打印至导弹系统中，使其成为一个完整的全弹集成系统。

四、导弹装配中制造信息自动处理提升智能制造水平

导弹生产涉及到推进剂、炸药、弹体舱段等大量部件的组装，装配过程非常复杂。雷声公司采用了制造创新与智能（Manufacturing Innovation and Intelligence，MII）系统，利用该系统将每一个导弹的零部件都打上编码，对装配、流转等各个环节进行控制和管理。雷声公司将 MII 视为整套生产流程智能化调度的核心，作为面向运营生产的逻辑布局和生产制造优化的理论依据。

雷声公司将大部分零部件的装配流程和方法写入机器人程序，一旦出现任何失误，MII 系统都会发出警告，并立刻暂停生产线，直至问题解决。采用该套系统可以实时掌握各装配工作站上进行装配的导弹种类、生产批次、组装环境等状态，及时进行生产管理，避免无序化冗余步骤。这套系统不只可以快速组装导弹，还能够快速拆解导弹。由于导弹生产后，往往需要好几年的测试定型，美国军方才能真正投入使用，在出厂到使用期间

一旦零部件出现问题，又要返厂拆解检测。MII 系统可以快速追溯产品的生产全流程，并根据故障特征分析，及时准确更换及维护问题器件。

军工厂内需要人工搬运和装配的零部件，往往含有不少易爆材料，十分危险。在导弹安装和部件流转运输过程中，雷声红石总装厂测试区和 19 个装配工作站中，使用了 2 台 7.31 米和 1 台 3 米长的自动导引车（AGV），导引车通过激光传感器实现了精准定位，并通过覆盖整个工厂的 Wi－Fi 网络与信息数据系统通信，在系统控制下，无须人工干预，即可实现零部件的自动抓取、自动运输等操作，完成导弹舱段的无缝对接。通过应用该方式，实现了物流运输的高度自治。

目前，红石导弹总装厂每个月可以生产 4～6 枚“标准”－3 导弹以及 10～12枚“标准”－6 导弹。通过采用上述各项先进制造技术，过去需要投入 80～100 名员工的工作量，现在仅需要 14 名工程师和 36 名协同工人便可完成，使 2016 年生产能力相对 2015 年提升 2.5 倍。

五、结束语

雷声公司在导弹数字化设计、机器人自动化装配、3D 打印技术、制造创新与智能系统管理等方面引入大量创新思路和技术，不断构建完善适应导弹制造“小批量、多品种、高精度”特点的智能制造体系，一直保持着世界导弹研制生产的领先地位。在美国政府大力扶持制造业技术创新的大环境下，雷声公司的武器装备先进制造模式与技术发展值得我国密切关注和借鉴。

（中国航天科工集团第三研究院三一〇所　刘志　叶蕾）

可重复使用运载火箭技术进展分析

目前一次性运载火箭是进入空间的主要工具，发射后各级依次废弃，造成航天发射成本居高不下。可重复使用运载火箭是属于重复使用航天运载器的一种类型，具有全部或部分重复使用能力，可满足低成本、高频次发射需求。2016 年，主要航天国家以回收火箭子级或关键部件为研究重点，发展多种技术途径，取得一系列技术突破，有望使可重复使用运载火箭进入实用化阶段。

一、可重复使用运载火箭发展概述

早期可重复使用运载火箭主要采用降落伞回收技术方案。20 世纪 70 年代至 80 年代末，美国航天飞机利用降落伞系统实现海上溅落回收火箭固体助推器。20 世纪 90 年代，美国、俄罗斯、欧洲相继开展以火箭为动力、垂直回收的可重复使用运载火箭以及有翼飞回式水平降落的可重复使用运载火箭研制项目或技术方案。1990 年，麦道公司提出世界首个单级入轨、垂直起降、可重复使用火箭“德尔它快帆”，其缩比尺寸演示验证机 DC－X

和 DC－XA 于 1993—1996 年进行了 12 次试验，验证了多项关键技术。但最后一次试验中 DC－XA 被烧毁，使该计划提前结束。有翼飞回式可重复使用运载火箭技术由于难度较大，至今尚未开展过飞行试验，德国液体可重复使用飞回式助推器（LFBB）和美国空军的重复使用助推飞行器（RBS）项目计划先后取消。2010 年以后美国政府通过“商业轨道运输服务”项目大力发展商业航天，以太空探索技术（SpaceX）公司、蓝色起源公司为代表的私营航天企业进入可重复使用运载火箭领域，积极探索垂直起降重复使用运载火箭技术，取得了重大技术突破。

二、可重复使用运载火箭技术进展

目前，回收运载火箭子级或关键部件的技术途径主要包括：伞降回收，利用航空动力的有翼飞回式水平回收，利用火箭自身动力系统的垂直回收。其中，伞降回收技术难度低，但落点精度差，无法保证可靠回收；有翼飞回式方案回收地点灵活，但需在箭体加装机翼，对箭体结构及火箭上升段气动特性有不利影响；垂直回收可实现火箭高精度定点回收，但要预留回收使用的推进剂，运载能力会受一定损失。2016 年，垂直起降可重复使用运载火箭取得重大技术突破，一是大型运载火箭子级首次完成海上回收；二是亚轨道火箭实现重复使用。

（一）大型运载火箭部件垂直回收技术趋于成熟

2016 年 4 月，SpaceX 公司利用“猎鹰”9 火箭实现世界首次火箭一子级海上浮动平台垂直回收，继 2015 年实现火箭一子级陆上固定平台垂直回收后，向运载火箭重复使用技术发展又迈出关键一步。2016 年 5 月至 8 月，SpaceX 公司又成功进行 3 次火箭一子级海上回收、1 次陆上回收，标志着大型火箭垂直回收技术趋于成熟。

“猎鹰”9 火箭一子级陆地或海上平台回收的基本过程为：火箭一、二子级分离后，一子级经折返调姿机动、重启发动机减速、高精度制导导航，最终垂直降落在陆地或海上平台（回收过程对比如图 1 所示），之后一子级运回厂房进行维护以再次使用。海上回收具有火箭运载能力损失小、回收位置灵活等优势，是火箭一子级回收的最佳方案。

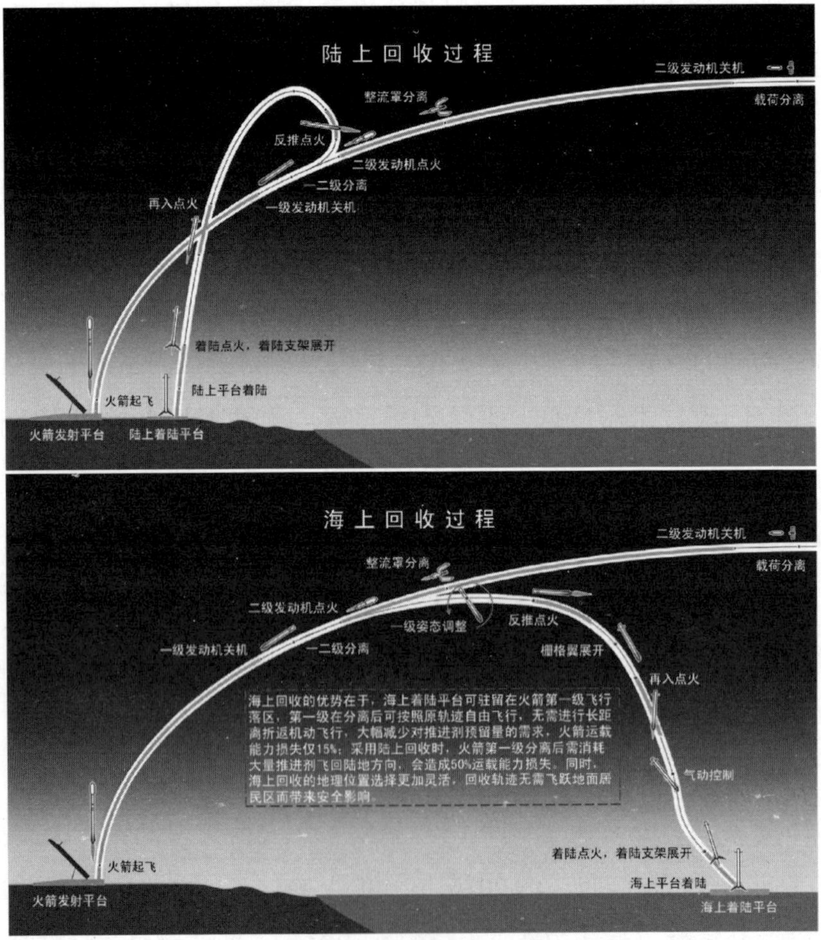

图 1　“猎鹰”9 火箭第一级回收过程对比

SpaceX 公司为实现火箭一子级海上平台回收突破多项关键技术。一是高精度导航控制技术。火箭一子级将垂直降落在面积为 91 米 × 52 米的海上浮动平台上，落点精度需控制在 10 米以内，因而采用由惯性系统、全球定位系统（GPS）接收机、氮冷气推力系统、液压驱动的格栅翼等组成的高精度控制系统，对返回弹道和着陆姿态进行精确控制，确保一子级可按程序自主返回并以垂直状态精确降落在海上平台。二是大范围变推力重复使用发动机技术。火箭一子级采用 9 台"隼" –1D 液氧/煤油发动机，单台发动机推力 756 千牛、节流范围 50% ~120%，并具备重复使用能力，其中 3 台在返回过程中实施 3 次重启反推点火，使着陆速度降至 2 米/秒。三是轻质可展开着陆支撑机构技术。一子级箭体下部安装有 4 个由高强度铝蜂窝—碳纤维复合材料蒙皮制成的着陆支架，总重 2.1 吨，触地前通过气动装置展开（支架间最大展开距离 18 米），在一子级着陆时起缓冲和支撑作用，并防止箭体倾倒。四是海上浮动平台稳定控制技术。研制了能够在海上航行并保持稳定的"无人驾驶自主航天港"（ASDS）平台，该平台由深海钻井平台改造而成，装有压载水舱保持稳定性和经改造的水下推进装置实现移动，如遇复杂海况和恶劣气象条件，可根据 GPS 信息进行位置偏移校正，将精度控制在 3 米以内。此外，SpaceX 公司还解决了火箭一子级返回弹道设计、再入大气层防热等相关技术问题，确保安全返回和在海上着陆。

SpaceX 公司原计划 2016 年 10 月首次利用回收的火箭一子级发射商业卫星，但因另一枚火箭在发射前测试中发生爆炸事故而被迫推迟。该公司还计划在 2017 年进行"重型猎鹰"火箭（近地轨道运载能力为"猎鹰"9 的 2.5 倍，达到 54.4 吨）一子级与捆绑助推器的回收试验。

（二）亚轨道火箭助推器率先实现垂直回收重复使用

2016 年 1 月 22 日，美国蓝色起源公司利用回收后亚轨道火箭成功发射

“新谢泼德”亚轨道飞行器，首次实现同一枚液体火箭重复使用。2016年4月至10月，“新谢泼德”又成功进行3次火箭垂直回收与重复使用试验，标志着蓝色起源公司已突破亚轨道火箭返回段减速控制、箭体姿态控制、着陆导航控制、回收再利用等一系列关键技术。

“新谢泼德”亚轨道飞行器由载人舱和单级亚轨道火箭组成，其发射与回收过程如图2所示。火箭高14米，起飞质量约40吨，采用一台推力490千牛、有深度节流能力的BE－3液氧/液氢发动机，在落地前可重启一次发动机减速并悬停；火箭外部装有多个固定和伸缩式稳定翼、8个减速板、液压驱动尾翼舵面及可伸展的着陆支架保证其能垂直返回降落地面。载人舱发射后可用降落伞回收，目前最多只可搭载22.68千克的科学设备进行亚轨道微重力试验，未来将可进行亚轨道载人飞行。

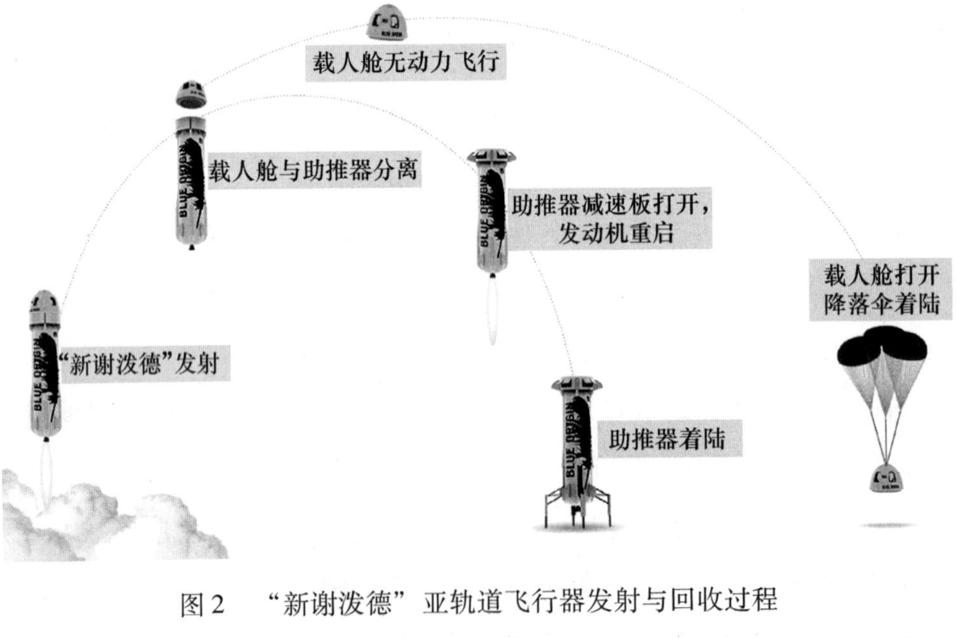

图2 “新谢泼德”亚轨道飞行器发射与回收过程

“新谢泼德”的亚轨道火箭垂直回收与“猎鹰”9运载火箭一子级垂直

回收相比，主要差异有：①“新谢泼德”分离速度马赫数3.72，火箭飞行至100千米左右开始降落，进入稠密大气时速度较低，受气动热影响较小，发动机仅在着陆前点火1次即可完成回收；“猎鹰”9分离速度马赫数约6.8~7，一子级将继续滑行至约140千米高度后进入返回段，再入大气前速度较高，需提前重启发动机减速，防止箭体被烧毁，整个回收过程共执行3次重启点火实现着陆，技术难度更大。②“新谢泼德”仅进入亚轨道，火箭采用短粗型箭体设计，更适于垂直稳定下降；“猎鹰”9一子级按运载火箭要求设计，长径比高、尺寸和重量大，下落段稳定性控制更难。③“猎鹰”9要将载荷送入预定地球轨道，其一、二子级分离时箭体接近水平，需使用氮冷气推力器进行姿态调整并重启发动机中止箭体横向速度，对控制系统要求更高。

2016年9月，蓝色起源公司宣布将基于亚轨道火箭重复使用技术，开始研制一子级可垂直回收重复使用的“新格伦”系列运载火箭。该火箭近地轨道运载能力可达50吨级，将在2020年实现首飞，提供低成本卫星发射和载人航天飞行服务。

（三）有翼返回式可重复使用运载火箭处于技术研发阶段

2016年，主要航天国家提出有翼式可重复使用运载火箭方案。俄罗斯在“2016—2025年联邦航天计划（草案）”中提出要开展运载火箭可重复使用第一级的方案研究。随后，俄罗斯航天国家公司宣布将启动可重复使用火箭第一级验证机研制工作。该验证机将基于1998年俄罗斯研制的“贝加尔”有翼飞回式火箭助推器，采用垂直发射水平返回的设计方案，箭体装有可收回机翼、涡喷发动机、可伸缩起落架和自动飞行与着陆控制系统，具备重复使用25次的能力，未来可用于“安加拉”系列火箭的第一级。

欧洲空客公司提出“艾德琳”重复使用助推器项目，回收第一级主发动机、航天电子系统舱等部件，占第一级成本的80%。“艾德琳”类似一架无人机，可作为运载火箭第一级整体的一部分对接在第一级贮箱尾部，其圆柱形机身两侧的机翼上装有涡桨，并携带航空燃料，返回时利用涡桨进行有动力飞行，并由导航系统引导飞回地面水平着陆。空客公司预计“艾德琳”可重复使用10~20次，2030年前将用于“阿里安”－6运载火箭第一级以降低发射成本。

（四）辅助伞降回收成为新型运载火箭备选方案

2016年，用于美国联合发射联盟（ULA）新型“火神”系列运载火箭第一级的BE－4液氧/甲烷发动机通过初步设计评审，并计划在年内进行整机地面试验，未来该发动机将采用伞降方式进行回收并重复使用。其技术方案为火箭发射至第一级与上面级分离后，第一级主发动机系统和贮箱脱离，随后利用自身携带的充气式热防护罩以高超声速再入大气层，到达一定高度后展开翼伞减缓下降速度，最终由直升机在空中抓取并实现回收，此后经过检测和维修可重复使用。“火神”第一级主发动机回收方案如图3所示。

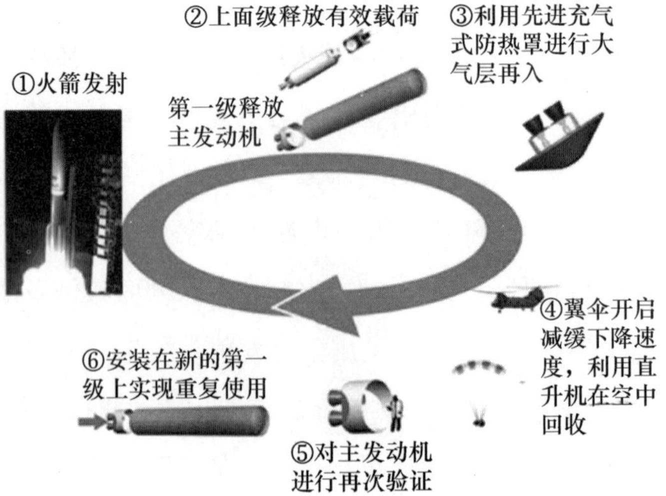

图3 “火神”第一级主发动机回收方案

“火神”是ULA在2015年提出的用于替代美国空军现役主力火箭“德尔它”-4和“宇宙神”-5的新型号，计划目标是实现年发射10~20次，单次发射价格低于1亿美元。“火神”是捆绑固体助推器的两级液体火箭，第一级采用直径5米贮箱和2台海平面推力247.5吨的BE-4液氧/甲烷发动机，上面级采用改进的RL-10氢氧发动机或BE-3U液氧/甲烷发动机，最多可捆绑6台固体火箭助推器，整流罩直径4米或5米，地球静止轨道运载能力超过8吨。

三、垂直回收可重复使用运载火箭经济性分析

从当前发展态势看，以“猎鹰”9为代表的垂直回收可重复使用运载火箭有望率先投入使用。以下通过SpaceX公司给出的发射成本报价等信息并结合经验数据，对垂直回收可重复使用运载火箭的经济性进行简略分析。

首先，根据美国国家航空航天局（NASA）发布的“‘猎鹰’9运载火箭成本分析”文件，固定价格合同下火箭一、二级成本比为4.63∶1；绩效奖励合同下火箭一、二级成本比为3.66∶1。因此，综合两种合同模式取平均，可以假定火箭一、二级成本比为4.15∶1。其次，依照经验，假定发射报价中火箭成本、发射测控费用和利润比为7∶2∶1。再次，根据SpaceX公司估算，一子级回收后测试维护费用为300万美元。

经计算可知，“猎鹰”9火箭成本为4284万美元、发射测控费用为1224万美元、利润为612万美元；一子级成本为3452万美元、二子级成本为832万美元。一子级重复使用2次时，就可达到SpaceX公司宣称的30%发射报价降幅，其发射报价与一子级重复使用次数的关系如表1所列。

表1 “猎鹰”9火箭发射报价与一子级重复使用次数的关系 单位：万美元

重复使用次数	一子级成本	二子级成本	回收维修费	发射测控费	利润	发射报价	报价降幅/%
0	3452	832	0	1224	612	6120	0.0
1	1726	832	150	1224	437	4369	28.6
2	1151	832	200	1224	379	3785	38.2
3	863	832	225	1224	349	3493	42.9
4	690	832	240	1224	332	3318	45.8
5	575	832	250	1224	320	3201	47.7
6	493	832	257	1224	312	3118	49.1
7	432	832	263	1224	306	3056	50.1
8	384	832	267	1224	301	3007	50.9
9	345	832	270	1224	297	2968	51.5
10	314	832	273	1224	294	2936	52.0

四、结束语

“猎鹰”9运载火箭和“新谢泼德”亚轨道运载器取得垂直回收技术突破，推动可重复使用运载火箭领域形成多种技术途径并行发展态势，进入空间装备领域有望迎来重要变革。

（一）将带来进入空间技术途径的变革

美、欧、俄等为解决一次性使用火箭成本过高的问题，已对可重复使用运载器技术开展了几十年的研究。虽然美国航天飞机突破了航天运载器部分可重复使用技术，实现轨道器回收和重复使用，但安全性和发射成本远未达到预期。目前，垂直回收可重复使用运载火箭多次验证技术可行性，开辟了进入空间的全新途径，有望2017年实现应用；利用降落伞回收火箭主发动机等关键组件的部分重复使用运载火箭已列入研制计划，采用有翼飞回、水平降落回收技术的部分重复使用运载火箭也将开始技术探索。可以预见，2020年后可重复使用运载火箭有望大规模应用，进入空间将不再以一次性使用运载火箭主导，呈现多元化发展趋势。

（二）将带来进入空间成本的变革

“猎鹰”9运载火箭以6120万美元的发射价格打入商业发射市场，是同等运力传统火箭发射价格的2/3左右，极具竞争力，国际市场份额逐年上升，并在2015年获得包括GPS－3在内的美国军用卫星发射资质，打破由“德尔它”－4和“宇宙神”－5垄断军星发射的现状。火箭部分重复使用可为进一步降低发射成本奠定基础，颠覆以上万美元将1千克有效载荷送入轨道的成本模式，大幅降低进入空间门槛，使军、民发射市场竞争更加激烈，推动各国加紧研制以低成本以主要指标的新一代火箭，引发火箭技术发展的成本变革。但可重复使用火箭也面临运载能力损失、回收后维护的额外成本等问题，成本降低的具体幅度还有待实践检验。

（三）将带来进入空间频次的变革

近10年来，全球每年的航天发射次数约80～90次。高成本仍然是限制进入空间频率和次数的主要原因。随着低成本运载火箭技术的发展，尤其是可重复使用运载火箭技术的突破，运载火箭可将更多有效载荷送入轨道，为更大规模的空间应用提供重要保障。

（航天系统科学与工程研究院　刘博）

美军光伏发电技术发展及应用情况

目前，地球上使用最广泛的矿物能源已濒临枯竭，世界各国都在探索研究并推广使用风能、水能、核能以及太阳能等替代能源。其中，太阳能凭借其独特优势更是备受瞩目。美国国防部和能源部一直在制定相关规划政策，积极推进太阳能的利用，其光伏发电技术也处于世界领先水平。

一、概况

太阳能光伏发电技术，简称光伏发电，是利用太阳能电池组件接收太阳光，将光能转换为电能并通过后续储能装置存储后加以利用的一项便捷的能源转换技术。光伏发电系统主要由太阳能电池组件、控制器和逆变器三大部分组成。太阳能电池组件将太阳的辐射能转换为电能，直接推动负载工作或输送到蓄电池中储存起来；控制器控制整个系统的工作状态，并对蓄电池起到过充电保护、过放电保护的作用；逆变器将光伏发电系统发出的直流电转换为交流电以供使用。其中核心部分是太阳能电池，目前的太阳能电池主要包括硅系太阳能电池、多元化合物薄膜太阳能电池、聚合物多层修饰电极型太阳能电池等。

光伏发电技术具有以下优势：一是能源取之不竭。据测算，地球每秒钟获得的太阳能相当于燃烧500万吨优质煤所发出的能量。可以说，太阳是一个取之不尽、用之不竭的洁净能源宝库。二是使用维护方便。太阳能在地球上分布广泛，只要有光照的地方，就可以使用光伏发电系统，不受地域、海拔等因素的限制。而且，由于自动控制技术的广泛采用，光伏发电系统工作性能稳定可靠，基本可实现无人值守。三是清洁无污染。光伏发电系统不排放包括温室气体和其他废气在内的任何物质，不污染空气，不产生噪声，是真正绿色环保的新型可再生能源。

二、技术发展情况

美军主要依托相关的实验室、大学以及科技公司等开展光伏发电技术的研究与应用化工作。主要的实验室包括美国能源部国家可再生能源实验室、美国光谱实验室、海军研究实验室。大学包括美国麻省理工学院、斯坦福大学等。科技公司包括太阳结点（Solar Junction）公司、阳光电力（Sun Power）公司、湿婆能源（Siva Power）公司、第一太阳能（First Solar）公司、阿森特太阳能（Ascent Solar）公司等。这些机构在现有技术的基础上，一方面推动技术集成，开展光伏发电站建设；另一方面积极探索研究各种技术途径来提高太阳能电池的技术性能。

（一）关键技术发展水平

2015年底，美国太阳能装机总量已超过20吉瓦，占据市场的主要是晶体硅太阳能电池与薄膜太阳能电池两大类。

晶体硅电池技术方面，美国阳光电力公司实现了22%～24%的光电转换效率，并实现了产业化。但晶体硅电池在原材料高纯硅的生产环节存在高能耗、高污染等问题，后面将可能逐步被薄膜太阳能电池取代。

薄膜太阳能电池技术近年来发展较快，有可能会成为光伏技术的主流方向。碲化镉（CdTe）和铜铟镓硒（CIGS）薄膜太阳电池技术是目前研发的重点。CdTe 薄膜电池目前真正实现大规模生产的只有美国第一太阳能公司。2013 年，第一太阳能公司的光伏组件的转换效率超过了 16%，产能超过 2 吉瓦，在薄膜电池领域一家独大。CIGS 薄膜电池还处于产业化的初级阶段。2013 年，美国米亚索能（MiaSole）公司实现了 15.7% 的转换效率。美国印刷技术（Nansolar）和柔性技术（SoloPower）等公司也在进行相关的研发和生产。

（二）技术集成发展情况

美国在推动单项关键技术发展的同时，也在大力推动成熟技术的综合集成，突出表现在光伏发电站建设。

（1）地面光伏发电站方面。美国近年建设了一系列大型光伏发电站，如 2013 年建成投产的 250 兆瓦的加州谷太阳能农场和 200 兆瓦的帝王谷中心农场，2014 年建成投产的 550 兆瓦的托帕石太阳能发电站和 230 兆瓦的羚羊谷太阳能农场。在军事方面，2011 年美国能源部为“太阳能加强”（Solar Strong）项目提供贷款担保，最初计划 5 年内在 124 个军事基地的 16 万家庭屋顶上实现 371 兆瓦的光伏装机总量，预计耗资 10 亿美元，但之后计划削减至 12 万家庭。2014 年 2 月，美国光伏开发商爱迪生太阳能（SunEdison）和麦格理太阳能控股（MIC Solar Energy Holdings）联合宣布位于亚利桑那州土桑市附近戴维斯—蒙森空军基地装机量 16.4 兆瓦的光伏发电站竣工。2014 年 7 月，美国海军设备工程司令部向太平洋能源解决方案公司（PE）授出合同，要求后者为海军建设太平洋地区最大的军用光伏电站，装机量 17 兆瓦，为夏威夷州瓦胡岛上的海军及陆战队供电。

（2）空间光伏发电站方面。空间光伏电站不仅能够更充分地利用太阳能，还能对一些传统的地面供电无法达到的军事地区提供电能，具有广阔的军事应用前景。早在 2007 年 10 月，美国国防部国家安全空间办公室（NSSO）就发布《空间太阳能电站为战略安全提供机遇》评估报告，高度认可空间太阳能电站项目。美国海军研究实验室（NRL）也在研究空间电站相关技术，希望利用大型在轨卫星收集太阳能并传输至地面使用，目前已研发出卫星原型模块并完成相关试验。

（三）前沿技术探索情况

近年来美国积极探索各种新的技术途径，不断提高太阳能电池的光电转换效率，降低其成本。

（1）采用多结结构设计。多结太阳能电池由数个子电池串联形成，每个子电池针对太阳光不同波段选用不同带宽的半导体材料，以最大限度地吸收特定波段的太阳光，从而提高整体的光电转换效率。理论上，拥有无穷多结的太阳能电池最大光电转化效率可达到 87%。2013 年，美国海军研究实验室设计出一种新型三结太阳能电池，光电转化效率达到 44%。2014 年 12 月，美国能源部国家可再生能源实验室研制出四结太阳能电池，在 234 倍日光聚集条件下实现了 45.7% 的光电转换效率。美国太阳结点公司计划于 2016 年底向市场推出四结晶格匹配、最低平均转换效率为 33% 的空间太阳能电池。2016 年 1 月，美国能源部国家可再生能源实验室和瑞士电子与微技术中心的科学家共同开发出磷化铟镓/硅双结太阳能电池，光电转换效率达到 29.8%，创造了同类材料转换效率新纪录。

（2）探索使用新材料。太阳能电池光敏材料的选取不仅决定了电池的性能，还影响着电池的成本。近年来，美国积极尝试各种新材料在太阳能电池中的应用，并取得重要进展。2015 年 1 月，美国湿婆能源公司获得能源部“太阳计划”（SunShot）拨款，利用其创新技术和工艺，采用铜铟镓硒作为电池材料，旨在建造世界上成本最低的太阳能电池。“太阳计划”目标是到 2020 年使太阳能电池的平均销售价格降低到每瓦特 0.50 美元以下。2015 年 3 月，美国麻省理工学院和斯坦福大学研究人员将采用钙钛矿材料制成的太阳能电池与单晶硅太阳能电池层叠，形成串联结构太阳能电池，虽然其转换效率目前只有 13.7%，但充分优化后有望达到 29%。钙钛矿具有光吸收强、迁移率高、可调控带隙、便于加工等特点，已成为光伏产业提高转换效率、降低成本的首选材料之一。

三、军事应用情况

随着太阳能电池性能不断提高，成本不断降低，已在航天、航空、水上和单兵装备应用上取得了长足进展。

（一）卫星方面

太阳能电池是军用卫星的主电源。美国 GPS 在轨 32 颗卫星全部依靠太阳能帆板将太阳能转换为电能，为其携载的氢镍蓄电池组充电。美国空军于 2013 年底已经完成对在轨 19 颗 GPS IIR/IIR－M 卫星电池组的充电策略调整工作，通过降低长光照期电池组的充电次数，预期可将每颗卫星的寿命延长最长约 2 年，19 颗卫星的寿命共计延长约 27 年。美军“先进极高频”（AEHF）军用通信卫星共计划发射 6 颗，其信息传输能力是现役“军事星”的 10 倍，目前在轨的 3 颗卫星都安装了太阳能电池板对蓄电池进行充电。美国 2015 年 7 月发射的最先进的全球宽频军用通信卫星 WGS－7 卫星也装有一对太阳能电池板。

（二）无人机方面

美国自20世纪70年代以来，一直没有间断太阳能无人机的研究工作，先后研制并试飞多种太阳能无人机，如“探路者”“百人队长”“太阳神”（图1）、“索隆”（Solong）、“秃鹰”（图2）等无人机。近年来，美国持续推进新型太阳能电池在无人机上的应用。2014年5月，美国“沉默鹰”无人机成功完成首飞，该无人机电源采用阿森特太阳能公司研制的轻量级、柔性CIGS薄膜太阳能电池，是第一个进入商业化生产的太阳能供电、全复合模块化小型无人机系统，高效气动设计与先进的太阳能收集相结合，具有可互换机翼布局设计和全天候飞行能力，可应用于商业、公共安全和国防领域。2016年1月，美国海军研究实验室与宾夕法尼亚州立大学成功演示验证了两驾无人滑翔机在飞行中的共享数据，未来还会将太阳能光伏应用于协同自主飞行技术当中，以实现无人机长航时飞行。美国新墨西哥州泰坦航空航天公司也正在开发以太阳能为动力的无人机产品“索罗拉”（Solara）系列。

图1　“太阳神”无人机

图2 “秃鹰”无人机

（三）无人艇方面

2015年，美国波音公司和液体机器人公司展示了其联合研制的“传感器承载自动化远程艇”（SHARC），该艇利用海浪波和太阳能混合动力驱动，在没有船员或维护的情况下可在海上航行长达一年之久，美国海军和相关国际客户已注意到了SHARC在信息搜集、感知方面的价值。

（四）单兵装备方面

随着太阳能电池朝着柔性、轻量化方向的发展，美军正在推动其在单兵军事装备中的应用。2013年3月，美国陆军与马萨诸塞大学签署了180万美元的光伏织物项目合同，共同研究制造光伏织物，以用于制作帐篷、军装、背包等，帮助士兵为通信设备、监视系统和其他军事系统提供电能。另据美国《陆军时报》2015年4月报道，美国陆军研究人员正在开发可穿戴太阳能电池板和其他相关技术，未来将在陆军士兵背包和头盔上安装太阳能电池板，从而为电池充电并为在战场使用的显示屏和其他装备供电。

（中国国防科技信息中心　耿义峰　杨阳）

FULU

附　录

2016 年世界国防科技十大进展

经军内外科技信息机构、专家的推荐及多轮评审，中国国防科技信息中心组织评选出“2016 年世界国防科技十大进展”，这些进展集中展现了 2016 年世界国防科技的一些重大进展和创新。

一、脑机双向交互技术研发取得重要进展

2016 年 10 月 13 日，美国国防高级研究计划局（DARPA）在白宫前沿技术会议上，首次在残疾人员身上演示验证了一项新型脑机接口技术，通过与机械臂连接的脑神经接口系统实现了人脑和机器之间的双向通信能力，即输出信号用于控制运动而输入信号用于获得感觉，使他们能够体验被触摸的感觉。该技术将为残疾人员接触外界提供新途径，也为未来武器系统智能化奠定了基础。

目前，利用大脑思维进行远程控制的技术已可在实验室环境下实现人脑对小型飞行器、机器人等设备的控制操作，展现了未来实现大脑操控武器装备的技术前景。随着人们对神经系统功能认识的提高和计算机技术的

发展，脑机交互技术研究不断取得突破，未来战场上可能出现各种先进的脑控装备，作战人员只需通过意念就能对武器装备进行操作控制，形成人与装备的有机融合，实现“人机合一”。

二、美军加速推进无人机“蜂群”作战技术演示验证

2016年，美军围绕无人机“蜂群”作战启动多个演示验证项目，包括美国国防部战略能力办公室和空军开展的“微型无人机高速发射”项目、海军“低成本无人机蜂群技术”项目、美国国防高级研究计划局“小精灵”项目等，推进微小型无人机集群技术的研究与验证。

无人机“蜂群”作战是指数十甚至上百架小尺寸、低成本、功能相对单一的小型无人机通过网络联接，在有人或无人管控的情况下，像蜂群一样集体行动，协同完成侦察、监视、诱骗、干扰、自杀式攻击等作战任务。无人机“蜂群”作战需要整个编队具备高速、实时、稳定的信息交互与共享能力，强大的协同作战能力、较强的抗干扰能力和自组织自适应能力，以及成熟的布放与回收能力。虽然目前美军正在验证的无人机“蜂群”项目作战能力有限，但随着无人系统自主能力不断提高，“蜂群”作战必将成为一种能够改变游戏规则的新型作战样式。

三、美军深海定位导航技术研发进入样机开发阶段

2016年5月，DARPA向BAE系统公司授出“深海导航定位系统”（POSYDON）项目第一阶段初始设计合同，进行样机系统开发和技术演示验证。

“深海导航定位系统”是一种类似 GPS 星座的无源导航定位系统，由固定部署在海底的大量水声传感器组成。每个传感器作为声源，持续发出包含自身坐标信息等的水声信号。水下作战平台通过接收并处理多个水声传感器发出的声信号，测算出自身距离水声传感器的相对位置，即可根据传感器的坐标推算出自身位置信息。

目前，以潜艇为代表的长航时水下作战平台主要依赖惯性导航装置结合其他导航系统实施综合导航。由于惯导系统存在误差随时间积累的致命弱点，必须结合 GPS 等其他导航手段进行误差修正。但在利用 GPS 进行导航信息校正时，潜艇须浮出水面或处于潜望状态，大大增大了潜艇被敌方侦察发现的风险。“深海导航定位系统”将使潜艇和潜航器等水下作战平台摆脱对 GPS 导航系统的依赖，无需上浮即可具备高精度定位和导航能力，有望大幅提高水下作战平台的隐蔽作战能力。

四、芯片制造阶段硬件木马植入技术得到验证

2016 年，美国密歇根大学在不改变芯片电路设计的情况下，在 OR1200 处理器制造阶段，通过改变集成电路版图的方式植入硬件木马，并通过网络远程控制激活方式实施网络攻击，验证了这种硬件木马植入技术的有效性。该硬件木马具有 4 个突出特点：一是结构小巧。其尺寸比传统数字电路构成的硬件木马缩小两个数量级。二是难以检测。硬件木马激活后，对整个芯片的功耗、温度、延时等参数几乎没有影响，现有测试技术无法检测出来。三是易于实现。通过分析目标芯片设计文件，就能找到芯片版图中符合要求的空隙，植入硬件木马，无需改变任何制造工艺。四是危害极大。该硬件木马可获取处理器的最高控制权限，进而获取系统最高控制权限。

这项技术标志着芯片潜在安全风险来源已从设计阶段延伸至制造阶段，颠覆了既有安全防范措施的有效性，使代工制造面临新的安全风险。

五、卫星激光通信技术进入实用阶段

2016 年 1 月 30 日，欧洲航天局激光通信载荷“欧洲数据中继系统”－A（EDRS－A）搭乘“欧洲电信卫星”－9B 通信卫星成功入轨，定轨于东经 9°的地球同步轨道，成为 EDRS 系统的首个通信节点，将首先为欧洲“哨兵”对地观测卫星提供激光数据中继服务。

EDRS－A 载荷配置一套激光收发器和一套 Ka 波段微波收发器。星载激光收发器可以提供双工激光通信链路，能够在相距 45000 千米的在轨航天器之间提供 1.8 吉比特/秒的高速率数据中继服务。Ka 波段微波收发器可提供 300 兆比特/秒的星间以及星地数据中继服务。激光通信链路的整个捕获、对准和建立连接过程可在 55 秒内完成，并能够在 7.8 千米/秒的相对速度下保持连接，跟踪精度约为 2 微弧。

EDRS－A 激光通信载荷成功部署，标志星间激光通信技术开始进入实用化阶段，是欧洲实施“空间数据高速公路”计划迈出的关键一步，为后续建立全球覆盖的高速星间激光通信链路，实现星间、星地以及空基平台与卫星之间数据的高速率、低时延、强安全传输奠定了基础。

六、美国完成第六代战斗机自适应发动机技术可行性验证

2016 年 6 月，美国空军宣布授予通用电气和普拉特·惠特尼公司各 10 亿美元的“自适应发动机转化项目”（AETP）合同，计划利用 5 年时间完

成自适应发动机工程验证机的制造、总装和试车，为2020年后转入工程研制阶段做好准备。

美国空军已经确定选择自适应发动机作为第六代战斗机的动力装置，从2007年起先后实施多项技术预研计划，不断提升自适应发动机的技术成熟度。自适应发动机通过改变发动机一些部件的几何形状、尺寸或位置来改变其涵道比、总压比等循环参数，自动适应飞行过程中各种任务对动力装置的要求，可显著提升推力性能、降低耗油率，进而提高飞机航程和留空时间，大大提升飞机的作战能力，并可支持高功率航电设备和定向能武器的应用。AETP项目的启动标志着美国已经完成了自适应发动机技术可行性验证，突破了主要部件和新材料等关键技术，向实现工程应用迈进了一大步，将有力支持美军下一代战斗机的研制和性能跃升。

七、认知电子战技术取得重大进展

2016年初，DARPA通过“自适应雷达对抗”项目，研制出世界首款认知雷达电子战系统原型机。该系统可基于敌方无线电信号对抗敌方自适应雷达，感知周围环境并自动调整实施干扰。6月，DARPA与洛克希德·马丁公司成功演示了“自适应电子战行为学习”项目开发的认知电子战系统，该系统能够通过机器学习实现动态对抗自适应通信威胁，将干扰先进通信系统所需分析时间从以前的几个月缩短至几分钟。

“认知电子战”技术发展将对未来电子对抗模式产生重要影响。一是实现对新型电子战威胁的精确感知。认知电子战装备具有自主学习能力，可解决复杂电磁环境下的精确信号捕获问题，有效弥补原有电子战装备应对新型电子信息装备的不足。二是提高电子战系统的隐蔽性和抗毁性。认知电子战系统能够深入、精确地进行自主态势感知，并在此基础上实现对目标的精准干扰，而无需依靠大功率压制手段，从而提高干扰系统的隐蔽性和抗毁性。

八、先进光学成像及处理技术大幅提升航天侦察监视能力

在 DARPA 和美国国家航空航天局（NASA）的联合资助下，2016 年 1 月，美国洛克希德·马丁公司和加利福尼亚州大学戴维斯分校联合完成“蜘蛛”微缩干涉光学成像系统的原型样机设计。这种系统利用大规模微型干涉仪组成的微缩干涉阵列，取代传统光学成像系统的望远镜和成像传感器，尺寸和重量只有传统光学成像系统的 1/100 ~ 1/10，相同口径下分辨率可提高 10 倍以上，且能够大幅缩短干涉成像的周期，成像时间缩短到 100 毫秒量级，基本具备实时成像能力。此外，2016 年 9 月，美国科学家还提出并验证了一种卫星图像重构技术，该技术可在不改变侦察卫星硬件的前提下，对单颗或多颗侦察卫星获取的同一目标的多张侦察图像，进行在轨图像后期处理与合成，理论上可将图像分辨率提高 5 倍，使亚米级侦察卫星生成的图像达到亚分米级的侦察效果。

这些技术一旦实用化，将开辟光学成像系统发展新途径，深刻影响未来空间光学成像系统的发展和应用模式，极大增强军事航天侦察与监视能力。

九、基因编辑技术引发安全问题

2016 年 2 月 9 日，美国国家情报总监发布的年度《美国情报界全球威胁评估报告》，将“基因编辑技术”列入大规模杀伤性武器威胁，引发国际

社会高度关注。9 月，DARPA 启动“安全基因”项目，开发系统工具用于解决基因编辑技术广泛应用所带来的潜在风险，以更好地推动基因编辑技术应用并防范生物安全问题。

基因编辑技术是指使目标基因序列特异性改变的技术，它能够让人类对目标基因进行“编辑”，实现对特定 DNA 片段的敲除、加入等，提供了可“人工设计”的高效、精确改变高等生物（动、植物）基因组序列的手段。

高效的基因编辑技术具有显著的军事用途，如通过高效基因组修饰获得传染性强、致病性高且逃避免疫的病原体；用于研制转基因药物，通过药物诱导或其他控制手段既可削弱对方的战斗力，又可增强己方士兵的作战能力，培育未来的“超级士兵”。值得关注的是，利用基因编辑技术可研制基因武器，一旦被恐怖分子掌握，将给人类带来毁灭性灾难。

十、“阿尔法”系统在模拟空战中击败人类飞行员

2016 年 6 月，美国辛辛那提大学开发的“阿尔法”超视距空战系统在空战模拟器环境下，指挥仿真战斗机编队与经验丰富的人类飞行员进行模拟空战，获得全胜。

“阿尔法”系统由美国空军研究实验室资助，系统的核心是在超视距模拟空战数据分析方面，引入了基于 Python 语言开发的控制和遗传模糊算法，使得系统能够在与人类飞行员的无数次对抗中学习人类指挥决策经验，提取并生成决策机制。在模拟空中格斗中，“阿尔法”系统调整战术计划的速度是人类的 250 倍，从传感器搜集信息、分析处理到做出正确反应，整个过程不超过 1 毫秒，可观察学习敌方战术，同时躲避数十枚导弹并对多目标进

行攻击，还能与友机密切协同。

“阿尔法”系统是人工智能在指挥控制领域的重大突破，显示面向较复杂作战场景应用的军用人工智能正快速走向实用化，且在特定作战条件下的超视距模拟空战中已开始展现出超越人类飞行员的指挥与作战能力。